Contrastes de forma

ABSTRACCION GEOMETRICA, 1910-1980

ESTA EXPOSICION HA SIDO ORGANIZADA BAJO LOS AUSPICIOS DEL

INTERNATIONAL COUNCIL OF THE MUSEUM OF MODERN ART, NEW YORK

Catálogo editado por la
FUNDACION
PARA EL APOYO DE LA
CULTURA

Contrastes de forma

ABSTRACCION GEOMETRICA, 1910-1980

DE LAS COLECCIONES DEL
SOLOMON R. GUGGENHEIM MUSEUM Y THE MUSEUM OF MODERN ART, NEW YORK

MAGDALENA DABROWSKI

Madrid, 17 de abril - 8 de junio de 1986

SALAS PABLO RUIZ PICASSO
Paseo de Recoletos, 22

MINISTERIO DE CULTURA
DIRECCION GENERAL DE BELLAS ARTES Y ARCHIVOS
CENTRO NACIONAL DE EXPOSICIONES

Exposición

MINISTRO DE CULTURA
Javier Solana

DIRECTOR GENERAL DE BELLAS ARTES Y ARCHIVOS
Dionisio Hernández Gil

DIRECTORA DEL CENTRO NACIONAL DE EXPOSICIONES
Carmen Giménez

ASESOR EJECUTIVO DEL MINISTRO
Alfonso de Otazu

JEFE DEL SERVICIO DE EXPOSICIONES
José Luis Brea

COORDINADORA GENERAL
M.ª Rosa García Brage

SUPERVISION CONSERVACION OBRAS
José Antonio Buces
Ubaldo Sedano
del Servicio de Obras de Arte
del Departamento de Bienes Muebles,
Instituto de Conservación y Restauración
de Bienes Culturales.

DISEÑO Y DIRECCION DEL MONTAJE
Juan Ariño

REALIZACION DEL MONTAJE
Casa Macarrón, S.A. de Madrid

TRANSPORTES
S.I.T. Transportes Internacionales, S.A.

Catálogo

DISEÑO
Diego Lara

PRODUCCION
Santiago Saavedra
(Ediciones El Viso)

TRADUCCION
Joan Oliver y
Dragomán Traducciones

FOTOCOMPOSICION
Pérez-Díaz, S.A., Madrid

FOTOMECANICA
Cromoarte, Barcelona

ENCUADERNACION
Hermanos Ramos, Madrid

IMPRESION
Julio Soto
Avda. de la Constitución 202
Torrejón de Ardoz, Madrid

Dep. Legal: M-11457-1986
I.S.B.N.: 84-505-3303-1

La celebración de la exposición **Contrastes de forma. Abstracción geométrica, 1910-1980** es para nosotros motivo doble de satisfacción: por un lado, por el interés hacia España que esta elección demuestra y, de otro lado, por el hecho de poder contar con la presencia de estas obras claves de la historia del arte del siglo XX que integran la muestra, tan generosamente cedidas para su exhibición por The Museum of Modern Art en colaboración con The Solomon R. Guggenheim Museum de Nueva York, a los que queremos expresar nuestro profundo agradecimiento.

Como claramente su título indica, la selección que en ella se recoge hace un recorrido a lo largo del complejo y diverso período comprendido entre 1910 y 1980, por una de las preocupaciones más reiteradas del arte de nuestro siglo en su más amplio espectro de posibilidades, que van desde los primeros vanguardistas: Cubistas, Futuristas, a las extraordinarias realizaciones de los Suprematistas, el grupo De Stijl, los Constructivistas rusos, pasando a continuación por la internacionalización del Constructivismo de los años 20, y su posterior evolución en Europa y los Estados Unidos en las décadas siguientes, y las tendencias no-figurativas desarrolladas a partir de 1960.

Gracias a la calidad y el rigor, tanto de la exposición como del catálogo que la acompaña, podemos tener el privilegio de aprender y disfrutar de una de las más brillantes aventuras que se han emprendido en nuestro tiempo y de la que nos sentimos herederos.

Javier Solana Madariaga
MINISTRO DE CULTURA

Esta importante exposición que el Ministerio de Cultura muestra ahora en sus Salas Pablo Ruiz Picasso de la Biblioteca Nacional de Madrid, ha sido organizada bajo el patrocinio del International Council of the Museum of Modern Art of New York dentro del marco de las actividades promovidas por su reunión anual que este año se celebra en nuestro país.

Queremos manifestar a este organismo nuestra gratitud, así como al Solomon R. Guggenheim Museum y al Museum of Modern Art de Nueva York por su colaboración. También a todas aquellas personas que tan generosamente han contribuido a la realización de la muestra, y muy especialmente al Director del Museum of Modern Art, Sr. Richard E. Oldenburg, al Director del Solomon R. Guggenheim Museum, Sr. Thomas M. Messer, al Sr. Waldo Rasmussen, Director del International Program, al Sr. John Elderfield, Director del Department of Drawings, a la Sra. Magdalena Dabrowski, Assistent Curator del Department of Drawings y Comisaria de la Exposición, y a la Sra. Silvia Coca, miembro del International Council of the Museum of Modern Art.

Carmen Giménez
DIRECTORA DEL CENTRO NACIONAL DE EXPOSICIONES

El Solomon R. Guggenheim Museum y The Museum of Modern Art de Nueva York se enorgullecen de tener la oportunidad de colaborar en la presentación de una exposición de importancia histórica, **Contrastes de forma. Abstracción geométrica, 1910-1980**, en España, Argentina, Brasil y Venezuela. Tras su presentación inicial en Madrid en las Salas Ruiz Picasso de la Biblioteca Nacional, única escala europea de esta gira, la exposición podrá también admirarse en tres de los más prestigiosos museos de Iberoamérica: el Museo Nacional de Buenos Aires, el Museu de Arte de São Paulo y el Museo de Arte Contemporáneo de Caracas.

Contrastes de forma. Abstracción geométrica, 1910-1980 constituye la primera oportunidad en la que el Solomon R. Guggenheim Museum y The Museum of Modern Art han aunado sus esfuerzos para emprender una exposición conjunta destinada a ser mostrada en el extranjero. Ambos museos cuentan con una dilatada y esclarecida experiencia de intercambios internacionales con instituciones europeas e iberoamericanas, en el marco de su acendrada fe en el concepto del arte moderno como un fenómeno auténticamente internacional. La tradición geométrica es un aspecto fundamental del arte moderno que ha sido de la mayor importancia, no sólo en los Esados Unidos sino en los países en los que se podrá admirar la exposición. Nuestras instituciones hermanas han tenido la común fortuna de disponer de colecciones especialmente valiosas en lo que se refiere a la abstracción geométrica del siglo XX y por lo tanto esperamos que, al combinar nuestros fondos, hayamos organizado una exposición que, aparte de proporcionar placer al espectador suponga, asimismo, una valiosa aportación al estudio de la historia del arte de nuestro siglo.

Contrastes de forma. Abstracción geométrica, 1910-1980, fue el título de una importante exposición celebrada en Nueva York en The Museum of Modern Art del 7 de octubre de 1985 al 7 de enero de 1986. La base de esta exposición la constituía la importante donación de la Riklis Collection of McCrory Corporation, y se completaba con importantes ejemplos procedentes de las colecciones de The Museum of Modern Art. Algunas de las obras expuestas en Nueva York no han podido ser incorporadas a la gira de la presente exposición, debido a la fragilidad de sus condiciones y la inclusión de algunas obras maestras procedentes del Solomon R.

Guggenheim Museum no sólo se hizo pensando en compensar la ausencia de aquellas obras cuyo traslado era imposible, sino también con la pretensión de ampliar la calidad y la cantidad de la obra expuesta más allá de los propósitos iniciales.

La versión itinerante de **Contrastes de forma. Abstracción geométrica, 1910-1980** se ha organizado bajo los auspicios del International Council of The Museum of Modern Art. Testimoniamos nuestro especial agradecimiento a Waldo Rasmussen, Director del International Program of The Museum of Modern Art, primero en percatarse de la importancia de una muestra itinerante sobre este tema concreto y a quién también se le ocurrió la idea de la colaboración entre nuestras instituciones. También expresamos nuestra gratitud y admiración a Magdalena Dabrowski, Assistant Curator del Department of Drawings de The Museum of Modern Art y Comisaria de la Exposición. Ella ha sido quien, en colaboración con el personal del Solomon R. Guggenheim Museum, ha realizado la notable selección final de cuadros, esculturas y obras sobre papel. Magdalena Dabrowski ha escrito también el texto del catálogo, al que ha contribuido con seis biografías Susan Hirschfeld, Assistant Curator del Solomon R. Guggenheim Museum. Además, Susan Hirschfeld se ha encargado de supervisar los detalles del préstamo hecho por el Solomon R. Guggenheim Museum a la exposición; nuestra gratitud por sus soberbias dotes de organización y por su apoyo inquebrantable.

En España tenemos contraída una deuda muy especial con Carmen Giménez, Directora de Exposiciones del Ministerio de Cultura, cuya diligencia y capacidad de previsión han hecho posible la muestra madrileña. Ignacio Coca, miembro del International Council de The Museum of Modern Art, ha sido de gran ayuda al exponer el proyecto al Ministerio de Cultura. Nelly Arrieta Blaquier, miembro del International Council de Argentina, ha brindado una ayuda inestimable al lograr que la exposición tuviera lugar en el Museo Nacional de Bellas Artes. En Brasil, Carmen Elena Madlener dos Santos, Directora-Presidenta de la Sociedade Cultural Arte Brasil, ha sido una figura clave para que fuera posible la exposición en Sâo Paulo. Sus esfuerzos han sido apoyados sin desmayo por los miembros del International

Council de Brasil, Luis Diedrichson Villares, José M. Mindlin y Mario Pimenta Camargo. En Caracas, Sofía Imber de Rangel, Directora del Museo de Arte Contemporáneo, ha mostrado un gran interés por la exposición antes incluso de que ésta hubiera empezado a programarse. Su diligencia e interés en llevar esta exposición a Venezuela ha tenido todo el apoyo de su compatriota, ex-Presidente del International Council, Alfredo Boulton.

Agradecemos sinceramente a todos los que nos han ayudado a hacer posible esta exposición y confiamos en que los resultados justifiquen plenamente nuestros esfuerzos.

Thomas M. Messer
Director
THE SOLOMON R. GUGGENHEIM MUSEUM

Richard E. Oldenburg
Director
THE MUSEUM OF MODERN ART

Indice

Introducción

La exposición **Contrastes de forma** y el catálogo que la acompaña rastrean la evolución de la abstracción geométrica, una de las tradiciones de más vitalidad e importancia dentro del arte moderno. No es nuestra intención presentar un examen exhaustivo de la tradición geométrica, sino documentar aquellos de sus aspectos que están mejor representados en las colecciones del Museum of Modern Art y el Solomon R. Guggenheim Museum de Nueva York.

Muchas de las selecciones del Museum of Modern Art proceden de la reciente donación de 249 obras de la Riklis Collection of McCrory Corporation de Nueva York. Formada por Meshulam Riklis, Presidente de la Rapid-American Corporation (compañía de la que es subsidiaria la McCrory Corporation), bajo la inspiración de su conservadora, Celia Ascher, esta muestra colectiva se refiere exclusivamente a la abstracción geométrica; tanto por su calidad como por su amplitud iguala e incluso supera las colecciones de muchos museos en este campo concreto. Esta donación de su primer director, Alfred H. Barr Jr., quien, en 1936, siete años después de la fundación del museo en 1929, organizó la exposición *Cubismo y Arte Abstracto*, en la que se adquirieron dos de los Rodchenkos y el cuadro rayonista de Larionov.

También la tradición de la abstracción geométrica tiene una nada desdeñable representación entre las existencias del Solomon R. Guggenheim Museum. Fundado en 1939 con el nombre de Museo de Arte No-Objetivo, comenzó su adquisición de obras fundamentales para los movimientos del arte abstracto de vanguardia, incorporando cuadros de Kandinsky, la Bauhaus y los artistas de De Stijl, así como de los primitivos cubistas. Con el tiempo se formó una importante colección de arte iberoamericano y de la obra de los minimalistas de los años sesenta, bien representada aquí.

Las páginas que siguen están ilustradas con cuadros, esculturas y construcciones tridimensionales y en relieve y obras sobre papel de diversos artistas europeos y americanos de ambos hemisferios; todos ellos han trabajado en diversos aspectos de la tradición constructivista y geométrico-abstracta. El término Constructivismo ha sido frecuentemente utilizado para describir el amplio espectro estilístico dentro de la tradición geométrica, desde el Cubismo y el Futurismo de principios de siglo al Minimalismo de los años sesenta. Sin embargo, esta acepción sugiere una relación con el Constructivismo más directa de la que en realidad existe. En un sentido histórico, el término debería aplicarse solamente a las obras tridimensionales realizadas por el artista moscovita Tatlin desde 1913 hasta 1916, a las construcciones de Naum Gabo de 1915-20 y a determinadas manifestaciones del arte no objetivo llevadas a cabo en Rusia durante el período post-revolucionario, desde octubre de 1917 hasta finales de la década de los años veinte. Cuando a principios de dicha década las ideas constructivistas rusas alcanzan una influencia determinante en el arte alemán, empieza a desarrollarse una acepción más amplia del término, que pasa a denominarse Constructivismo Internacional. Con un enfoque más extenso, esta corriente abarca el arte compuesto de formas geométricas básicas, las construcciones que utilizan un vocabulario no objetivo y la arquitectura y las artes aplicadas caracterizadas por una rígida estructuración espacial de las formas geométricas elementales. La tendencia unificadora de la obra de artistas tan heterogéneos reside en el interés por la forma como medio para acceder a un nuevo contenido artístico. Es esa misma idea la que sirve de nexo de unión entre los artistas que aparecen en esta exposición, y a ella se debe —más que a una influencia determinante de los cuadros de Fernand Léger— el que la hayamos bautizado como **Contrastes de Forma.**

A fin de ofrecer una perspectiva histórica coherente de las principales tendencias representadas y de permitir su evaluación crítica, la exposición y el catálogo se han dividido en cinco secciones cronológicas destinadas a esclarecer las conexiones existentes entre las obras incluidas.

La primera sección, «Orígenes del arte no objetivo. Cubismo, Futurismo, Cubo-Futurismo: 1910-1914», es un prólogo. Subraya aquellas innovaciones cubistas cruciales para la evolución posterior del lenguaje no-objetivo, es decir el cambio sobrevenido en el Cubismo Analítico de 1910 a partir de la descripción de formas volumétricas hasta llegar a un arte frontal basado en lo plano, definido por el dibujo geométrico, y la invención, en 1912, del collage y la escultura constructivista. Estas innovaciones preparan el terreno para la irrupción de los constructivistas rusos y el arte abstracto constructivo de las décadas posteriores. Esta sección destaca también la importancia del Futurismo, que hace hincapié en la descripción abstracta de la vida moderna: las obras pioneras de Delaunay, Kupka, Léger y Mondrian, y las obras Cubo-Futuristas de los miembros de la vanguardia rusa. Especial importancia tiene el cuadro de Malevich *Samovar* (1913), una de las pocas obras cubistas que de este artista se conservan. Aunque se dan claros indicios de su asimilación al cubismo francés, representa un cubismo menos denso y menos marcado por la cuadrícula y la amplitud de espacios característicos de este movimiento. Otras obras destacables son dos lienzos rayonistas, *Composición Rayonista: Dominación de rojo* de Larionov (1913) y *Rayonismo: Selva verdiazul* de la Gontcharova (1913), así como dos cuadros de los inicios del Cubo-Futurismo, *Madrugada* (1914) de Popova y *La fábrica y el puente* (1913) de Rozanova. Estas obras, junto a cuadros tan importantes como *El acordeonista* (1911), procedente de la etapa en que Picasso estaba influido por el Cubismo Analítico, *Paisaje de Ceret* (1911) y los collages *Guitarra* (1913) y *Cabeza de hombre* (1913), del mismo autor; los *Fumadores* de Léger (1911-12) y su *Contraste de formas* (1913); *Molinillo de café, cafetera, cigarrillos y vaso* (c. 1913-16) de Metzinger; el dibujo de Mondrian *Fachada de iglesia* (1914); el *Frutero y botella* (1917) de Gris; y el retrato que Rivera hizo de Jacques Lipchitz (1914) proporcionan el contexto en el que se presenta la evolución recogida en la segunda sección.

Esta sección, «De la superficie al espacio. Suprematismo, De Stijl, Constructivismo ruso: 1915-1921», se centra en la creación de la pintura pura no objetiva en Rusia y en Holanda con sus utópicas inquietudes preñadas de universalismo y espiritualismo, así como en el desarrollo de la construcción en relieve y en varios conceptos constructivistas desarrollados por el arte ruso. Aunque algunas de las obras aquí incluidas no pertenecen al período definido en el título, se da una correspondencia estilística con otras que aparecen en la misma sección. Entre las más destacables figura un lienzo sin título de 1916 debido a Malevich que resume a la perfección la quintaesencia de su Suprematismo: se trata de una composición vigorosamente ordenada en formas básicas y geométricas brillantemente coloreadas que flotan en un espacio universal carente de estructura. El *Relieve-escultura suprematista* de Puni (su reconstrucción hecha en los años veinte del original de 1915) y la *Composición nº 3* de Ermilov (1923) constituyen excelentes ejemplos de la aplicación de principios suprematistas y constructivistas respectivamente a la elaboración de montajes tridimensionales en el espacio a base de materiales cotidianos, muy en la línea propugnada por el dibujo de Tatlin *Contra-relieve* (c. 1914-15), uno de los sumamente raros exponentes que de la obra de este artista disponemos en Occidente. La aplicación de los principios de los que hemos hablado aparece en el contexto de la obra de otros artistas rusos: Chashnik, Kliun, Lissitzky, Mansurov, Popova, Rodchenko, Rozanova, Annenkov, Exter y Vesnin.

El movimiento De Stijl cuya aparición es contemporánea a la del Suprematismo de Malevich, aparece aquí representado por la *Composición en gris* (1919) de Van Doesburg, la *Composición con figura de mujer* (1918) de Huszar y la *Composición abstracta* de Van der Leck (1927), así como por composiciones de Beekman y Vantongerloo, probablemente menos conocidas por el público.

La tercera sección, «Constructivismo Internacional: 1922-29», presenta la evolución posterior de los artistas procedentes del grupo De Stijl, Van Doesburg y Vantongerloo, el futurista Balla y un cierto número de artistas relacionados con la Bauhaus. Se destacan las obras de Kandinsky, Moholy-Nagy y Vordemberge-Gildewart, junto con *Pintura mural* (1924-25) de Léger. Otras valiosas obras debidas a varios artistas menos conocidos, como Buchheister, Bortnyik, Dexel, Kassak y Peri, dan testimonio de la riqueza del lenguaje geométrico a lo largo de la década de los años veinte.

La cuarta sección «El eje París-Nueva York: 1930-1959», refleja un desplazamiento geográfico merced al cual la capitalidad del movimiento se traslada de Alemania a París en los años treinta y, como resultado de la Segunda Guerra Mundial, de París a Nueva York a comienzos de los años cuarenta. La continuidad esencial de la tradición geométrica permanece, como lo atestiguan las obras de los artistas tanto americanos como europeos, pero experimenta transformaciones debidas al impacto de las presiones políticas de los años treinta y a la atemperación de la rigidez del primitivo estilo geométrico «puro». Modificado por las influencias y la interconexión de elementos procedentes de fuentes como el Dadá y el Surrealismo y los aspectos más decorativos del Cubismo Sintético, el lenguaje de la abstracción geométrica asume formas de expresión extremadamente diversas. Al desprenderse de su utópica convicción de que el arte puede proporcionar una guía para la vida cotidiana, la abstracción geométrica deviene más un estilo que una filosofía, lo que permite una mayor libertad de vocabulario formal.

Esta sección incluye obras del grupo parisino *Abstraction-Création*, así como del grupo neoyorkino *American Abstract Artists Association*. A este apartado pertenecen también con toda justicia las obras del artista uruguayo Joaquín Torres García, cuya intervención fue decisiva para la fundación en París del grupo *Cercle et Carré* dirigido a promover la comunicación entre los artistas y a organizar exposiciones de arte abstracto geométrico. El hecho de que la retrospectiva de la obra de Torres García haya sido expuesta recientemente en Inglaterra, España y Alemania hace desaconsejable su inclusión en esta exposición, pero se incluyen en el catálogo dos de sus obras, una de cada colección del Museo. La diversidad experimentada por el idioma geométrico desde la década de los años treinta hasta finales de los cincuenta se enriquece gracias a la aportación de cuadros de Albers, Bolotowsky, Diller, Freundlich, Glarner, Balcomb y Gertrude Greene, Helion, Herbin e Itten; las construcciones en relieve de Baljeu, Biederman (a quien de hecho hay que atribuir el renacer del relieve en los Estados Unidos), Gorin, Nicholson y Moholy-Nagy; los trabajos de los europeos Strzeminski, Taueber-Arp y Vantongerloo y de los americanos Diller, Storrs, Roszak y Von Wiegand; así como de las últimas esculturas de los primeros pioneros de la primera hornada, como Arp, Gabo y Pevsner y las obras geométrico-realistas de los americanos Spencer y Sheeler. Puntos destacados de esta sección son dos cuadros de Mondrian: *Composición 1A* (1930) y *Composición* (1933), bellos ejemplos de las dos tendencias presentes en la madurez del idioma neoplástico.

Esta sección abarca casi tres décadas, el período más largo de los considerados en cualquiera de las secciones en que se divide el libro. Pero basándose en la premisa de que desde 1930 hasta la aparición en América del arte minimalista no se han producido cambios radicales en el campo de la abstracción geométrica, parece justificado analizar todos estos años bajo un solo epígrafe. Sin embargo, los límites que se establecen por razones de coherencia histórica adolecen de cierta artificialidad, de manera que algunos desarrollos que se engloban dentro de los límites de un período podrían encuadrarse de preferencia en el marco conceptual de una época anterior, como ocurre con las obras de Graeser y Bill. Estas están incluidas más abajo, en la Sección quinta, pero son herederas de la tradición geométrica de las épocas precedentes.

La sección final, «Tendencias del reciente arte no figurativo: 1960-1980», es una especie de epílogo y presenta una diversidad aún mayor de estilos y de contenido. La obra de europeos como Bill, Graeser y Nicholson, los artistas Op, Vasarely y Riley y la de otros como los latinoamericanos Soto y Cruz Díez, para los que la tradición europea de la abstracción geométrica ha sido especialmente determinante (en las tendencias óptica y cinética) contrasta fuertemente con la obra de los artistas estadounidenses Held, Judd, Kelly, Mangold y Noland, en América hacia 1960. Su trabajo se desvía claramente de la tradición geométrica «clásica» y supone una transmutación de esta tradición a través de diversas influencias, como la «omnicomprensión» del Expresionismo Abstracto. El pintor colorista Noland, los pintores de bordes rígidos Held y Kelly, que se caracterizan por el marcado contraste que ofrecen los bordes de sus figuras, y los constructores minimalistas de estructuras Judd y Lewitt, pueden ser citados como ejemplos de las ricas posibilidades de la primitiva tradición geométrica. Ellos asumieron la vanguardia transponiendo las formas y principios de esta tradición, aunque a veces ello supusiera el rechazo de determinados principios. Durante los últimos años ha vuelto a surgir un indudable interés por el arte que se centra en la ordenación racional de los elementos estructurales y las obras de la joven generación de artistas como Armajani y Bonevardi atestiguan la persistencia y vitalidad de la tradición geométrica en sus múltiples manifestaciones.

Magdalena Dabrowski
Assistant Curator
THE MUSEUM OF MODERN ART

Orígenes del arte no objetivo.
Cubismo, Futurismo,
Cubo-Futurismo

1910-1914

Cuando en 1908 el filósofo alemán Wilhelm Worringer publicó en Munich su tesis doctoral *Abstracción y empatía*, introdujo en el campo de la filosofía estética la idea de que lo abstracto se contraponía directamente a lo figurativo. Esa idea proporcionaba una justificación filosófica al concepto de expresión plástica no figurativa. El ensayo de Worringer sostenía que «la tendencia hacia la abstracción aparece como punto de partida de cualquier arte y permanece como tendencia dominante en el caso de algunos pueblos que han alcanzado un elevado nivel cultural», añadiendo que el mejor modo de dar curso a esa tendencia es a través de la abstracción geométrica pura, libre de «cualquier tipo de conexiones externas con el mundo».

Parece que ese nivel de madurez para la abstracción se alcanzó en 1910, cuando el Cubismo Analítico de Picasso y Braque llegó a su punto álgido. Aunque después de pintar esos cuadros casi abstractos que son *Mujer con mandolina*, *Mujer desnuda* y *Remero* (verano de 1910), Picasso abandonó la expresión abstracta para reintroducir un elemento ilusionista, las transformaciones cubistas animaron a otros artistas a buscar un lenguaje pictórico que no se basara ya en la imitación de las formas observadas en el mundo circundante y representadas en un espacio ilusionista. La nueva formulación cubista del lenguaje artístico, que partía de una fragmentación de las formas en elementos planos dislocados y vueltos a componer, a modo de armazón lineal en un espacio plano, conceptualizaba el tema y lo subordinaba a la estructura pictórica. Al modificar radicalmente la identidad del objeto y la relación pictórica tradicional entre forma y espacio, el Cubismo brindó una base teórico-formal al arte no objetivo, librándolo de referencias a formas existentes en la realidad y cuyo contenido emanara de las relaciones abstractas entre color, línea, forma y textura, ordenados en la superficie bidimensional del cuadro. El desarrollo de la abstracción geométrica fue el lógico correlato del proceso tendente a «depurar» el Cubismo de los vestigios de la realidad visual, insistiendo para ello en los aspectos bidimensionales de la pintura.

El creciente interés por esas cualidades inherentes a la pintura y su potencialidad transmisora de la verdad universal, así como por aspectos tan «modernos» como el tiempo y el espacio, asumió la impronta de la expresión no objetiva. Hacia 1912-1913 la nueva tendencia hacia la evolución de estilos abstractos puros, basados en el reconocimiento de la autonomía de la forma y su importancia como vector fundamental de significado, se manifestó con especial vigor en Francia y en Rusia. A lo largo de su desarrollo el arte no objetivo se fue enriquecimiendo con las aportaciones de las diversas etapas del Cubismo. Mientras el Cubismo Analítico —en la segunda mitad del año 1910— brindaba a los artistas la lisura de sus planos frontales superpuestos, las obras del Cubismo Sintético posteriores a 1912 fueron las que introdujeron las formas sintetizadas planas de pintura, el espacio abstracto y el aspecto «constructivo» de la composición, que pasarían a convertirse en aspectos fundamentales del arte abstracto. Es más, la invención del *collage* en 1912 (con la *Naturaleza con silla de rejilla* de Picasso) dio al artista una libertad de investigar con materiales diversos y nuevas maneras de designar relaciones espaciales y profundidad en la composición bidimensional. Puso de manifiesto la importancia de la superficie plana como vehículo de elementos aplicados. Introdujo asimismo otro aspecto de «realidad» en la obra —la de un material «real»— haciendo posible la experimentación de texturas, con lo que el *collage* acabó por ser el procedimiento predilecto de artistas tan dispares como los dadaístas y los constructivistas. A su vez, Malevich y sus seguidores, como Liubov Popova, Ivan Puni y El Lissitzky investigaron las posibilidades del *collage* y su aspecto «constructivo» para crear una nueva realidad puramente pictórica.

Quizá la obra cubista de mayor resonancia haya sido la escultura de formas abiertas de Picasso, *Guitarra*, del año 1912. Esta transformación tridimensional de la estructura plana de los cuadros del Cubismo Analítico Pleno fue decisiva para el nacimiento del Constructivismo, movimiento originado en Rusia hacia 1920 y basado en conceptos, expresados por Vladimir Tatlin en 1913-1915 en unos relieves, que para los artistas de su época supusieron un cambio radical en sus concepciones de material, factura, construcción, y en las categorías tradicionales de pintura, escultura y arquitectura.

Además del Cubismo, otra influencia determinante en la evolución de la abstracción geométrica vino del Futurismo italiano que hizo su primera aparición relevante en 1910. El interés de los futuristas por el mundo moderno e industrial y su búsqueda de nuevos modos de expresión compatibles con la noción de modernidad, tuvo un impacto de carácter internacional en la joven generación de pintores. Dado que el Futurismo no proponía un estilo único de pintura, fueron sobre todo las teorías futuristas, la temática y, a veces, ciertos mecanismos formales visibles en la obra de Boccioni, Balla, Russolo y Severini, los que influyeron en Léger, Kupka y Delaunay tanto como en Larionov, Gontcharova, Popova, Rozanova y Malevich.

Más adelante, los principios cubistas de composición y fragmentación del objeto dieron lugar a las composiciones «más-menos» de Mondrian. Esos mismos principios, combinados a veces con el interés futurista por el movimiento y la velocidad, produjeron expresiones abstractas tan diversas como el Orfismo de Delaunay y las abstracciones de Kupka en Francia, así como el Cubo-Futurismo y el Rayonismo de Larionov en Rusia, marcando todos ellos diversos períodos de transición en la progresión hacia los estilos no objetivos y puramente geométricos de finales del decenio, como el grupo De Stijl en Holanda y el Suprematismo en Rusia.

Casi todos los artistas consideraban el dinamismo y la luz como los aspectos más estimulantes de la vida moderna y estaban convencidos de que podían ser expresados con acierto por medio del color y/o la línea. La cuestión del color y su potencial dinámico y generador de formas se convirtió en el tema central del Orfismo o «Cubismo Orfico», como lo denominó Apollinaire. El Orfismo, originado en la obra de Delaunay hacia 1912 en París, alcanzó su auge en los dos años siguientes, centrándose en la capacidad evocadora de formas de la luz, que descompone el tema, «crea» color y da lugar a la interacción espacial y temporal de las formas. Al volver a examinar desde una perspectiva más amplia un tema estudiado por Seurat a finales del siglo XIX, Delaunay convirtió el color en principal vehículo de la elaboración de un cuadro y en su temática esencial, como puede comprobarse en sus series de *Ventanas* de 1912 y de *Formas circulares* de 1913. En ellas, contrastes simultáneos de color activan visualmente la superficie del cuadro y añaden una sensación dinámica al esquema abstracto de las formas de luz interactivas, permitiendo a su vez explorar las relaciones temporales.

Mientras Delaunay elaboraba sus abstracciones fundadas sobre los contrastes simultáneos de color, Kupka, también en París, se dedicaba a investigar en el campo de la pintura pura. Sus estudios acerca de la naturaleza y la fisiología le convencieron del carácter «inimitable» de la naturaleza. Así pues, si el artista quería expresar de manera satisfactoria sus pensamientos y visiones debía crear sus propias formas plásticas y esquemas de color y luz que no dependieran de la realidad externa. De modo que Kupka rechazó la «falsa» realidad de la experiencia perceptiva en favor de la realidad «verdadera» de lo conocido. Estudió los descubrimientos científicos de su época, en busca de medios que le permitieran expresar el dinamismo del universo y la «fuerza motriz» del ser humano. Inspirado en la teoría simbolista de las correspondencias en relación con la índole no figurativa de la música y la pintura, investigó sobre las interacciones de forma y color y en 1912 produjo obras totalmente no objetivas como su serie *Amorfa: fuga en dos colores*, basada en el esquema rítmico de formas circulares entrelazadas y la interacción de dos colores primarios, el azul y el rojo. Las teorías de Delaunay y de Kupka sobre el color y su potencialidad creadora de espacio y movimiento, son las que luego dieron lugar a un enfoque más objetivo respecto del color como el que desarrolló Johannes Itten en la Bauhaus, en su teoría acerca del arte del color.

Similar importancia tuvieron los esfuerzos emprendidos por Léger para la evolución posterior de la expresión no figurativa. El artista francés, en busca de un vehículo que expresara el carácter físico de los objetos, creó formas resultantes de la tensión entre lo plano y lo lineal de las formas cubistas y los módulos genéricos abstractos, desvinculados de la realidad. Las formas, compuestas por un repertorio limitado de cilindros, cubos y cuñas, entrelazados en parches de color, toscamente pintados y realzados por zonas blancas, llegaron a crear una densa estructura de superficie cuyo mejor exponente serían sus cuadros *Contraste de formas* (1912-1914). La cohesión de la estructura se debe al ritmo de los elementos lineales y las superficies planas de color. Mediante el juego de las superficies de pintura y los realces blancos, Léger consiguió producir una impresión de volumen, pese a la configuración plana y abstracta de sus cuadros.

También Mondrian (primero en París y luego en Holanda), llegó a la conclusión de que la forma geométrica era la expresión óptima y más objetiva de la verdad universal y de lo absoluto. Su estilo abstracto, que apareció hacia 1914 en sus composiciones «más-menos», partió del Cubismo —o mejor dicho, de su insatisfacción por la deserción cubista de la ineludible forma no objetiva. Como lo explicara más adelante en su ensayo «Hacia la verdadera visión de la realidad» (1942), «el Cubismo no aceptaba las consecuencias lógicas de sus propios descubrimientos, no llevaba la abstracción a su meta última, la expresión de la realidad pura». La visión utópica de Mondrian asignó al arte la función de modelo regulador de las relaciones sociales de la época moderna. Concebía la estructura lineal de sus composiciones, basada en relaciones entre verticales y horizontales calculadas minuciosamente y derivadas directamente de su experimentación con las armazones cubistas, como única expresión viable de las necesidades espirituales y las relaciones armoniosas dentro de la sociedad moderna, a la que denominaba «nueva realidad». Debido a su escueto vocabulario formal y a la consiguiente austeridad de composición, el lenguaje geométrico de Mondrian supuso una de las transformaciones más radicales del Cubismo, sólo igualada por el Suprematismo de Kasimir Malevich en Rusia.

En los primeros decenios del siglo, Rusia irrumpió súbitamente en el mundo del arte de vanguardia. A raíz de los cambios de su configuración social y política y sus contactos crecientes con el mundo occidental, surgió una vanguardia cuyas innovaciones formales y conceptuales influyeron grandemente en la evolución del arte de la abstracción geométrica. Brotaron una serie de estilos nuevos, de fuentes tanto originarias de Rusia como occidentales, que a menudo fomentaron la estrecha colaboración entre pintores y poetas. La pintura futurista de Klebnikov, Guro y Kruchenyk e incluso los primeros poemas de Maiakovsky recurrieron a herramientas formales —esquemas de sonido, sintaxis, forma y textura del verso— equivalentes a los principios estructurales y composicionales de los cuadros cubistas y futuristas. Las antologías futuristas rusas (publicadas entre 1912 y 1914) que se servían del verso libre y de una creación nueva, la lengua transracional «Zaum» (basada en el empleo de palabras a las que se privaba de su significado asociativo, y se cambiaba la sintaxis, con objeto de explorar su valor sonoro) expresaban principios relacionados con los del *Manifiesto técnico de literatura futurista* (mayo de 1912) de Marinetti, y su concepto poético de «palabras libres», *parole in libertà*.

El Cubismo y el Futurismo actuaron como catalizadores del desarrollo de versiones sumamente diversas de estilos Cubo-Futuristas de la vanguardia rusa que empezaron a surgir alrededor de 1910. Al multiplicar sus viajes y las ocasiones de ver obras cubistas, los artistas rusos empezaron a incorporar el Cubismo a su lenguaje pictórico. Artistas como Exter, Popova, Udaltsova y Puni vivieron los años decisivos del Cubismo en París. Entre 1909 y 1914 Exter viajó con frecuencia a París, Italia y Rusia debiéndosele un importante papel en la divulgación de las ideas cubistas y futuristas en su país de origen. Tanto Udaltsova, en 1911-1912, como

Popova, durante el invierno de 1912-1913, estudiaron en La Palette, en el estudio de Metzinger y en el de Le Fauconnier en París. Puni mantuvo estrechos lazos con la vanguardia francesa entre 1910 y 1912 y viajó también a Italia, donde se fue familiarizando con las ideas futuristas. Asimismo, los artistas de Moscú tenían contacto directo con las colecciones de cuadros cubistas de Morozov y Shchukin. En 1914, la colección de Shchukin contaba con doce cuadros cubistas de Picasso y uno de Braque, y la de Morozov con el *Retrato de Vollard* de 1910 de Picasso (adquirido por el coleccionista en 1913); ambas colecciones se abrían al público con regularidad. El conocimiento de las recientes tendencias del mundo occidental se difundió a través de las numerosas exposiciones organizadas periódicamente por los grupos de vanguardia, la Unión de Juventudes de San Petersburgo y la Jota de Diamantes de Moscú que presentaban obras de artistas vanguardistas rusos y occidentales. Revistas de arte como *El Vellocino de Oro* y *Apolo* comentaban también los nuevos estilos artísticos de Francia y Alemania e incluían informes sobre las exposiciones más importantes, el Salon des Indépendants y el Salon d'Automne.

Enriquecido con las fuentes autóctonas, el arte popular ruso y la tradición de iconos cuyas características principales de composición son la forma bidimensional y el espacio conceptualizado, el Cubismo liberó las energías creadoras que produjeron diversas versiones personales del lenguaje cubista, patentes en obras de Popova *(Madrugada)*, Rozanova *(Fábrica y puente)* y Udaltsova. Casi todas las influencias asimiladas por los rusos procedían sobre todo de la obra de Gleizes, Metzinger, Le Fauconnier, Léger y de los artistas del grupo La Section d'Or más que de las obras de madurez de Picasso y Braque, en su época del Cubismo Analítico Pleno. Las obras cubistas rusas presentan por lo general formas menos fragmentadas y menor dependencia de la estructura rectilínea, con vestigios de figuración más aparentes. También demustran mayor interés por el color, que nunca se reduce a los verdes y ocres (de las obras de Picasso y Braque) y suele ser bastante intenso, y el ritmo, por otra parte, funciona como elemento más decorativo que estructural.

Las investigaciones más acertadas en torno a los distintos aspectos del Cubismo, Futurismo o de ambos movimientos combinados, se evidencian en las obras Cubo-Futuristas de Malevich, realizadas entre 1912 y 1915. En busca de medios nuevos para revitalizar el arte, Malevich empezó a integrar el Cubismo a su propio vocabulario pictórico, hacia 1912. Ya en 1910, su obra tendía hacia una ordenación plana, pues las zonas de color y los conjuntos de formas básicas como tubos, conos truncados y elementos trapezoidales, que aparentemente mostraban cierta semejanza con la obra contemporánea de Léger, fueron sustituyendo progresivamente a las formas volumétricas. Después de 1910 la estructura plástica de la obra de Malevich sufrió una profunda transformación apuntando a una dependencia creciente de las relaciones entre verticales y horizontales, derivada de la armadura lineal cubista. También produjo, de 1912 a 1913, algunos de sus cuadros más interesantes entre los más auténticamente cubistas, como *Samovar*, y obras cubo-futuristas como *Afilador* (Yale Art Gallery). La transformación de la estructura plástica suponía también una nueva relación entre sus componentes básicos: color, forma, espacio, contenido. Formas y colores se ordenaban con claridad en torno a verticales y horizontales, destacando la simetría y el equilibrio de las zonas de color pero eliminando la distinción entre primer plano y fondo, al integrarse dichos términos en un diseño de superficie. Las zonas de color fueron tratadas cada vez más como superficies frontales homogéneas y en algunos cuadros de 1914 como *Mujer junto a la columna de carteles* (Museo Stedelijk, Amsterdam) y *Soldado raso de primera división*, casi llegan a dominar la composición. De los planos de color que dominan abrumadoramente las formas yuxtapuestas, más pequeñas y fragmentadas, surge un efecto de interacción espacial que prefigura las estructuras compositivas de su estilo no objetivo posterior.

Entre las expresiones más personales y originales —de hecho se trata del primer estilo realmente no objetivo de aquella época— apareció el Rayonismo, iniciado por Larionov y sustentado principalmente por él y Natalia Gontcharova hasta 1914. Si bien su inspiración directa se debía sobre todo al Futurismo italiano, también se inspiraba en los hallazgos del Cubismo y del Orfismo así como en el interés impresionista por la *matière*. Aunque en Rusia no se había expuesto ningún cuadro futurista, Larionov y otros artistas de vanguardia estuvieron en contacto con las ideas futuristas desde que Marinetti publicó por primera vez su *Manifiesto Futurista* en febrero de 1909. Ya en 1910 numerosos extractos de los manifiestos italianos fueron traducidos al ruso y a partir de 1912 las ideas de Marinetti y de los pintores futuristas se fueron divulgando ampliamente; Marinetti visitó a su vez Rusia en enero de 1914, invitado por los futuristas rusos. El Rayonismo de Larionov, aunque conceptualmente se apoyaba en principios diferentes, por su uso de imágenes múltiples y superpuestas de líneas direccionales repetidas se acercaba más a las obras de Boccioni, Carrà, Balla y Russolo, con quienes compartía el mismo afán hacia el carácter dinámico de la luz y la forma. Según la teoría de Larionov, la forma pictórica del Rayonismo procedía del fenómeno físico de la visión, es decir, de nuestra percepción de la luz. Partía del principio de que el ojo humano no percibe los objetos del mundo circundante, sino los rayos de luz que éstos reflejan y cuya interacción crea una imagen resplandeciente. Puesto que la pintura ha de operar en su medio intrínseco de expresión (color, línea y textura), la representación pictórica de aquella experiencia perceptiva cobraría el aspecto de una composición bidimensional de líneas de color entrecruzadas (sin figuración específica), que produjera un efecto de interferencia dinámica y temporal entre luz y materia y se resolviera, de hecho, en una composición abstracta como su *Composición rayonista: dominación de rojo* (1912-1913) y *Rayonismo: Selva verdiazul* (1913).

Al recalcar el nuevo enfoque que planteaba la pintura como entidad cuya referencia era ella misma, un fin en sí, el Rayonismo creó un marco conceptual para los futuros movimientos no objetivos; sus hallazgos no tardaron en derivar a su conclusión lógica, con el Suprematismo de Malevich. Por otra parte, el Rayonismo centraba su atención en los aspectos materiales o físicos de la pintura —la misma textura de la superficie pintada—, lo cual contribuyó a ampliar el campo de las indagaciones sobre la superficie pictórica y a liberar la materia de su función descriptiva. Creó una dimensión adicional para las investigaciones de superficie, iniciadas por el Cubismo Sintético y el *collage* cubista, y enriqueció el repertorio del vocabulario artístico que, más adelante, sería objeto de investigaciones de «laboratorio», durante la fase inicial del Constructivismo.

Cronología
1910-1914

1910

BERLÍN

Creación del semanario de Herwarth Walden *Der Sturm* en marzo, para el intercambio de ideas sobre música, literatura, teatro y artes plásticas de vanguardia (destacando el trabajo de expresionistas alemanes, artistas franceses y de influencia francesa). Este semanario se proponía promover el espíritu internacional del modernismo. Se publicó hasta 1932.

BUDAPEST

ABRIL-MAYO. Picasso presenta cuatro obras en una exposición colectiva en la galería Müvészház, entre ellas *Mujer con mandolina* de 1909, adquirida más tarde por Sergei Shchukin.

DARMSTADT

El Lissitzky en la Technische Hochschule donde permanece hasta 1914.

MILÁN

Publicación de la novela de Filippo Tommaso Marinetti *Mafarka el futurista* (en este mismo año Sansot publica en París la traducción al francés).

11 DE FEBRERO. Publicación del *Manifiesto de los Pintores Futuristas* en forma de folleto, por *Poesia*; proclamado más tarde desde el escenario del Politeama Chiaretta en Turín (8 de marzo) durante un acto en el que participaron Umberto Boccioni, Aroldo Bonzagni, Carlo Carrà, Romolo Romani, Luigi Russolo.

19 DE MARZO-3 DE ABRIL. Se celebra la primera exposición de obras futuristas «Famiglia Artistica» con grabados y dibujos de Boccioni, Bonzagni, Carrà, Russolo.

11 DE ABRIL. *Manifiesto Técnico de la Pintura Futurista*, firmado por Balla, Boccioni, Carrà y Severini, publicado por *Poesia*.

20-21 DE DICIEMBRE. Boccioni, Carrà y Russolo exponen en la «Exposición íntima» de la Famiglia Artistica.

MOSCÚ

Vladimir Tatlin en el Instituto de Pintura, Escultura y Arquitectura de Moscú del que será expulsado posteriormente.

OCTUBRE-DICIEMBRE. Kandinsky llega de Munich y también viaja a Odessa y San Petersburgo.

DICIEMBRE. Primera exposición de la sociedad Bubnovii Valet (Jota de Diamantes) con obra de Alejandra Exter, Natalia Gontcharova, Kandinsky, Mikhail Larionov, Kasimir Malevich y otros. Después, y hasta 1917, la sociedad organiza exposiciones anuales con obras de los vanguardistas rusos y artistas progresistas de occidente: Braque, Delaunay, Le Fauconnier, Léger, Marc, Matisse.

DICIEMBRE. Primera exposición del Salón de Moscú con obras de Gontcharova, Malevich, Larionov y otros. Las exposiciones se suceden con regularidad hasta 1918.

MUNICH

Naum Gabo inicia estudios de medicina en la Universidad de Munich, pero se cambia a la Escuela Politécnica de Ingeniería.

SEPTIEMBRE. Exposición Internacional Neue Kunstler Vereinigung que incluye a David Burliuk, Vladimir Burliuk, Vasily Kandinsky.

ODESSA

ENERO. Segundo mes de la Exposición Internacional de Pintura, Escultura y Grabado, llamada Salón Izdebsky (organizada por el escultor Vladimir Izdebsky en colaboración con el crítico francés Alexandre Mercereau). Contiene secciones rusas y occidentales con contribuciones de Natan Altman, los hermanos Burliuk, Exter, Gontcharova, Kandinsky, Aristarkh Lentulov, Mikhail Matiushin, Giacomo Balla, Georges Braque, Maurice Denis, Marie Laurencin, Henri Le Fauconnier, Jean Metzinger, Odilon Redon, Henri Rousseau y otros; también cuenta con una sección de dibujos infantiles. Durante al año 1910 la exposición viaja a Kiev, San Petersburgo y Riga.

DICIEMBRE. Segundo Salón Izdebsky con mayoría de obras de artistas rusos como Gontcharova, Larionov, Tatlin y algunos miembros de la vanguardia occidental; el catálogo contiene ensayos de Kandinsky y de Arnold Schönberg.

PADUA Y VENECIA

VERANO. Diversos actos futuristas.

PARÍS

Exposición de Picasso en la Galerie Notre-Dame-des-Champs que incluye *Fruteros con frasca de vino*, 1908; *Fábrica en Horta*, 1909, comprado más tarde por Shchukin.

PRIMAVERA. Picasso termina el *Retrato de Ambroise Vollard*, adquirido por Iván Morozov, para su colección en Moscú, en 1913.

18 DE MAYO. Publicación del *Manifiesto Técnico de la Pintura Futurista*, en el que se pone de relieve la «sensación dinámica de la vida» y la necesidad de «colocar al espectador en el centro de la imagen».

Pablo Picasso
Mujer con mandolina. 1910
Museo Ludwig, Sammlung Ludwig,
Colonia.

Pablo Picasso
Retrato de Ambroise Vollard. 1910
Museo Estatal de Bellas Artes Pushkin,
Moscú.

JUNIO. Los Ballets Russes de Diaghilev —en su segunda temporada— representan *Scherezade* de Rimski-Korsakov y *El pájaro de fuego* de Stravinski. (La primera producción de Diaghilev tuvo lugar en 1909, seguida de diversas representaciones en 1911, 1913, 1914, 1917, 1926 y 1927.)

Cubismo Analítico Pleno anunciado por Picasso en sus obras *Mujer con mandolina, Mujer desnuda* y *El remero.*

OCTUBRE-DICIEMBRE. Conferencia sobre la poesía rusa, organizada por Alexandre Mercereau y patrocinada por el Salon d'Automne, con ejemplos de versos contemporáneos en versión original rusa con traducción francesa. Apollinaire escribe sobre los artistas rusos de la Société Artistique et Littéraire Russe y su exposición.

SAN PETERSBURGO

Anton Pevsner inicia su segundo año en la Academia de las Artes de San Petersburgo (tras haber estudiado pintura de 1902 a 1909 en la Escuela de Bellas Artes de Kiev).

MARZO. Exposición «Triángulo» (Treugolnik) organizada por Nikolai Kulbin; presenta obra de Exter (también de los Burliuk y de Pavel Filonov) y demás. Esta exposición viaja posteriormente a Riga.

MAYO. Publicación de la primera colección futurista rusa de literatura y arte, *Trampa para jueces (Sadok sudei).*

TRIESTE

ENERO. Primera «Velada Futurista» en el Politeama Rossetti, en la que se presentan el *Manifiesto Futurista* y la poesía futurista.

1911

Mondrian se traslada a París. Braque (en la primavera) y a continuación Picasso (en el otoño) introducen letras en sus composiciones cubistas.

PRIMAVERA-VERANO. Numerosos actos futuristas en Mantua, Parma, Como, Milán, Roma, Treviso, Florencia.

MOSCÚ

Tatlin diseña decorados y trajes para la obra dramática *El zar Maximiliano y su revoltoso hijo Adolfo,* representada en el Círculo Artístico-Literario de Moscú.

OTOÑO. Larionov se licencia en la Escuela de Pintura, Escultura y Arquitectura de Moscú.

Larionov y Gontcharova rompen con la Jota de Diamantes y crean una nueva asociación, Oslinyi Khvost (Cola de burro).

INVIERNO. Tatlin organiza el taller de enseñanza (que funciona hasta 1915) La Torre; asisten a las clases, entre otros, Aleksandr Vesnin, Liubov, Popova, Nadezhda Udaltsova.

DICIEMBRE. Exposición de un día de la obra de Larionov en la Sociedad de Libre Estética.

Representación de *Hamlet* dirigida por E. Gordon Craig en el Teatro de Arte de Moscú con sobrios decorados geométricos; David Burliuk y Vladimir Maiakovski asisten a ella.

Exter regresa de París con fotos de los últimos cuadros cubistas de Picasso.

MUNICH

DICIEMBRE. Creación del grupo Der Blaue Reiter (El Jinete Azul) por Kandinsky y Franz Marc.

Primera exposición del Comité de Redacción del Jinete Azul en la Moderne Galerie de Thannhauser.

Piper publica el ensayo *De lo espiritual en el arte* de Kandinsky.

PARÍS

Anton Pevsner se establece definitivamente en París (donde permanece hasta que estalla la guerra); se mantiene en contacto con Alexander Archipenko, Amedeo Modigliani y otros artistas de La Ruche.

Lentulov y Udaltsova estudian en el taller La Palette (que dirigen Metzinger, Le Fauconnier y Segonzac) donde se familiarizan con los principios del Cubismo.

Georges Annenkov estudia con Maurice Denis y Félix Vallotton.

Marcel Duchamp expone en los Indépendants, el Salon d'Automne y la Société Normande des Peintres Modernes.

Reuniones dominicales en el estudio de Raymond Duchamp-Villon (en Putteaux) con los escritores Apollinaire y Henri-Martin Barzon, los pintores Le Fauconnier, Gleizes, Léger, Metzinger, Pach y Ribemont-Dessaignes.

MARZO. Conferencias de Marinetti sobre el Futurismo.

21 DE ABRIL. El Salon des Indépendants abre con una manifestación cubista; incluye obra de Delaunay, Gleizes, Laurencin, La Fresnaye, Léger, Metzinger, Picabia, Le Fauconnier, Archipenko y Duchamp.

VERANO. Lissitzky visita a su amigo escultor, Ossip Zadkine.

1º DE OCTUBRE. Inauguración del Salon d'Automne con una gran sección Cubista (pero sin Picasso ni Braque).

OCTUBRE-NOVIEMBRE. Boccioni y Carrà (y posiblemente Russolo) viajan brevemente a París con Severini; visitan los estudios de Braque y Picasso y de otros pintores vanguardistas cuya obra fue expuesta en el Salon d'Automne de 1911. Estudian el trabajo de Metzinger, Gleizes, Duchamp, Léger. Picasso los presenta a Gertrude Stein.

Publicación de *Le Futurisme* de Marinetti en París por Sansot —un compendio de conferencias, proclamas y manifiestos (traducidos al ruso en 1914 y publicados con ocasión del viaje de Marinetti a Rusia).

NOVIEMBRE. Apollinaire publica su ensayo «Peintres Futuristes», *Mercure de France.*

SAN PETERSBURGO

PRIMAVERA. Exposición de la Unión de Juventudes, con contribuciones de Tatlin, Varst (Vavara Stepanova), los Burliuk, Gontcharova, Larionov, Malevich, Rozanova.

SEPTIEMBRE. Blaise Cendrars visita San Petersburgo.

DICIEMBRE. Apertura del Segundo Congreso de Artistas Rusos; Kulbin lee una versión abreviada del ensayo de Kandinsky *De lo espiritual en el arte.*

1912

Duchamp viaja (junio a octubre) por Centroeuropa y se queda dos meses en Munich.

Lissitzky viaja a Italia del norte durante el verano.

BARCELONA

PRIMAVERA. Se expone *Desnudo bajando la escalera* de Duchamp.

BERLÍN

MARZO. Se inaugura la galería Der Sturm con una exposición sobre el Jinete Azul, Oskar Kokoschka y los Expresionistas. Con ocasión de la segunda exposición (en abril) protagonizada por los futuristas italianos, la revista *Der Sturm* publica Manifiestos Futuristas. Durante la década siguiente la galería es la avanzada alemana de la vanguardia internacional. (Cerrará en 1932.)

BOLONIA

Publicación de «Musica futurista per orchestra, riduzione per pianoforte» de Balilla Pratella, con su manifiesto de músicos futuristas escrito en octubre de 1910.

LONDRES

MARZO. Conferencia de Marinetti en Bernstein Hall.

5 DE OCTUBRE-31 DE DICIEMBRE. En las Grafton Galleries, segunda exposición postimpresionista organizada por Roger Fry, con una sección de arte ruso organizada por Boris Anrep que incluye obras de Larionov y Gontcharova.

MILÁN

11 DE ABRIL. Publicación del *Manifiesto Técnico de Escultura Futurista* de Boccioni, en forma de folleto por *Poesia*.

11 DE MAYO. *Manifiesto Técnico de Literatura Futurista* de Marinetti, anunciando el principio de las «palabras

Los futuristas italianos Russolo, Carrà, Marinetti, Boccioni y Severini en París, febrero de 1912, durante su exposición en Bernheim-Jeune.

en libertad» (*parole in libertà*). El 11 de agosto, añade una declaración más contestando a las objeciones.

MOSCÚ

ENERO. Inauguración de la segunda exposición de la Jota de Diamantes con obra de los Burliuk, Exter, Kandinsky, Lentulov, Braque, Delaunay, Le Fauconnier, Léger, Marc, Matisse y Picasso.

FEBRERO. Debate sobre el Cubismo y otros movimientos contemporáneos organizado por el grupo de la Jota de Diamantes; David Burliuk y Gontcharova pronuncian discursos sobre el tema.

MARZO. Exposición «La cola del burro» organizada por Larionov y Gontcharova, con contribuciones de estos artistas y de Malevich y Tatlin, entre otros.

VERANO-OTOÑO. Publicación del primero de una serie de libros de poesía futurista con ilustraciones por los miembros de la vanguardia; libro de poesía de Kruchenykh, *Starinnaia liubov* (Amor de antaño) con ilustraciones de Larionov; largo poema de Kruchenykh y Klebnikov, *Igra/v/adu* (Juego en el infierno) con ilustraciones de Gontcharova y Larionov; libro de poesía de Kruchenykh y Klebnikov, *Mirskontsa* (Mundo al revés) con ilustraciones de Gontcharova y Larionov.

DICIEMBRE. Primera exposición de la serie de «Pintura contemporánea»; incluye trabajos de Tatlin y Malevich.

Publicación de una antología de poemas, prosa y artículos —*Bofetada al gusto del público*—, manifiesto más famoso del grupo literario futurista ruso, Hylea; contiene el primer texto trascendental sobre el Cubismo firmado por Nikolai Burliuk, pero escrito en colaboración con su hermano David.

Creación de «Zaoum», una lengua transracional inventada por Kruchenykh y Klebnikov, lengua completa, sin connotaciones descriptivas, asociativas o históricas, desprovista de convenciones sintácticas establecidas, haciendo uso de vocablos cuyas sílabas se valoran por su calidad sonora.

MUNICH

FEBRERO. Segunda exposición Blaue Reiter en la Galerie Goltz con obras de Picasso, Braque, Delaunay, Kandinsky, Klee, Gontcharova, Larionov y Malevich.

David Burliuk viaja a Alemania; en Munich visita a Kandinsky que acaba de publicar (en mayo) el *Blaue Reiter Almanach*.

PARÍS

Ivan Puni y Xenia Boguslavskaia estudian en la Académie de la Grande Chaumière.

Creación de las revistas francesas *Les soirées de Paris* y *Poème et drame*; se publican hasta el año 1914.

Mondrian en París hasta mediados de 1914.

Popova se reúne con Udaltsova en La Palette.

5-24 DE FEBRERO. Exposición de pintores futuristas en Bernheim-Jeune: Boccioni, Carrà, Russolo y Severini. El catálogo contiene ilustraciones, el «Manifiesto Técnico» y un nuevo prólogo teórico titulado «Los expositores al público». La exposición viaja después a: Londres, Sackville Gallery, en marzo de 1912; Berlín, Der Sturm en la Tiergartenstrasse Galerie, abril-mayo de 1912; Bruselas, Galerie Georges Giroux, mayo-junio de 1912. A continuación viaja también a La Haya, Amsterdam, Colonia, Munich y Budapest.

PRIMAVERA. Picasso realiza su *Guitarra*, primera escultura de formas abiertas que significa una ruptura radical con los métodos tradicionales de talla y modelado y abre el camino a la escultura construida del siglo veinte.

MAYO. Primer collage de Picasso, *Naturaleza muerta con silla de rejilla* que incorpora materiales corrientes.

MAYO-AGOSTO. Apollinaire escribe *Les peintres cubistes: méditations esthétiques* (publicado en marzo de 1913).

VERANO-OTOÑO. Delaunay escribe sus dos ensayos fundamentales sobre el arte: «Luz» (publicado en su versión alemana en *Der Sturm* en febrero de 1913 en Berlín) y «Notas sobre la construcción de la realidad de la pintura pura».

PRINCIPIOS DE SEPTIEMBRE. Primer *papier collé* de Braque.

OTOÑO. Picasso hace sus primeros *papiers collés* con papel de periódico y superficies planas pintadas según una estructura lineal, como en *Violín*. (Sigue con esta técnica hasta la primavera o el verano siguiente, como en *Cabeza, de hombre*, colección del Museum of Modern Art, Nueva York.)

OCTUBRE. Kupka expone dos obras grandes, sin temas específicos, en el Salon d'Automne: *Amorfa: fuga en dos colores* y *Amorfa: cromática cálida* (ejemplos de su «pintura pura» según la definía Apollinaire); Boccioni expone escultura.

Se monta en la Galerie La Boétie la exposición del «Salon de la Section d'Or» de los cubistas de Puteaux.

NOVIEMBRE. André Salmon publica *La jeune peinture française*.

INVIERNO. Apogeo del Cubismo Analítico Pleno con la creación de obras como *Ma Jolie* de Picasso.

NOVIEMBRE. Conferencia de Apollinaire en la que inventa la denominación de «Cubismo Orfico».

DICIEMBRE. Gleizes y Metzinger publican *Du Cubisme*.

ROMA

Exposición del Fotodinamismo Futurista en la Sala Pichetti.

SAN PETERSBURGO

FEBRERO. Puni regresa de París y conoce, a través de su amigo Kulbin, a los miembros de la vanguardia rusa, con quienes estrecha vínculos en 1913.

ABRIL. Primer número de la revista *La Unión de Juventudes* que incluye el ensayo de Vladimir Markov «Los principios del nuevo arte» (que sigue en el número de junio).

Primer número del periódico de los escritores bolcheviques *Pravda* (Verdad).

JUNIO. Segundo número de *La Unión de Juventudes* que contiene una traducción en ruso de la declaración de Le Fauconnier en el catálogo del segundo *Neue Künstlervereiningung*, Munich, 1910; el manifiesto futurista italiano al público; la traducción en ruso de la introducción por Boccioni al catálogo de su exposición en París; y la segunda parte de «Los principios del nuevo arte» de Markov.

DICIEMBRE. Se inaugura la galería privada Bureau Dobychina; hasta 1918 presenta con regularidad exposiciones de arte moderno ruso.

Inauguración de la cuarta exposición de la Unión de Juventudes que incluye al grupo de Larionov y a los Burliuk; primeros ejemplos de la pintura rayonista de Larionov (como *La salchicha y la caballa rayonistas* 1912, Museo Ludwig, Colonia).

Quinta exposición de la Unión de Juventudes con obras de Gontcharova, Larionov, Malevich, Matiushin, Puni, Rozanova, Tatlin.

1913

PRIMAVERA. Publicación de la traducción rusa de *De Delacroix au néoimpressionnisme* de Signac y de *Du Cubisme* de Gleizes y Metzinger.

11 DE OCTUBRE. «El programa político futurista», firmado por Marinetti, Boccioni, Carrà y Russolo.

DICIEMBRE. Exposición itinerante futurista rusa en la que David Burliuk, Vladimir Maiakovski y Vasili Kamenski organizan veladas de poesía y conferencias sobre el nuevo arte en diecisiete ciudades.

BERLÍN

Exposición de obras de Archipenko en la Galerie Der Sturm con catálogo de Apollinaire.

Publicación de «Die moderne Malerei» por Apollinaire en *Der Sturm*. El ensayo describe los *collages* de Picasso y menciona los relieves de cartón.

SEPTIEMBRE. Primera exposición de Sonia Delaunay-Terk y del libro simultáneo de Blaise Cendrars, *La prose du transsibérien*.

«Erster deutscher Herbstsalon» de Hewarth Walden presenta en la Galerie Der Sturm un admirable panorama de la encrucijada de artistas vanguardistas. Entre los artistas representados figuran los Delaunay, Balla —con obra futurista reciente—, Léger, Picabia, Gleizes, Metzinger, Mondrian, Marc, Kandinsky, Chagall; también Larionov, Gontcharova y los hermanos Burliuk. Apollinaire lo calificó de «primer salón del Orfismo».

BRIGHTON

NOVIEMBRE-ENERO. «Exposición de postimpresionistas, cubistas y otros artistas ingleses» en las Public Art Galleries. Wyndham Lewis publica un artículo al respecto titulado «Sala III: La sala cubista».

CERET

VERANO. Picasso termina su *Hombre con una guitarra*, en el que manifiesta un estilo cubista sintético muy desarrollado.

Estudio de Picasso en 242 Boulevard Raspail en París con un objeto tridimensional, un guitarrista (hoy desaparecido) que posiblemente llegó a ver Tatlin.

FLORENCIA

ENERO. Primer número del periódico experimental futurista *Lacerba*, redactado por Giovanni Papini y Ardengo Soffici. (Último número 22 de mayo de 1915.)

15 DE JUNIO. Publicación en *Lacerba* del manifiesto de Marinetti «Destrucción de sintaxis, imaginación sin límites, palabras en libertad».

1º DE SEPTIEMBRE. Se publica el manifiesto de Carrà «Las pinturas de sonidos, ruidos y olores» en *Lacerba*.

15 DE SEPTIEMBRE. Se publica el manifiesto de Apollinaire «Anti-tradición futurista» en *Lacerba*.

30 DE NOVIEMBRE-15 DE DICIEMBRE. Exposición futurista patrocinada por *Lacerba* en la galería de Ferrante Gonelli.

LONDRES

PRIMAVERA. Wyndham Lewis funda el Rebel Art Centre (Centro de Arte Rebelde) en oposición a Roger Fry. Cuenta con los artistas Edward Wadsworth, Lawrence Atkinson, Frederick Etchells y Christopher Nevinson.

ABRIL. Exposición de pinturas y dibujos de Severini en la Marlborough Gallery.

MILÁN

11 DE MARZO. *El arte de los ruidos*, manifiesto de Russolo dirigido a Pratella; la Direzzione del movimiento futurista lo publica en forma de folleto el 1º de julio.

MOSCÚ

Publicación de «*La palabra como tal*», manifiesto de la «palabra suficiente» de Kruchenykh y Klebnikov.

FEBRERO. La Jota de Diamantes organiza un debate sobre el arte y la literatura modernos. Uno de los numerosos encuentros futuristas con el público.

La Jota de Diamantes publica una serie de artículos y reproducciones que incluye «Del problema del estado contemporáneo del arte ruso» de Aksenov.

MARZO. Larionov organiza la exposición Blanco (Mishen) en Moscú con obra de Gontcharova, Malevich, Chagall y otros, y también arte infantil. El catálogo contiene a la vez el texto de Larionov «Pintura rayonista», en el que explica su teoría sobre el nuevo estilo pictórico.

Ilya Zdanevich da una conferencia sobre «El futurismo de Marinetti».

PRIMAVERA. Alexei Grishchenko publica su libro *De los vínculos de la pintura rusa con Bizancio y Occidente*, dedicado a Sergei Shchukin.

A MITAD DE AÑO. Fundación del diario de arte y literatura *Sofiia*, redactado por P. P. Muratov.

Yakov Tugendkhold, crítico de arte para la revista de San Petersburgo *Apolón*, da una serie de conferencias sobre el arte francés de los siglos diecinueve y veinte.

JUNIO. Publicación de *Principios del Cubismo y otras tendencias contemporáneas en la pintura de todas las generaciones y naciones* de Alexandr Schevchenko.

JULIO. Publicación de la primera monografía sobre Gontcharova y Larionov por Eli Eganbury (Ilya Zdanevich).

AGOSTO. Exposición individual de Gontcharova con 768 obras; al año siguiente se inaugura en San Petersburgo una edición algo más reducida.

NOVIEMBRE. Chevchenko publica su folleto *Neo-primitivismo: su teoría, potenciales y resultados*.

MUNICH

Kandinsky sigue preparando el segundo volumen (que nunca se realizó) del *Blaue Reiter* con aportaciones de Larionov y otros más.

JUNIO. Movimiento sincromista anunciado con la exposición en el Neue Kunstsalon de la obra de Morgan Russell y Stanton Macdonald-Wright.

NUEVA YORK

17 DE FEBRERO-15 DE MARZO. «Exposición internacional de arte moderno» en el arsenal del 69º regimiento (la llamada «Armory Show») inaugurada con obra de muchos artistas de la vanguardia europea. Esta exposición también viaja a Chicago y a Boston.

PARÍS

Gabo visita a su hermano Anton Pevsner y permanece en París hasta 1914.

17 DE MARZO. Publicación de *Les peintres cubistes: méditations esthétiques* (Eugène Figuière).

20 DE JUNIO-16 DE JULIO. Exposición de la escultura de Boccioni en la Galerie La Boétie. Marinetti (21 de junio) y Boccioni (27 de junio) dan charlas sobre el Futurismo en la galería.

PRIMAVERA O VERANO. Tatlin, después de un breve viaje a Berlín, llega a París. Visita el estudio de Picasso en el 242 Boulevard Raspail y ve sus esculturas de formas abiertas como *Guitarra*, que le dan incentivo para crear sus contra-relieves a su regreso a Moscú —que posteriormente llevarán al Constructivismo.

OCTUBRE. El Salon d'Automne incluye una sección de arte popular ruso.

Exposiciones sincromistas en la galería Bernheim-Jeune con las primeras obras abstractas de los artistas americanos Stanton Macdonald-Wright y Morgan Russell.

15 DE NOVIEMBRE. Apollinaire publica fotografías de cuatro construcciones de Picasso, inclusive *Guitarra y botella de Bass*, en la revista *Les soirées de Paris* de la que es redactor.

El coleccionista ruso Iván Morozov compra directamente a Vollard el *Retrato de Ambroise Vollard* (1910) de Picasso para su colección de Moscú.

Russolo da conciertos en París, Italia y Londres con el primer «órgano de ruido».

ROMA

21 DE FEBRERO. Tumultuosa manifestación futurista en el Teatro Costanzi. La segunda manifestación de este tipo el 9 de marzo termina en motín.

En este mismo teatro se celebra una exposición de pinturas futuristas con obras de Balla y Soffici del 21 de febrero al 21 de marzo.

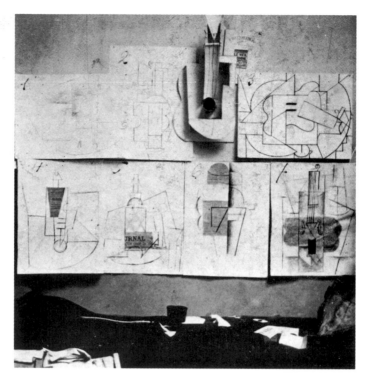

Pared del estudio de Picasso en 242 Boulevard Raspail en París (1912), con una maqueta de cartón de *Guitarra*, dibujos y una serie de *papiers collés* que posiblemente llegó a ver Tatlin.

6 DE DICIEMBRE-15 DE ENERO. Exposición de escultura y dibujos de Boccioni en la Galleria Permanente d'Arte Futurista fundada en Roma por Giuseppe Sprovieri.

ROTTERDAM

18 DE MAYO-15 DE JUNIO. Exposición de pintura y escultura futurista en el Rotterdamsche Kunstkring.

SAN PETERSBURGO

MARZO. Bajo los auspicios de la Unión de Juventudes. Malevich da una conferencia sobre el Cubo-Futurismo.

DICIEMBRE. Representación de la ópera futurista *Victoria frente al sol* con música de Matiushin, textos de Klebnikov y Kruchenykh y decorados de Malevich, en el Teatro Luna Park. Más adelante Malevich describe esta producción como un importante paso en su evolución hacia el Suprematismo; el diseño de telón es su famoso cuadrado dividido diagonalmente por dos con una parte blanca y otra negra, sobre fondo blanco.

En el cabaret *El Perro Extraviado*, Alexandr A. Smirnov da una charla sobre el Simultaneismo y Robert Delaunay expone *La prose du transsibérien* de Cendrars ilustrada por Sonia Delaunay-Terk.

Larionov y Zdanevich publican el manifiesto futurista «Por qué nos pintamos a nosotros mismos» en el número de Navidad de la revista *Argus*.

VENECIA

A MITAD DE AÑO. Schusev diseña el pabellón ruso de la bienal de Venecia (más tarde proyectará el mausoleo de Lenin).

1914

ENERO. Marinetti visita Rusia por invitación de Kulbin y da conferencias en Moscú y San Petersburgo; se queda hasta mediados de febrero. Conoce a futuristas rusos aunque lo acogen más bien fríamente. Invita a Exter, Kulbin y Rozanova a participar en la exposición futurista de la Galleria Sprovieri en Roma en abril del mismo año.

Primera de una serie de exposiciones itinerantes futuristas (iniciadas en diciembre de 1913) realizadas por David Burliuk y Vladimir Maiakovski por las ciudades rusas de provincias. Kamenski se une a ellos en marzo y llevan a cabo una gran exposición itinerante futurista por el sur de Rusia.

JULIO. Alemania le declara la guerra a Rusia.

VERANO. Mondrian regresa a Holanda a causa de la enfermedad de su padre. La guerra le impide volver a París.

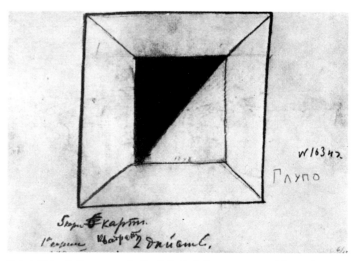

Kasimir Malevich. Boceto para el telón de fondo de la escena primera del segundo acto de la ópera futurista *Victoria frente al sol*, 1913.

Marinetti con los futuristas rusos durante su viaje a Rusia en el invierno de 1914.

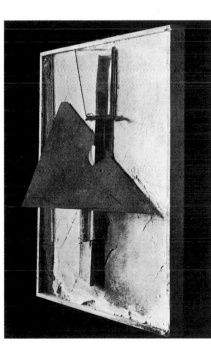
Vladimir Tatlin. Relieve pintado. *Selección de materiales.* 1914 Hierro, yeso, cristal, asfalto. (Paradero actual desconocido).

FLORENCIA

15 DE MARZO. Publicación del manifiesto de Marinetti «El esplendor geométrico y mecánico y la nueva sensibilidad numérica» en *Lacerba*. Se publica una traducción inglesa en la revista *The New Age* de Londres, el 7 de mayo de 1914.

Se publica el libro de Boccioni escrito en 1913, *Pittura, scultura futurista.*

15 DE JULIO. Marinetti y C. R. W. Nevinson publican en *Lacerba* el manifiesto «Vital English Art» (arte inglés vital) en italiano e inglés.

1º DE AGOSTO. Publicación en *Lacerba* del «Manifiesto de arquitectura futurista» de Sant'Elia.

LONDRES

Publicación de *Art* de Clive Bell, en parte como reacción a *What Is Art?* (¿Qué es el arte?) publicado inicialmente en 1895.

ABRIL-MAYO. Exposición de los futuristas italianos en las Doré Galleries, con trabajos de Balla, Boccioni, Carrà, Russolo, Severini y Soffici.

JULIO. Wyndham Lewis anuncia el Vorticismo en el primer número de *Blast*, como respuesta a «Vital English Art» de Marinetti y Nevinson. Lo firman Ezra Pound, Henri Gaudier-Brzeska, Lawrence Atkinson, Edward Adsworth.

MOSCÚ

Publicación de la versión rusa del libro

de Marinetti *Futurismo* (publicado en París en 1911), que contiene textos de sus conferencias, proclamas y manifiestos.

El crítico G. Tastevin publica su ensayo sobre el Futurismo junto con cinco manifiestos de Marinetti (dos sobre literatura) y el «Manifiesto del lujo» de Valentine de Saint-Point.

ENERO. Se publica la segunda edición del opúsculo *Juego en el infierno* de Kruchenykh/Klebnikov con ilustraciones de Malevich y Rozanova.

MARZO. Se publica *Los Futuristas: el primer diario de los futuristas rusos.*

Larionov organiza la exposición «Nº 4» con obra suya y de Gontcharova, Kamenski, Schevchenko, Exter y Kiryl Zdanévich.

Cuarta exposición del grupo Jota de Diamantes, con obras de Exter, Lentulov, Malevich, Popova, Udaltsova, Braque y Picasso.

10 AL 14 DE MAYO. Tatlin organiza en su estudio la «Primera Exposición de Relieves Pintados» en la que muestra sus obras tridimensionales de 1913-1914.

NOVIEMBRE. Se publica el álbum de litografías de Gontcharova *Las imágenes místicas de la guerra.*

MUNICH

MARZO. Hugo Ball proyecta un libro sobre el nuevo teatro en el que participarían Kandinsky, Marc, Von Hartmann, Fokine, Bekhteev y Klee (el proyecto se vio interrumpido por la guerra).

PARÍS

Apollinaire escribe un comunicado sobre la conferencia de Léger en la Academia rusa de Marie Vassilieff y anuncia la próxima exposición de Larionov y Gontcharova en la Galerie Paul Guillaume. El catálogo incluye un prólogo de Apollinaire y la versión francesa de la teoría rayonista de Larionov.

JULIO. Publicación de los caligramas de Apollinaire en *Les soirées de Paris.*

ROMA

11 DE FEBRERO. Se inaugura una exposición de obras futuristas en la Galleria Sprovieri (que en lo sucesivo se llamará la Galeria Futurista).

ABRIL-MAYO. «Exposición libre de arte futurista» en la Galleria Sprovieri con la obra de muchos artistas más jovenes. Marinetti, Cangiullo y Balla exponen sus «esculturas objetos» —ensamblajes (algunos realizados conjuntamente por varios artistas) de diversos materiales.

MAYO. «Primera Exposición Internacional Libre de Arte Futurista» en la Galleria Sprovieri, con trabajos de artistas de Italia, Rusia, Inglaterra, Bélgica, Norteamérica. Los artistas rusos representados eran Archipenko, Exter, Kulbin y Rozanova.

SAN PETERSBURGO

ENERO. Publicación del folleto *Futuristas: Parnaso estruendoso* (Futuristi Rikaiuschtchii Parnas) con obras de David Burliuk, Filonov, Puni, Rozanova e Igor Severianin.

ABRIL-3 DE MAYO. Exposición individual de pintura de Gontcharova (con 249 obras) en el Bureau Dobychina.

CARRA, Carlo

Café Cantante. 1912
Carbón sobre papel
49.7×39.9 cm
The Museum of Modern Art,
adquirido gracias al legado Lillie P. Bliss
(mediante intercambio)
3372.84

Sólo expuesto en Madrid

DELAUNAY, Robert

Ventanas simultáneas (2º motivo, 1.ª parte). 1912
Óleo sobre lienzo
55.2×46.3 cm
Solomon R. Guggenheim Museum,
donado por Solomon R. Guggenheim, 1941

GONTCHAROVA, Natalia

Rayonismo, Selva verdiazul. 1913
Óleo sobre lienzo
54×49.5 cm
Donación fraccionada a
The Museum of Modern Art
por The Riklis Collection of McCrory Corporation
1012.83

38

GRIS, Juan

Naturaleza muerta. 1911
Óleo sobre lienzo
59.7×50.2 cm
The Museum of Modern Art,
adquirido gracias al legado Lillie P. Bliss
502.41

Sólo expuesto en Iberoamérica

40

GRIS, Juan

Frutero y botella. 1917
Lápiz Conté y carbón sobre papel
47.6×31.1 cm
The Museum of Modern Art,
adquirido gracias al legado Lillie P. Bliss
306.47

Sólo expuesto en Madrid

KUPKA, Frantisek

Planos verticales y diagonales. 1913-14
Óleo sobre lienzo
56×40 cm
Donación fraccionada a
The Museum of Modern Art
por The Riklis Collection of McCrory Corporation
1036.83

LARIONOV, Mikhail

Composición rayonista: dominación de rojo.
1912-13 [fechado en el cuadro en 1911]
Óleo sobre lienzo
52.7×72.4 cm
The Museum of Modern Art,
donado por el artista
36.36

42

LÉGER, Fernand

Los fumadores. Diciembre 1911-enero 1912
Óleo sobre lienzo
121.4×96.5 cm
Solomon R. Guggenheim Museum
donado por Solomon R. Guggenheim, 1938

Sólo expuesto en Madrid

44

LÉGER, Fernand

Contraste de formas. 1913
Óleo sobre lienzo
100.3×81.1 cm
The Museum of Modern Art,
The Philip L. Goodwin Collection
103.58

Sólo expuesto en Iberoamérica

MALEVICH, Kasimir

Samovar. (c. 1913)
Óleo sobre lienzo
88×62 cm
Donación fraccionada
a The Museum of Modern Art
por The Riklis Collection of McCrory Corporation
1041.83

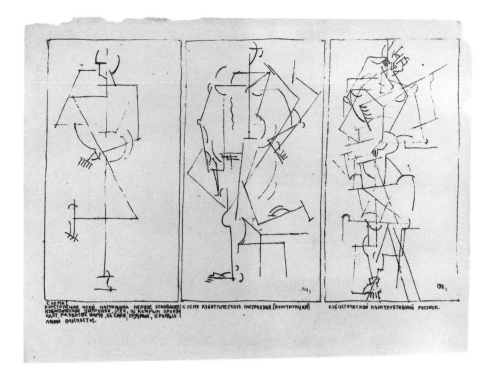

MALEVICH, Kasimir

Dibujo pedagógico:
Tres esquemas explicatorios del cubismo dinámico. 1919
Litografía
16×22 cm
Donación fraccionada
a The Museum of Modern Art
por The Riklis Collection of McCrory Corporation
981.83.1

Dibujo pedagógico:
Figura dinámica. 1919
Litografía
21×13.5 cm
Donación fraccionada
a The Museum of Modern Art
por The Riklis Collection of McCrory Corporation
981.83.2

Dibujo pedagógico:
Alogismo, vaca y violín. 1919
Litografía
21×14.5 cm
Donación fraccionada a
The Museum of Modern Art
por The Riklis Collection of McCrory Corporation
981.83.3

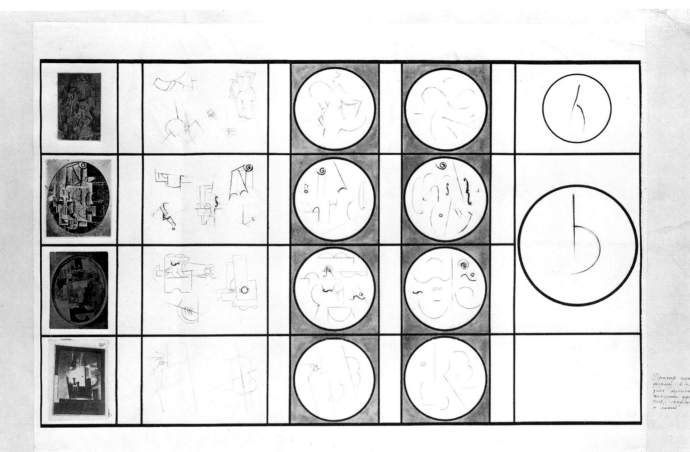

BEISPIEL DER FORMENANALYSE DER 4 ELEMENTE DES KUBISMUS ERHALTEN DER FRAGMENTE VERBINDUNGEN UND LINIEN.

MALEVICH, Kasimir

Diagrama analítico (c. 1925)
Collage, lápiz, pluma y tinta, aguafuerte
71.4×97.1 cm
The Museum of Modern Art
824.35

Sólo se expone en fotografía

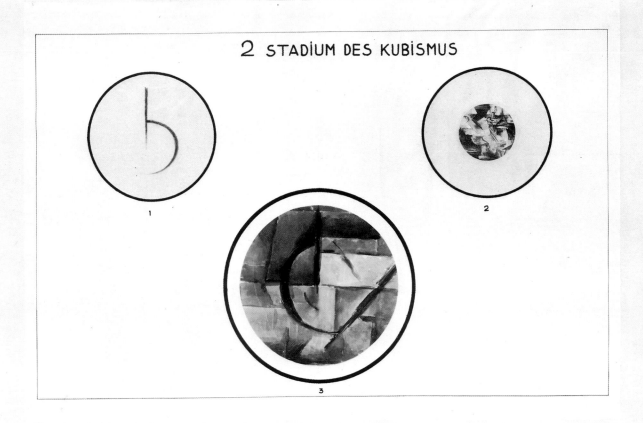

MALEVICH, Kasimir

Diagrama analítico (c. 1925)
Acuarela, collage, lápiz, pluma y tinta
71.3×97.2 cm
The Museum of Modern Art
823.35

Sólo se expone en fotografía

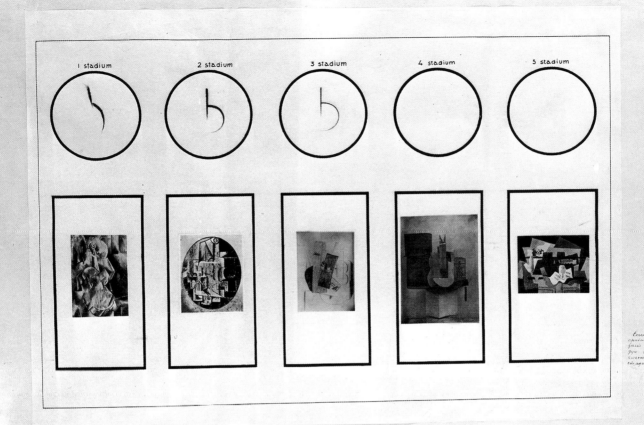

MALEVICH, Kasimir

Diagrama analítico (c. 1925)
Collage, lápiz, tinta y pluma
71.4×97.1 cm
The Museum of Modern Art
821.35

Sólo se expone en fotografía

DIE MALERISCHE NATURVERÄNDERUNG UNTER DEM EINFLUSSE DES ERGÄNZUNGSELEMENTS.

MALEVICH, Kasimir

Diagrama analítico (c. 1925)
Collage, tinta y pluma
71.1×97.4
The Museum of Modern Art
822.35

Sólo se expone en fotografía

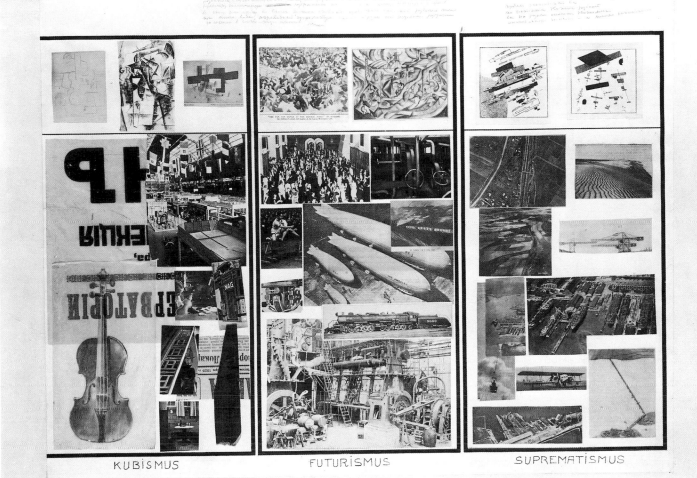

KUBISMUS   FUTURISMUS   SUPREMATISMUS

MALEVICH, Kasimir

Diagrama analítico (c. 1925)
Collage con lápiz sobre papel transparente, papel, lápiz y tinta
70.9×96.5
The Museum of Modern Art
820.35

Sólo se expone en fotografía

DEL MARLE, Félix

Voluta. 1914
Carbón y tinta sobre papel
62×47.5 cm
Donación fraccionada a
The Museum of Modern Art
por The Riklis Collection of McCrory Corporation
926.83

METZINGER, Jean

Molinillo de café, cafetera, cigarrillos y vaso (c. 1913-1916)
Óleo sobre lienzo
70.3×52.4 cm
Solomon R. Guggenheim Museum

54

MONDRIAN, Piet

Fachada de iglesia. 1914 [Fechado en el cuadro en 1912]
Carbón
99×63.4 cm
The Museum of Modern Art,
Colección Joan and Lester Avnet
137.78

Sólo expuesto en Madrid

PICASSO, Pablo

Paisaje de Céret. Verano de 1911
Óleo sobre lienzo
65.1×50.3 cm
Solomon R. Guggenheim Museum,
donado por Solomon R. Guggenheim, 1937

Sólo expuesto en Iberoamérica

56

PICASSO, Pablo

El acordeonista (L'Accordéoniste). Verano de 1911
Óleo sobre lienzo
130.2×89.5 cm
Solomon R. Guggenheim Museum,
donado por Solomon R. Guggenheim, 1937

Sólo expuesto en Madrid

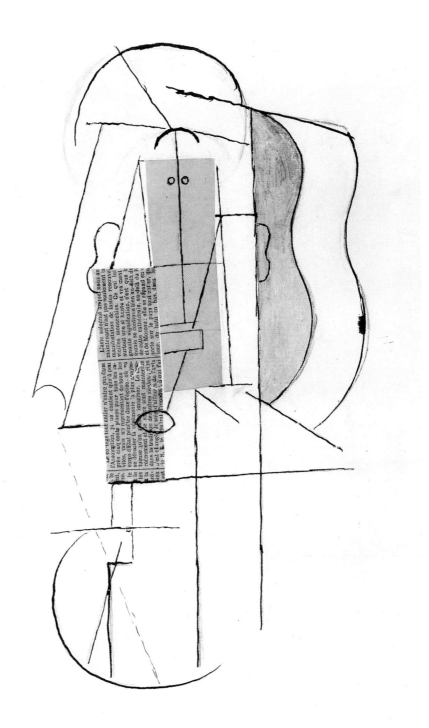

PICASSO, Pablo

Cabeza de hombre. Primavera de 1913
Papeles cortados y pegados, lápiz, tinta y acuarelas sobre papel
43×28.88 cm
The Museum of Modern Art,
Colección Sidney and Harriet Janis
640.67

58

PICASSO, Pablo

Guitarra. Primavera de 1913
Carbón, cera, tinta y papel pegado
66.4×49.6 cm
The Museum of Modern Art,
legado por Nelson A. Rockefeller
967.79

Sólo expuesto en Madrid

POPOVA, Liubov

Madrugada. 1914
Óleo sobre lienzo
71×89 cm
Donación fraccionada a
The Museum of Modern Art
por The Riklis Collection of McCrory Corporation
1059.83

RIVERA, Diego

Jacques Lipchitz (Retrato de muchacho). 1914
Óleo sobre lienzo
65.1×54.9 cm
The Museum of Modern Art,
donado por Catesby Jones
412.41

ROZANOVA, Olga

La fábrica y el puente. 1913
Óleo sobre lienzo
83×61.5 cm
Donación fraccionada a
The Museum of Modern Art,
por The Riklis Collection of McCrory Corporation
1064.83

61

De la superficie al espacio:
Suprematismo,
De Stijl, Constructivismo ruso

1915-1921

Entre 1915 y 1920, se produjeron dos transformaciones radicales en la expresión artística. En primer lugar, la búsqueda de una expresión de creación artística «absoluta», compatible con los valores de la modernidad, condujo a la formulación de estilos geométricos no-objetivos —el Suprematismo en Rusia y De Stijl en Holanda— que expresaban el lenguaje pictórico más avanzado. En segundo lugar, el cambio radical de planteamiento de la función del arte en la sociedad y el énfasis puesto en su dimensión utilitaria, a raíz de la revolución social y política, marcaron la transición de una forma pictórica bidimensional (la pintura de caballete) a otra espacial (la construcción tridimensional). Este último fenómeno, originado en Rusia, dio lugar a otro movimiento, el Constructivismo, que tuvo fuertes repercusiones para el diseño, la arquitectura y las artes decorativas y gráficas en los siguientes decenios, en los años sesenta, y aún en la actualidad.

En la exposición «0.10: la última exposición futurista de pintura», organizada en diciembre de 1915 en Petrogrado, Kasimir Malevich asombró a sus colegas vanguardistas con pinturas no objetivas realizadas en un estilo nuevo que denominó Suprematismo (del latín *supremus*, que significa «esencial», «absoluto»). Sus lienzos eran austeras composiciones de formas geométricas básicas, en colores sin modulación alguna, organizadas en un espacio libre, carente de estructura, y sus obras (como *Vuelo de avión*, 1915) transmitían una sensación dinámica a causa de la disposición composicional de las formas y la interrelación de los colores. A través de su nuevo lenguaje, Malevich pretendía expresar una sensibilidad que trascendiera el mundo de la percepción y fuera portadora de la verdad universal del orden espiritual. Su propósito era el de crear un «arte puro» que simbolizara el orden y la armonía de los tiempos modernos, pues opinaba que las antiguas formas artísticas, ligadas a la representación de la realidad visible, no se adecuaban a los ideales de una sociedad inmersa en un proceso de cambio debido a la tecnología industrial, la física de Einstein y los disturbios sociales. La pintura entendida como construcción «absoluta» cuya única referencia fuera ella misma, integrada por elementos formales básicos como el cuadrado, el rectángulo, el círculo y la cruz, sin la intervención subjetiva del artista, y regida sólo por sus leyes propias, supondría una nueva armonía ideal entre el hombre moderno y su entorno.

El Suprematismo —como explica Malevich en su opúsculo: *Del Cubismo y el Futurismo al Suprematismo: el nuevo realismo en la pintura*, publicado con ocasión de la exposición "0.10", surgió como consecuencia de sus intentos de liberarse de las limitaciones del Cubismo y del Futurismo. Según él, dichos movimientos, pese a las innovaciones formales y conceptuales que aportaban, al seguir encadenados a la descripción de la realidad perceptiva, no cumplían los requisitos del lenguaje pictórico necesarios para representar el mundo moderno de la velocidad y el movimiento. Los dispositivos cubistas y futuristas debían de ser sustituidos por nuevos medios de elaboración pictórica basados en formas de origen cerebral que pudieran introducir un «nuevo realismo» en la pintura: el «nuevo realismo» de una creación artística independiente. El Suprematismo, concebido como sistema de creación pura y autónoma y construido en el tiempo y el espacio, a partir de elementos planos de color concentrado, brindaría esos nuevos medios.

El núcleo de la concepción suprematista apareció por primera vez en la obra de Malevich con el estreno en Moscú, en 1913, de la primera ópera futurista rusa *Victoria sobre el sol* para la que realizó los diseños de los trajes y los decorados. Para ser exactos, la aparición de la nueva moda la constituyó el diseño de un telón compuesto por un cuadrado blanco y negro, partido en diagonal por la mitad, sobre fondo blanco.

Las ideas suprematistas alcanzaron su plena madurez entre mediados de 1913 (con los diseños de la *Victoria sobre el sol*) y mediados de 1915 (con la publicación del texto *Del Cubismo y el Futurismo al Suprematismo*). Pictóricamente, las obras suprematistas de Malevich venían «preparadas» por sus cuadros cubo-futuristas como *Soldado raso de primera división* (1914), en el que Malevich introdujo grandes zonas planas de color en una estructura formal derivada del Cubismo Sintético, con letras y elementos de *collage* para definir el espacio. A continuación, esos planos de color puro pasaron a ser el tema mismo de sus composiciones, signos de color puro que generan el espacio metafísico de su «creación no objetiva absoluta». *Cuadrado negro sobre fondo blanco* (1915) y *Blanco sobre blanco* (1918) representaron la quintaesencia pictórica del Suprematismo; su economía de medios y estructura definía los parámetros de la filosofía suprematista de Malevich, cuya sustancia radicaba en las interrelaciones entre color, forma, espacio y contenido. El Suprematismo introdujo el concepto nuevo de espacio y color universal como esencia metafísica purificada. Este nuevo espacio difería del espacio pictórico tradicional (cuyo propósito consistía en dividir los objetos) en la medida en que carecía de la materialidad y del peso de las formas; no presentaba estructura, todo lo abarcaba, era infinito, cósmico. Para traducir este concepto, Malevich propuso, en su *Cuadrado negro sobre fondo blanco*, una solución de radicalidad extrema a la que le había conducido su exploración del carácter plano de la forma y el soporte, sin el recurso a artificios de figuración. La percepción del espacio supone una noción de distancia y movimiento, es decir, una dinámica, sugerida por el Suprematismo mediante una ordenación composicional de formas planas de color, que suben, bajan y se desplazan al compás de unos ejes diagonales.

El concepto de espacio dinámico, emanación del afán futurista por el movimiento y su representación, se relacionaba estrechamente con el interés general por el tiempo y el espacio que suscitaban la teoría de la relatividad de Einstein, la geometría no euclidiana, las especulaciones filosóficas contemporáneas en torno a la cuarta dimensión y las posibilidades de medir el tiempo y el espacio. Por aquel entonces las teorías de Minkowsky, Hinton, Poincaré, Lobachevsky, Reiman, Bouché y en particular las de la filosofía del hiperespacio, expuestas por el filósofo y místico ruso P. D. Ouspenski, en su tratado referente a la cuarta dimensión *Tertium Organum* (publicado por primera vez en San Petersburgo en 1912), eran bien conocidas y comentadas por los rusos, como lo demuestra la correspondencia del año 1913 entre Malevich y su íntimo amigo y colaborador en *Victoria sobre el sol*, Matiushin.

Malevich concebía el Suprematismo como un sistema mediante el cual el artista podría representar pictóricamente el espacio cuadridimensional en un soporte bidimensional, que ensamblara las cualidades espaciales y temporales. El color englobado en formas geométricas básicas y la estructura de las formas integradas en la composición, constituían los medios expresivos de ese sistema. El Suprematismo se proponía, como finalidad última, la creación «absoluta», siendo expresión óptima de aquella aspiración su obra *Blanco sobre blanco*. Mediante la máxima economía de formas, reducidas a un color único, símbolo de infinito y de pureza, Malevich logró extender al infinito el espacio pictórico, alcanzando de este modo el «plano espiritual superior».

Las ideas suprematistas de Malevich no tardaron en encontrar continuadores entre los artistas de vanguardia que, en 1916, formaron el grupo Supremus, con objeto de preparar la publicación de una revista suprematista. Dicho grupo constaba, entre otras personas, de Ivan Kliun, Liubov Popova, Ivan Puni, Olga Rozanova y Nadezhda Udaltsova. Todos utilizaban el vocabulario formal suprematista y sus principios de composición, basados en la dinámica de la forma y el color, para desarrollar sus propios estilos que, aunque afines al lenguaje de Malevich, eran independientes de él. Por ejemplo, Popova experimentó las posibilidades que brindaban el *collage*; con la experiencia que adquirió en esta técnica en 1915, basándose en el planteamiento cubista de la forma y el espacio (*Jarra sobre mesa* y *Relieve*, ambos en la Galería Tretiakov de Moscú), realizó una serie de *collages* suprematistas. Por otra parte, Puni estaba interesado en el aspecto «constructivo» de la técnica del *collage*, creando en 1915-1916 numerosos relieves suprematistas compuestos por elementos planos, básicamente réplicas tridimensionales de las composiciones pictóricas suprematistas. Rozanova produjo dos series espectaculares de *collages* suprematistas para sus carpetas *Guerra* y *Guerra universal* (1916) en las que hizo flotar libremente triángulos, círculos y rectángulos de papeles de color.

El Suprematismo aspiraba a ser no sólo un estilo y una teoría estética de arte puro sino también un sistema filosófico —una visión planetaria que abarcara otros aspectos de la vida, las artes aplicadas, el teatro y sobre todo la arquitectura y el medio ambiente. Después del año 1918, Malevich se dedicó esencialmente a diseñar dibujos para una arquitectura idealizada y a elaborar su método de enseñanza suprematista. Su retrospectiva de 1920 en Moscú y la publicación en Vitebsk de *Suprematismo: 34 dibujos* marcaron el punto final del período del Suprematismo Plano. De ahí en adelante, se dedicó a la arquitectura y a los objetos tridimensionales —las maquetas arquitectónicas teóricas, iniciadas en el otoño de 1919. Su nueva orientación hacia la arquitectura reflejaba las preocupaciones teóricas que por aquel entonces se debatían en Rusia, muy emparentadas con las ideas europeas que concebían la arquitectura como una disciplina sintetizadora de todas las artes (ideas cuyo más claro exponente aparece en los preceptos del grupo De Stijl y de la Bauhaus). A partir de 1919, Malevich transplantó los principios pictóricos que regían sus cuadros suprematistas a sus equivalentes tridimensionales; a finales de los años veinte, se dedicaba casi exclusivamente a la arquitectura suprematista que, según él, era la «forma del arte contemporáneo por excelencia». Sus *Planits* (diseños para nueva arquitectura) y *Arkitektons* (maquetas de arquitectura suprematista) expresaban, en esencia, concepciones experimentales de arquitectura y diseño urbano; la nueva visión del medio ambiente del ser humano moderno.

Las ideas de Malevich fueron desarrolladas por sus alumnos, quienes en 1919-1920 habían formado el grupo Unovis (o Academia Suprematista) en el Instituto de Arte y Prácticas de Vitebsk. Dicho grupo incluía a Lissitzky, Ilya Chashnik, Nikolai Suetin, Anna Leporskaia, Nina Kogan, Lazar Kidekel, Vera Ermolaeva, Gustav Klucis y otros más. Posteriormente, dos alumnos suyos, Chashnik y Suetin, le siguieron al Inkhuk de Petrogrado en 1922 y llevaron sus teorías suprematistas al campo de las artes aplicadas, diseñando motivos para vajilla y cubiertas de libros. Entre 1924 y 1927 Malevich y sus estudiantes del Departamento de Teoría Formal del Inkhuk de Leningrado prepararon una serie de veintidós gráficos pedagógicos para ilustrar la teoría de Malevich sobre la evolución histórica del arte, desde el Cubismo y el Futurismo hasta el Suprematismo, su teoría respecto a los elementos básicos y complementarios en la pintura y su teoría sobre el color.

Las teorías suprematistas de Malevich sirvieron de catalizadores para el desarrollo del lenguaje personal que elaboró El Lissitzky en 1919-1921 como una «etapa transitoria entre la pintura y la arquitectura». Lissitzky, arquitecto por su formación, consideraba la arquitectura como la síntesis definitiva de toda tentativa artística y sus conceptos espaciales estaban en gran medida condicionados por sus estudios de arquitectura. Las obras llamadas *Prouns* —siglas de «Proyectos para la Afirmación de lo Nuevo (en el Arte)»— realizadas entre 1919 y 1927, ponían de manifiesto la nueva concepción de Lissitzky en cuanto a forma plástica, espacio cósmico y su relación dinámica. Inicialmente, combinaban planos de color inspirados por Malevich con figuras geométricas tridimensionales que flotaban en el espacio, realzados después con materiales adheridos a la superficie pictórica, como en *Proun 19 D.* Con la adición de materiales reales, los *Prouns* accedían a la tercera dimensión y al espacio virtual del espectador; las obras terminaron por transformarse en espacios ambientales como la Sala Proun, ejecutada para la Grosse Berliner

Knustausstellung en 1923, el Kabinett der Abstrakten en el Niedersäschsisches Landesmuseum de Hannover en 1927 y el pabellón ruso de la exposición Pressa en Colonia en 1928.

Mientras Malevich desarrollaba su lenguaje abstracto, surgieron entre los pintores holandeses inquietudes análogas a las del Suprematismo (como la de crear un equivalente pictórico universal que representara relaciones armoniosas dentro de una sociedad moderna ideal); así, Mondrian, Van Doesburg y Van der Leck fundaron, junto con el arquitecto J. J. P. Oud y el poeta Anton Kok, el grupo De Stijl en 1917. Poco después, se unieron también al grupo el pintor húngaro Huszar, los arquitectos Jan Willis y Vant' Hoff, así como el escultor Vantongerloo, el arquitecto Rietveld y algunos otros. Desde el punto de vista ideológico quizás hayan sido el grupo más idealista de todos los movimientos abstractos, impregnados como estaban del sentido de su misión ética y espiritual, en busca de una «nueva realidad plástica». Desde que apareció, al término de la Primera Guerra Mundial, cuando se hizo sentir de forma acuciante la necesidad de un nuevo orden y de un nuevo hombre, ese nuevo arte invocaba un sentido de destino social. La premisa fundamental del grupo De Stijl era la creencia en una armonía universal de la que el hombre podría formar parte si llegara a liberarse de su individualidad y del lastre de los objetos del mundo visible. El arte habría de ser un modelo para aquella nueva y armoniosa realidad. Dichos conceptos filosóficos combinaban nociones de la filosofía idealista protestante holandesa con la tradición intelectual de la lógica y la nitidez. En la elaboración de los conceptos del grupo De Stijl, también tuvieron su importancia algunos aspectos de la ideología futurista de Marinetti y las ideas de Boccioni, acerca de la línea en cuanto medio óptimo de expresión espiritual para el hombre del futuro. Pregonaba aquellas teorías la revista *De Stijl*, que se publicó desde octubre de 1917 hasta la muerte de Van Doesburg en 1931.

La transposición pictórica de aquellos nuevos conceptos idealistas del universo se logró mediante la reducción de los medios plásticos a los elementos básicos del vocabulario pictórico: la línea, el espacio y el color, organizados en composiciones dotadas del máximo rigor. Elementales formas geométricas de colores primarios (rojo, amarillo y azul y en no colores, negro, blanco y gris) en austera relación lineal pasaron a ser la esencia del lenguaje plástico del grupo De Stijl, que Mondrian denominó Neoplasticismo.

Aunque la finalidad declarada de De Stijl era la objetividad de la expresión artística y la búsqueda de un «arte puro» que se apoyara exclusivamente en relaciones perfectas, conforme a las leyes de la geometría, las obras de Mondrian, Van Doesburg, Van der Leck y Huszar constituyen variantes del lenguaje neoplasticista. Mientras que Mondrian y Van Doesburg (éste hasta 1924) se adhieren a la ordenación vertical-horizontal estricta de las formas, Van der Leck y Huszar utilizan rombos y triángulos introduciendo así la diagonal en una composición que, al independizarse de la estructura cuadriculada, queda menos rígida en su expresión.

Los principios del grupo De Stijl se planteaban como una filosofía de la vida que debía abarcar la pintura, la arquitectura y la totalidad del medio ambiente. Formaban parte del grupo arquitectos que compartían el afán de los pintores en trasladar los principios pictóricos de De Stijl a la tercera dimensión. Como era de esperar, el paso siguiente en la progresión de las teorías de la abstracción geométrica fue la extensión de su aplicación al campo de la arquitectura y el medio ambiente. Los intentos de Mondrian por crear un ambiente neoplasticista en sus propios estudios, primero en París y luego en Nueva York, los proyectos y diseños arquitectónicos realizados por Van Doesburg en colaboración con Van Eesteren para una casa particular según los principios del grupo De Stijl, la silla roja y azul de Rietveld (1918) y su casa Schröder (1924), los interiores de Huszar y los diseños de Van der Leck para tapices y alfombras reflejan su común empeño de aplicar la filosofía pictórica de De Stijl a una nueva «realidad plástica pura».

La ambición de los artistas por crear un *modus vivendi* para el hombre del futuro, mediante una nueva definición del vocabulario y la sintaxis de las artes plásticas, era un propósito parcialmente análogo al de los constructivistas rusos. El Constructivismo fue el último de la larga serie de «ismos» vanguardistas surgidos en Rusia entre 1910 y 1920 como consecuencia directa de los cambios políticos y sociales acarreados por la Revolución de Octubre de 1917, y cuya meta era transformar la conciencia de la sociedad, fomentando una nueva comprensión de la noción de obra de arte y la función que debía cumplir en la sociedad. El impulso inicial para la evolución de las ideas constructivistas surgió inicialmente a partir de las creaciones tridimensionales de Tatlin presentadas en la exposición «0.10» en diciembre de 1915 en Petrogrado, junto con los primeros lienzos suprematistas de Malevich. Las construcciones de Tatlin —sus pinturas en relieve de 1913-1914 y los contra-relieves de 1914-1915— eran *assemblages* o montajes a base de materiales industriales corrientes, cuyas propiedades intrínsecas condicionaban las formas de los elementos de la composición. Dichas obras estuvieron inspiradas en un principio en las construcciones cubistas abiertas de Picasso como *Guitarra* (primavera de 1912), que Tatlin descubrió en el estudio de Picasso en París, durante su estancia en la capital francesa en la primavera o incipiente verano de 1913. Las obras de Tatlin y las construcciones de Gabo de 1915-1917, como *Cabeza*, marcaron el inicio de la evolución formal emprendida por los artistas rusos consistente en pasar de una masa esculpida cerrada a una construcción abierta y dinámica en la que el espacio real ejerciera una función composicional activa. Los contra-relieves de Tatlin y los contra-relieves de esquina, de 1915 (posiblemente llamados así porque su proceso de edificación en el espacio del espectador estaba en oposición directa a la técnica tradicional del relieve) participaban de conceptos similares a los de las construcciones de Picasso, con una diferencia (y novedad) fundamental: el modo que Tatlin tenía de enfocar los materiales. Las propiedades naturales de los materiales, según él, condicionaban la forma y el poder expresivo de la obra. Para que pudiera sacarse partido de su potencial expresivo, los materiales habían de ser utilizados conforme a su «verdadera naturaleza», determinante fundamental de la forma. Basándose en este principio de la «cultura de los materiales», los contra-relieves eran elementos planos, montados y arrimados a una pared o estirados tensamente en una esquina, entre dos paredes, dentro del campo virtual del espectador, formado parte, por tanto, de su entorno.

Otros conceptos del Constructivismo empezaron también a cuajar hacia 1918-1920 en la obra de artistas como Popova, Rozanova, Exter, Stepanova y Rodchenko, y alcanzaron un mayor desarrollo y una definición consciente en 1920-1921, a través de las inquietudes teóricas y la práctica de esos artistas, miembros todos ellos del Instituto de Cultura Artística (Inkhuk) de Moscú. Dicha institución, creada en mayo de 1920, acogía a todos los artistas de izquierdas de similar orientación política e ideología artística. Se proponía desarrollar, además de un enfoque teórico, un programa y un método pedagógico específicos para las instituciones educativas y artísticas de la nueva sociedad comunista. El Vkhutemas (Taller Artístico Superior) era la institución pedagógica central —creada en el otoño de 1920— que también desempeñó una función muy activa en la elaboración de la teoría constructivista, tanto más cuanto que muchos artistas del Inkhuk daban clases en aquel taller: Exter, Kliun, Popova, Rodchenko, Stepanova y Babichev. Las ideas constructivistas se impusieron como filosofía dominante en el Inkhuk a finales de 1920, cuando fue rechazado el programa artístico inicial de Kandinsky, basado en el concepto del arte como camino espiritual en busca del «arte puro», y cuando se reorganizó la administración bajo la dirección del escultor Alexei Babichev, con la colaboración de Rodchenko, Popova y algunos más. A finales de 1920, se empezó a designar el grupo bajo la apelación de «Constructivismo», oficializándose este vocablo en marzo de 1921 cuando un grupo de artistas vanguardistas del Inkhuk —Rodchenko, Stepanova, Gan, Medunetsky, Ioganson y los hermanos Stenberg— formaron el Primer Grupo de Trabajo de Constructivistas. El nombre apareció impreso por vez primera en el catálogo de la exposición «Constructivistas», organizada en el Café de los Poetas de Moscú, en enero de 1921, por la generación más joven de artistas del Vkhutemas (que en 1919 había creado la Sociedad para jóvenes artistas, Obmokhu). Los tres participantes, Konstantin Medunetsky y los hermanos Stenberg, expusieron en «Constructivistas» sus estructuras tridimensionales sin soporte, montadas a base de materiales industriales tratados según el concepto Tatliniano de «cultura de los materiales» y sin pedestal, causando una interacción con el espacio mediante su colocación respecto al recinto circundante, es decir paredes, suelo y techo.

El Constructivismo pasó a ser, más adelante, una filosofía global en la que el materialismo se imponía frente al idealismo y que postulaba la integración de la vida y del arte, llamado a ejercer una función social y a expresar las aspiraciones ideológicas del nuevo sistema. Básicamente, el Constructivismo inauguraba una concepción antiesteticista del arte. El arte había de ser utilitario y estar comprometido políticamente con lo cual se liquidaba la pintura de caballete, por ser ésta una forma artística burguesa y anticuada, proponiéndose la «construcción» tridimensional como única forma de expresión capaz de dar respuesta a las exigencias de la nueva sociedad industrial y la cultura de masas. En este contexto la «construcción» había de entenderse bajo dos aspectos: como descripción del proceso de creación y como representación metafórica del orden del objeto tridimensional creado. En definitiva, los objetos funcionales y económicos, creados «constructivamente» por los artistas, y los productos utilitarios fabricados en serie, cuyo valor estético fue elevado a la categoría de producto cultural por haber sido creados por un artista-ingeniero, acabaron por encarnar la quintaesencia de los principios constructivistas.

El Constructivismo, al reivindicar el tratamiento del material como única fuente de creación posible se convirtió en el movimiento de la tercera dimensión, y por tanto en el de las artes aplicadas. Un breve episodio de la historia constructivista —su fase más teórica y «período de laboratorio» de 1919-1920— incluyó las experimentaciones pictóricas de Rodchenko, Popova y Stepanova. Pese a su adhesión a la filosofía utilitarista del arte, estos artistas se dedicaron sobre todo a indagar los atributos formales de la pintura —color, línea, textura *(faktura)* y sus relaciones mutuas y valores expresivos— como fase preparatoria para las construcciones tridimensionales. Su investigación pictórica se justificaba en función del concepto exclusivamente ruso de la pintura y la superficie pintada *(faktura)* en su «materialidad», nacido con el Cubo-Futurismo y desarrollado por Vladimir Markov en su libro *Principios de creación en las artes plásticas: faktura* (San Petersburgo, 1914).

Una vez lograda la forma geométrica no objetiva de la pintura con cuadros como *Negro sobre negro* de Rodchenko (cuyo tema es la interacción de formas análogas con valores cromáticos casi iguales) o *Construcción* de Exter (que refleja la preocupación del grupo por la función de la composición, el plano, el espacio y la dinámica), los constructivistas rechazaron la pintura acusándola de obsoleta. La denunciaron oficialmente en su «última» exposición de pintura, «5×5=25» (Moscú, septiembre de 1921) en la que participaron, con cinco obras cada uno, Exter, Popova, Rodchenko, Stepanova y Alexandr Vesnin y en cuya ocasión Rodchenko demostró el atolladero en el que se había metido la pintura, con sus tres lienzos monocromos de color puro en rojo, azul y amarillo. El foco de interés, que antes giraba en torno a la ordenación abstracta en una superficie bidimensional, pasó a centrarse en aquel momento en la construcción tridimensional, como puede verse en las *Construcciones Colgantes* de Rodchenko de 1920 que no eran sino transposiciones tridimensionales de los conceptos del artista sobre la función de la línea, esencialmente los estudios acerca de las relaciones espaciales y dinámicas entre las formas, basados en la línea.

Línea, plano-superficie, *faktura* y composición se oponían a materiales y construcción en los análisis y debates del Inkhuk hasta finales de 1921. En el otoño de 1921, se programó un compendio de ensayos teóricos sobre estos temas, titulado: «Del Figurativismo a la Construcción», y se organizó un ciclo de conferencias para continuar las discusiones polémicas sobre temas artísticos: el concepto de artista-ingeniero, la función del espacio, la dialéctica del arte. Los debates teóricos del Inkhuk que ensalzaban la superioridad de la «construcción» como proceso activo de creación frente a la «composición», proceso pasivo y contemplativo, produjeron un cisma entre los constructivistas en enero de 1922. En noviembre de ese mismo año, los más dogmáticoss proclamaron la supremacía de la industria, apartándose definitivamente de la pintura en favor de disciplinas que se adaptasen mejor a la fusión de lo artístico y lo técnico y tuviesen mayores conexiones con los fines propagandistas del nuevo régimen. Con ello el Constructivismo dio paso a una nueva fase, la del Productivismo, en la cual los artistas colaboraron activamente en la producción industrial a lo largo de los años veinte. Con un enfoque político de su obra, contemplada como una síntesis de los aspectos funcionales, tecnológicos y sociales del arte, desarrollaron nuevos planteamientos para el diseño industrial y gráfico, la tipografía y la composición, tratándolos como medios de comunicación poderosos y directos (con lo que prefiguraban las técnicas modernas de publicidad).

Así fue como Rodchenko introdujo novedosas concepciones fotográficas y tipográficas. Popova y Stepanova se dedicaron al diseño textil y los decorados de teatro creando, junto con Alexandr Vestin revolucionarios decorados para las obras de Meyerhold. Lissitzky, los hermanos Vesnin y Klucis diseñaron varias estructuras con fines propagandísticos: el podio de Lenin, proyectos para la decoración de plazas y monumentos civiles así como gigantescos quioscos y altavoces para las calles. Pero el campo que mejor se prestaba a una síntesis entre el arte y la vida seguía siendo la arquitectura; en ella se dieron ejemplos modernistas tan excelentes como el edificio de Pravda de Vesnin en Leningrado (1922), el Club de Trabajadores de Melnikov en Moscú y el pabellón soviético de la Exposición de Artes Decorativas de París (1925). El intento más ambicioso y a la vez más utópico de aprovechar las aptitudes del artista-ingeniero, para erigir un símbolo de la nueva sociedad, fue el del proyecto de Tatlin para un monumento a la Tercera Internacional de 1920, que no llegó a realizarse. Pero las experiencias innovadoras de la fase «productivista» del Constructivismo no tardaron en agotarse: en 1929, con la destitución de Anatoli Lunacharsky de su cargo de Comisario de las Artes, terminó el período de liberalismo en las artes. Fue seguido por un retorno a la pintura tradicional de caballete, al convertirse el Realismo Socialista en el estilo oficial, por resultar ser más adecuado a la popularización de un mensaje ideológico y político que el arte no figurativo.

No deja de ser irónico que fuera precisamente el mismo sistema y los propios consumidores a quienes iba destinado el Constructivismo quienes lo rechazaran. El rechazo se debió a las contradicciones que entrañaba su propia concepción. La relevancia que los artistas habían concedido al aspecto utilitario del arte y su fascinación por los materiales industriales (inexistentes en su mayor parte en la Rusia de aquel entonces) eran producto de la reciente industrialización de Rusia, constituyendo al principio un factor alentador de innovaciones formales y estéticas (como los relieves de Tatlin, las construcciones colgantes de Rodchenko, la escultura de los miembros del Obmokhu). Por otra parte, la forma geométrica no objetiva no era estéticamente atractiva, ni era siquiera comprensible para las masas o la oficialidad, y de hecho tampoco se prestaba a funciones propagandísticas. Además, las posturas de los propios artistas constructivistas, encerrados en su círculo asfixiante, se volvieron más rígidas y dogmáticas. Hacia mediados de los años treinta el Constructivismo cayó definitivamente en desgracia a los ojos de las organizaciones oficiales y el Primer Congreso de la Unión de Escritores Soviéticos, celebrado en agosto-septiembre de 1934, saludaba al Realismo Socialista como el estilo superior del estado proletario, sancionando de hecho un movimiento que había coexistido con el Constructivismo desde la segunda mitad de los años veinte y que desde entonces había cobrado una importancia creciente. Pero cuando el Constructivismo fue proscrito oficialmente en la Unión Soviética, las ideas constructivistas se habían popularizado en Europa occidental, encontrando su expresión en la filosofía de la Bauhaus y más tarde en varios aspectos de las tendencias modernistas de los años cincuenta y sesenta.

Cronología
1915-1921

Obras de Malevich en la exposición «Tranvía V», Petrogrado, 1915, entre ellas *Soldado raso de primera división* (arriba, primero a la izquierda) y *Samovar* (abajo, tercero a la izquierda).

1915

Mondrian se translada a Laren. Entabla correspondencia con Van Doesburg.

En Noruega, Gabo realiza sus primeras construcciones.

LONDRES

JUNIO. Exposición de Vorticismo en las Doré Galleries.

MILÁN

11 DE ENERO-18 DE FEBRERO. *Manifiesto del teatro sintético futurista* de Marinetti, Bruno Corra y Emilio Settimelli.

11 DE MARZO. Balla y Fortunato Depero firman el manifiesto *La reconstrucción futurista del universo*. En este momento Balla está llevando a cabo experimentos con las «complejidades plásticas», construcciones que combinan varios materiales.

MOSCÚ

Kandinsky vuelve a Rusia, donde permanece hasta diciembre de 1921 (excepto un breve viaje a Estocolmo de diciembre de 1915 a marzo de 1916).

FINALES DE MARZO-ABRIL. «Exposición de pintura: 1915» organizada por Kandaurov, con obras de los Burliuk, Gontcharova, Kandinsky, Larionov, Malevich, Maiakovski, Tatlin (los tres últimos no figuran en el catálogo); con trabajos rayonistas, relieves y contra-relieves de Tatlin y sus «construcciones de materiales».

JULIO. Gontcharova y Larionov se marchan de Moscú y se reúnen con Diaghilev en Lausana.

NUEVA YORK

Stieglitz publica la revista mensual *291*, dedicada al arte y la sátira moderna.

AGOSTO. Duchamp llega a Nueva York y entra en el círculo de Arensberg, que incluye a Hartley, Sheeler, Stella, William Carlos Williams. También alterna entre la comunidad de exilados con los Picabia, Roche, Gleizes, Crotti, etc. Conoce a Man Ray y a las hermanas Stettheimer y emplea el término «Readymade» para los objetos que recoge.

PETROGRADO

«Exposición de tendencias izquierdistas», en el Bureau Dobychina con obras de Larionov, Malevich, Puni, Rozanova, Udaltsova, Vladimir y David Burliuk, Kulbin y Kandinsky.

MARZO. Exposición «Tranvía V», subtitulada «Primera exposición futurista de pintura» con obras de Exter, Kliun, Malevich, Popova, Puni, Rozanova, Tatlin y Udaltsova. (Malevich expone sus pinturas alógicas y Tatlin sus «relieves pintados».)

DICIEMBRE. «La última exposición futurista de cuadros: 0.10» incluye obras de Kliun, Malevich, Popova, Puni, Rozanova, Tatlin, Udaltsova y otros y una sala de relieves de Tatlin. La sala suprematista de Malevich es la primera muestra pública de obras suprematistas tales como el famoso *Cuadrado negro*. Con ocasión de esta exposición

Folleto sobre los relieves de Tatlin publicado con ocasión de la exposición «0.10».

76

Malevich, Kliun, Menkov, Boguslavskaia y Puni publican un Manifiesto Suprematista, con sus declaraciones sobre el nuevo arte.

Se publican dos ediciones del libro de Malevich *Del Cubismo al Suprematismo: el nuevo realismo en la pintura.* La tercera edición, *Del Cubismo y el Futurismo al Suprematismo: el nuevo realismo en la pintura,* se publica en Moscú en 1916.

SAN FRANCISCO

MAYO. Se exponen durante el verano en la Exposición Internacional Panamá-Pacífico, 48 dibujos y cuadros futuristas y las esculturas de Boccioni *Evolución de una botella en el espacio* y *Músculos en movimiento rápido.* Se publica en el catálogo el ensayo de Boccioni «De los expositores al público».

1916

17 DE AGOSTO. Muere Boccioni.

MILÁN

28 DE DICIEMBRE-14 DE ENERO. Amplia exposición de la obra de Boccioni en la Galleria Centrale d'Arte, Palazzo Como.

MOSCÚ

Malevich proyecta publicar una revista suprematista, *Supremus,* en colaboración con Kliun, Popova, Rozanova, Udaltsova y Pestel.

MARZO. Exposición «El almacén» (Magazin) organizada por Tatlin, con contribuciones de Exter, Kliun, Malevich, Popova, Rodchenko, Tatlin y Udaltsova (Malevich se niega a exponer lienzos suprematistas; Rodchenko muestra dibujos geométricos y Tatlin relieves, entre los cuales dos relieves de esquina).

NOVIEMBRE. En la quinta exposición de Jota de Diamantes, Malevich es representado por 60 cuadros suprematistas. Popova muestra sus primeras «pinturas arquitectónicas»; otros participantes son David Burliuk, Chagall, Exter, Kliun, Puni, Rozanova y Udaltsova.

NÁPOLES

ENERO. Boccioni, licenciado del ejército, da conferencias sobre el «Dinamismo Plástico».

NUEVA YORK

Katherine S. Dreier es nombrada directora de la Sociedad de Artistas Independientes y entra en contacto con Duchamp y el círculo de Arensberg.

PARÍS

15 DE ENERO-1º DE FEBRERO. Severini celebra una exposición, «Première exposition futuriste d'art plastique de la guerre», en la galería Boutet de Monvel.

Interior del Café Pittoresque, Moscú, 1918

PETROGRADO

ENERO. Se publica la carpeta *Guerra universal* con *collages* abstractos geométricos de Rozanova y texto de Kruchenykh (que también publicó otro folleto, *Guerra* por las mismas fechas).

ABRIL. «Exposición de pintura rusa contemporánea» en el Bureau Dobychina con obras de Popova, Puni, Rozanova, Kandinsky y Kulbin.

1917

Mondrian desarrolla un nuevo estilo al que denomina Neoplasticismo (nuevo arte plástico). Formula sus principios en sus escritos, «Die Nieuve Beeldung in de Schilderkunst» (El nuevo plasticismo en la pintura), publicado en la revista *De Stijl*.

25 DE OCTUBRE. Estalla la Revolución rusa.

NOVIEMBRE. Lunacharsky es nombrado director del Ministerio de Instrucción. Se crea bajo su jurisdicción el Narkompros (Comisariado Popular de Instrucción), institución destinada a organizar la vida cultural y educativa de la Rusia postrevolucionaria.

En Brest-Litovsk, Lenin firma el armisticio que pone fin a la participación rusa en la guerra.

LEIDEN

Van Doesburg funda el movimiento y la revista *De Stijl* junto con Mondrian, Vilmos Huszar, Van der Leck, el arquitecto J. J. P. Oud y el poeta Anton Kok.

MOSCÚ

Georgii Yakulov, Tatlin y Rodchenko decoran el interior del Café Pittoresque, primer intento de síntesis entre «arte y vida» —formas arquitectónicas, plásticas, pictóricas y técnicas.

Se publica *Pikasso i okrestnosti* (Picasso y su entorno) de Ivan Aksenov, escrito en su mayor parte antes de la guerra, mientras Aksenov residía aún en París.

Gabo regresa a Rusia, establece su residencia en Moscú y trabaja en el estudio de su hermano, Pevsner, en los Svomas (Talleres de Arte Estatales Libres).

DICIEMBRE. Exposición del «Mundo del arte» (Mir Iskusstva) con obras de Lissitzky, Yakulov y otros.

NUEVA YORK

Macdonald-Wright expone en la galería Stieglitz.

A principios de año, debut internacional del Vorticismo en Nueva York.

PARÍS

MAYO. Los Ballets Rusos representan *Les contes russes* (Larionov, Massine) y *Parade* (Cocteau, Satie, Picasso, Massine), primer ballet cubista. El programa contiene un ensayo de Apollinaire en el que emplea por primera vez la palabra *Surrealismo*.

Marinetti con Gontcharova, Larionov y Picasso en Roma. Invierno 1916-17.

PETROGRADO

El crítico Nikolai Punin es nombrado comisario del Museo Ruso y formula sus ideas radicales acerca de la destrucción del antiguo arte burgués.

ROMA

ABRIL. Balla crea el decorado para el ballet de Stravinski *Fuegos artificiales*, presentado por Diaghilev en el Teatro Costanzi.

1918

ENERO. Se crea la Sección Especial de Artes Plásticas IZO dentro del Narkompros. Muchos artistas y críticos vanguardistas asumen cargos administrativos, pedagógicos o de investigación en los diversos departamentos de la IZO, (Tatlin encabeza la sección de Petrogrado, David Shterenberg la división de Moscú).

El calendario antiguo es reemplazado por el occidental.

MARZO. La capital rusa cambia de Petrogrado a Moscú.

OCTUBRE. Muere Apollinaire.

NOVIEMBRE. Se publica el primer manifiesto de De Stijl, firmado por Van Doesburg, Mondrian, Van der Leck, Huszar, los arquitectos Van't Hoff y Wils, el poeta Kok y el escultor belga Vantongerloo, con objeto de promover los conceptos de De Stijl fuera de las fronteras de Holanda y de alentar la «formación de la unidad internacional en la vida, el arte y la cultura».

MOSCÚ

Kandinsky es nombrado profesor en los Svomas de Moscú y redactor de la revista *Arte plástico*.

NOVIEMBRE. Muere Olga Rozanova. Se

nacionaliza la colección de arte moderno francés de Shchukin.

DICIEMBRE. Se nacionaliza la colección de arte moderno francés de Morozov.

PETROGRADO

ABRIL. La Academia de las Artes es abolida y reemplazada por los Svomas (Talleres de Arte Estatales Libres).

También se reemplazan los centros y escuelas de arte en Moscú y provincias por los Svomas.

Lenin inaugura su Plan de Propaganda Monumental, con objeto, entre otras cosas, de reemplazar los monumentos zaristas.

NOVIEMBRE. Meyerhold produce el «Misterio bufo» de Maiakovski con decorados de Malevich.

DICIEMBRE. Sale el primer número de *Iskusstvo Komuni* (Arte de la Comuna) cuya publicación se sucede con regularidad hasta abril de 1919. Esta revista crea un foro para el debate de cuestiones referentes al arte y a la revolución y cuenta con colaboraciones de Puni, Punin y Vera Ermolaeva.

Se funda el Museo de Cultura Pictórica (también llamado de Cultura Artística) en Petrogrado, Moscú y otras ciudades.

VITEBSK

AGOSTO. Marc Chagall es nombrado director del Instituto de Arte Popular (Svomas de Vitebsk).

1919

Lissitzky empieza a trabajar en sus Prouns (Proyectos para la Afirmación de lo Nuevo en el Arte).

Tatlin asume una cátedra en las Escuelas de Arte Libres (Svomas).

AGOSTO-DICIEMBRE. Katherine S. Dreier viaja a Europa. Le impresiona en Berlín la galería Der Sturm de Herwarth Walden.

BERLÍN

Raoul Hausmann, George Grosz y Hannah Hoch hacen sus primeros fotomontajes. Mies van der Rohe inicia sus proyectos de rascacielos de vidrio.

BUDAPEST

Kassak funda la revista *MA* que más adelante se publica en Viena y se mantiene hasta 1925.

LEIDEN

El «Diálogo respecto al Nieuwe Beeldung» de Mondrian se publica en dos números de la revista *De Stijl*.

Mondrian publica «Natuurlijke en abstracte realiteit» en trece entregas en la revista *De Stijl* (1919-1920).

MOSCÚ

Kandinsky participa en la reorganización del Museo Ruso y la fundación del Museo de Cultura Pictórica. Da clases en los Svomas y en la Universidad de Moscú.

ENERO. Komfut, una alianza de comunistas y futuristas, publica su manifiesto en *Iskusstvo komuni*.

FEBRERO. Se celebra la «Primera Exposición Estatal», exposición póstuma de la obra de Rozanova. Es la primera de las veintiuna exposiciones estatales organizadas entre 1919 y 1921 siendo las más importantes la «Quinta exposición estatal del Sindicato de Pintores-Artistas del Nuevo Arte: del Impresionismo a la No Objetividad»,

1919; la «Décima exposición estatal: Creación No Objetiva y Suprematismo», 1919; la «Decimosexta exposición estatal: exposición individual de K. Malevich (su trayectoria del Impresionismo al Suprematismo)», 1919; y la «Decimonovena exposición estatal», 1920.

PRIMAVERA. «Décima exposición estatal: Creación No Objetiva y Suprematismo» incluye 220 obras (supuestamente abstractas todas) de nueve artistas. Malevich expone su *Blanco sobre blanco* (1918) y Rodchenko su *Negro sobre negro*. Esta fue una de las últimas exposiciones vanguardistas colectivas y posiblemente le sugirió a Lissitzky la creación de sus primeros Prouns.

MARZO. Congreso de la III Internacional Comunista.

MAYO. Primera exposición de la recién fundada Sociedad para Jóvenes Artistas (Obmochu) que organizará exposiciones hasta 1923. Incluye trabajos de Medunetski, los hermanos Stenberg y otros más.

La Sinskulptarkh (Comisión de elaboración de cuestiones para la síntesis de escultura y arquitectura) es reemplazada por la Zhivskulptarkh (Comisión para la síntesis de pintura, escultura y arquitectura) a finales de 1919, fecha en la que se incorpora a ella Rodchenko.

NUEVA YORK

Se publica *Education and Art in Soviet Rusia in Light of Official Decrees and*

Vista parcial de la exposición de Malevich, Moscú, 1919-1920.

Documents (Educación y arte en la Unión Soviética a la luz de los decretos y documentos oficiales) de Max Eastman.

PARÍS

MARZO. Sale el primer número de *Littérature*, redactado por Louis Aragon, André Breton y Philippe Soupault.

JULIO. Mondrian regresa de Holanda.

VITEBSK

Lissitzky, que trabaja con Chagall en la ilustración de libros, conoce a Malevich.

Malevich publica *De los nuevos sistemas en el arte* que será revisado y publicado nuevamente por la Narkompros en 1921 en Moscú bajo el título de *De Cézanne al Suprematismo*; ambos libros continúan su polémica contra el materialismo oficial de la joven nación.

SEPTIEMBRE. Malevich reemplaza a Chagall en su puesto de director del Instituto de Arte Popular de Vitebsk.

WEIMAR

Walter Gropius crea la Bauhaus de la Escuela Estatal Sajona de Artes y Oficios y la Academia de Bellas Artes.

Primera proclama de la Bauhaus: «Un gremio de artesanos sin distinción de clases».

ZURICH

Hans Richter funda una Asociación de Artistas Revolucionarios, que tuvo una breve existencia y cuyo objeto consistía en incluir a los artistas vanguardistas en la revolución política. El grupo cuenta con Hans Arp, Willi Baumeister, Viking Eggeling, Giacometti, Walter Helbig y Marcel Janco.

1920

ABRIL. Se publica el segundo manifiesto de De Stijl «Sobre la literatura» firmado por Van Doesburg, Kok y Mondrian.

BERLÍN

Feria Dadá celebrada en Berlín con cartel dedicado a Tatlin.

OCTUBRE. Llega Puni; permanece en Berlín hasta 1923; se traslada a París en 1924.

NOVIEMBRE. Van Doesburg viaja al extranjero para divulgar las ideas de De Stijl. En Berlín conoce a Richter y Eggeling y funda una revista especializada en «el nuevo arte» (que acaba apareciendo en 1923 con el título de *G*).

Moholy-Nagy se traslada de Berlín a Viena.

MOSCÚ

Lissitzky empieza a trabajar en los decorados para *Victoria frente al sol*, como parte de un proyecto para un teatro completamente mecánico —uno de los intentos más radicales para introducir las ideas cubistas en el teatro.

Segunda exposición en la Obmokhu; constitución del núcleo del Primer Grupo de Trabajo de Constructivistas que incluye a Gan, Stepanova, Rodchenko (Grupo establecido anteriormente en marzo de 1921), en el Inkhuk.

MAYO. El Instituto de Cultura Artística (Inkhuk) se establece como institución oficial con la intención de asignarle al arte su participación en la sociedad comunista. Estaba encargado de desarrollar un programa teórico y práctico para la enseñanza del arte en las nuevas instituciones políticas, centrado en la investigación analítica y la experimentación de los aspectos formales de la pintura así como en la evolución de un nuevo enfoque del arte basado en principios utilitarios. Posteriormente se establecieron filiales en Petrogrado (bajo la responsabilidad de Tatlin y Puni), en Vitebsk (bajo la dirección de Malevich) y en otras ciudades.

AGOSTO. Exposición al aire libre de Gabo y Pevsner en el bulevar Tverskoi y publicación de su *Manifiesto Realista*, que se opone a la estética de los cubistas y futuristas y promueve un nuevo papel para el arte y los artistas. Esta exposición preconizaba un arte construido en el tiempo y el espacio conforme a una técnica «constructiva»

(por ello se consideró equivocadamente durante muchos años que el *Manifiesto Realista* marcaba los principios del Constructivismo).

El grupo constructivista empieza a escindirse en dos facciones, por una parte la de Gabo y Pevsner, por otra la de Rodchenko y sus compañeros de más confianza.

OCTUBRE. Rodchenko expone cincuenta y cinco cuadros, construcciones y linóleos en la Decimonovena Exposición Estatal; Stepanova, su mujer, expone setenta y seis obras.

Se inaugura el Primer Congreso Ruso de Proletkult.

NOVIEMBRE. Los Svomas se llaman a partir de ahora Vkhutemas (Talleres Estatales de Arte y Técnica). Rodchenko es nombrado decano.

DICIEMBRE. Tatlin y otros publican el manifiesto *El trabajo que tenemos por delante*, sobre la unificación del arte con propósitos utilitarios.

FINAL DE 1920. Kandinsky deja el Inkhuk al ser rechazado su programa educativo basado en un concepto idealista, psicológico y subjetivo del arte. Rodchenko, Stepanova, el escultor Alexei Babichev y la compositora Nadezhda Briusova, reorganizan la administración del Inkhuk según los principios de «laboratorio» teóricos y objetivos.

MUNICH

Konstantin Umanskii publica *Nuevo arte en Rusia 1914-1919* que contempla un amplio espectro de evoluciones de la vanguardia rusa, incluyendo el Suprematismo de Malevich y los contra-relieves de Tatlin, así como el papel del arte ruso en el marco del arte moderno europeo.

NUEVA YORK

La revista *The Dial*, cambia de propietario y se convierte en una publicación mensual de artes y letras ilustrada, con Henry McBride como crítico de arte hasta 1929.

PARIS

Léonce Rosenberg, marchante, publica *Le Néoplasticisme* de Mondrian.

Tatlin junto a la maqueta de *Monumento a la III Internacional*, Petrogrado, 1920.

Mondrian empieza a aplicar sus principios neoplásticos al medio ambiente (en su propio estudio).

NOVIEMBRE. Ozenfant y Le Corbusier inician una revista mensual, *L'esprit nouveau*, en la que se articulan los principios del Purismo.

PETROGRADO

Se publican las *Primeras series de conferencias* del historiador de arte y crítico Nikolai Punin, basadas en las conferencias sobre arte que dio a los trabajadores en 1919 cuando formaba parte del Soviet de delegados de campesinos, soldados y trabajadores de Petrogrado.

NOVIEMBRE. Se expone en Petrogrado el modelo del *Monumento a la III Internacional* de Tatlin (que empezó a proyectar en marzo de 1919) y en diciembre es trasladado a Moscú.

VENECIA

Duodécima exposición internacional de arte con obras de Gontcharova, Larionov, Jawlensky y otros artistas soviéticos.

VITEBSK

ENERO. Malevich y sus alumnos fundan los Posnovis (Seguidores del Nuevo Arte), grupo de entusiastas del Suprematismo. En abril el nombre cambia a Unovis (Afirmadores del Nuevo Arte) entre cuyos miembros se encuentran Vera Ermolaeva, Ilya Chashnik, Lazar Kidekel, Ana Kagan y Nikolai Suetin.

1921

AGOSTO. Tercer manifiesto de De Stijl: «Hacia la nueva formación del mundo».

OTOÑO. Roma, Berlín, Nueva York: Empieza a publicarse la revista *Broom*, dirigida por Harold Loeb, que se mantendrá hasta 1924.

DICIEMBRE. Kandinsky emigra a Alemania.

BERLÍN

OCTUBRE. Raoul Hausmann, Hans Arp, Ivan Puni, Laszlo Moholy-Nagy firman el manifiesto «Llamamiento para un Arte Elementalista», que se publicará en 1922 en *De Stijl*, prefigurando la extensión internacional de las ideas constructivistas.

MOSCÚ

Lunacharski empieza a organizar instituciones educativas y artísticas conforme a la Nueva Política Económica de Lenin.

Lissitzky es nombrado director de la Escuela de Arquitectura del Vkhutemas.

El Inkhuk es incorporado a la Academia Rusa de Ciencias Artísticas fundada en octubre de 1921.

ENERO. Medunetsky y los hermanos Stenberg organizan una exposición en el Café de los Poetas llamada «Los Constructivistas». Esta es la primera vez en que la palabra *Constructivista* aparece impresa, y lo hace en la portada del catálogo que contiene la primera declaración pública de los principios del Constructivismo. En la exposición figuran 61 construcciones no utilitarias.

18 DE MARZO. Fundación oficial del Primer Grupo de Trabajo de los Constructivistas que incluye a Rodchenko, Medunetsky, Stepanova, Ioganson, Gan y los hermanos Stenberg.

MAYO. Tercera exposición de la Obmokhu con obras de Ioganson, Lentulov, Medunetsky, Rodchenko, los hermanos Stenberg y Yakulov.

SEPTIEMBRE. Se inaugura la exposición «5×5=25» con obras de Exter, Popova, Rodchenko, Stepanova y Vesnin.

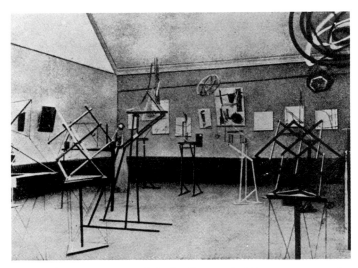

Dos vistas de la tercera exposición de la Obmokhu, Moscú, 1921, con construcciones de Rodchenko (colgando del techo) y de los hermanos Stenberg (centro).

y Le Corbusier. Léonce Rosenberg adquiere varios lienzos y hacia mitad de año el Purismo está íntimamente asociado con su galería.

PETROGRADO

El crítico Nikolai Punin publica la primera monografía sobre Tatlin, *Tatlin (contra el cubismo) [Tatlin (protiv kubisma)]*, asimismo es el primero en comentar el *Monumento a la III Internacional* de Tatlin.

Se funda el Museo de Cultura Artística (con Punin como fundador-organizador).

Restauración de la Academia de Bellas Artes.

VITEBSK

ENERO. Malevich publica su libro de litografías *Suprematismo: 34 dibujos*, que a pesar de estar fechado en 1920 no sale hasta enero de 1921.

WEIMAR

Van Doesburg visita la Bauhaus y da conferencias a los estudiantes sobre De Stijl.

Schlemmer se incorpora al profesorado de la Bauhaus.

Al mismo tiempo que la exposición «5×5=25» se dan una serie de conferencias en el Inkhuk. La primera es de El Lissitzky y se titula «Prouns. Cambio de trenes entre la pintura y la arquitectura».

OCTUBRE. Se inaugura la Academia Rusa de Ciencias Artísticas (RAKhN) con asistencia de Kandinsky.

NOVIEMBRE. Sesión plenaria del Inkhuk en la que la mayoría del grupo condena la pintura de caballete por anticuada y aboga por un arte y una construcción industriales. Un grupo de artistas, entre los que figuran Rodchenko y Popova, dejan el Inkhuk para poder trabajar en la industria y las artes aplicadas. Principio de la fase productivista del Constructivismo.

DICIEMBRE. Varvara Stepanova pronuncia una conferencia sobre Constructivismo en el Inkhuk.

NUEVA YORK

ABRIL. El Civic Club monta una exposición de carteles rusos soviéticos.

PARÍS

Mondrian desarrolla su estilo de gruesas líneas negras que componen rectángulos de colores primarios. Su *Composición* figura en una exposición colectiva en L'Effort Moderne.

FEBRERO. La galería Druet expone lienzos puristas de Ozenfant

ANNENKOV, Yuri

Relieve-Collage. 1919
Montaje sobre cartón: arpillera y cartón con tinta india
33×24 cm
Donación fraccionada a
The Museum of Modern Art
por The Riklis Collection of McCrory Corporation
986.83

BEEKMAN, Chris Hendrik

Composición. 1916
Pastel sobre papel
71×29.5
Donación fraccionada a
The Museum of Modern Art
por The Riklis Collection of McCrory Corporation
851.83

BEECKMAN, Chris Hendrik

Composición. 1920
Acuarela sobre papel
15×16.5 cm
Donación fraccionada a
The Museum of Modern Art
por The Riklis Collection of McCrory Corporation
852.83

CHASHNIK, Ilya Grigorevich

Composición Suprematista (c. 1924)
Acuarela y lápiz sobre papel
14×10 cm
Donación fraccionada a
The Museum of Modern Art
por The Riklis Collection of McCrory Corporation
865.83

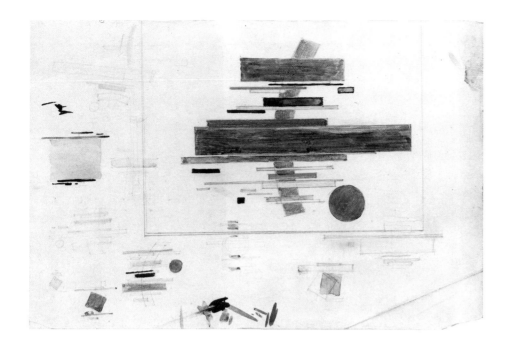

CHASHNIK, Ilya Grigorevich

86   **Composición Suprematista** (c. 1924)
Acuarela y lápiz sobre papel
19.5×29 cm
Donación fraccionada a
The Museum of Modern Art
por The Riklis Collection of McCrory Corporation
864.83

Van DOESBURG, Theo

Ritmo de una danza rusa. 1918
Óleo sobre lienzo
135.9×61.6 cm
The Museum of Modern Art,
adquirido gracias al legado Lillie P. Bliss
135.46

Sólo expuesto en Iberoamérica

Van DOESBURG, Theo

Composición en gris (Rag-time). 1919
Óleo sobre lienzo
96.5×59.1 cm
Solomon R. Guggenheim Museum
Colección Peggy Guggenheim, Venecia

Sólo expuesto en Madrid

Van DOESBURG, Theo

Estudio para una composición. 1923
Acuarela y tinta india sobre papel
17×17.5 cm
Donación fraccionada a
The Museum of Modern Art
por The Riklis Collection of McCrory Corporation
876.83

ERMILOV, Vasily

Composición nº 3. 1923
Madera, chapa, barniz y pintura
81×43×7.5 cm
Donación fraccionada a
The Museum of Modern Art
por The Riklis Collection of McCrory Corporation
1005.83

EXTER, Alexandra

Construcción. 1922-23
Óleo sobre lienzo
89.5×89.5 cm
Donación fraccionada a
The Museum of Modern Art
por The Riklis Collection of McCrory Corporation
1006.83

Composición con figura de mujer. 1918
Óleo sobre lienzo
80×60.5 cm
Donación fraccionada a
The Museum of Modern Art
por The Riklis Collection of McCrory Corporation
1026.83

KLIUN, Ivan

Suprematismo. 1916
Óleo sobre lienzo
25.5×37 cm
Donación fraccionada a
The Museum of Modern Art
por The Riklis Collection of McCrory Corporation
1035.83

94

KUDRIASHEV, Ivan

Composición suprematista. 1921
Lápiz y acuarela sobre papel
30×25 cm
Donación fraccionada a
The Museum of Modern Art
por The Riklis Collection of McCrory Corporation
910.83

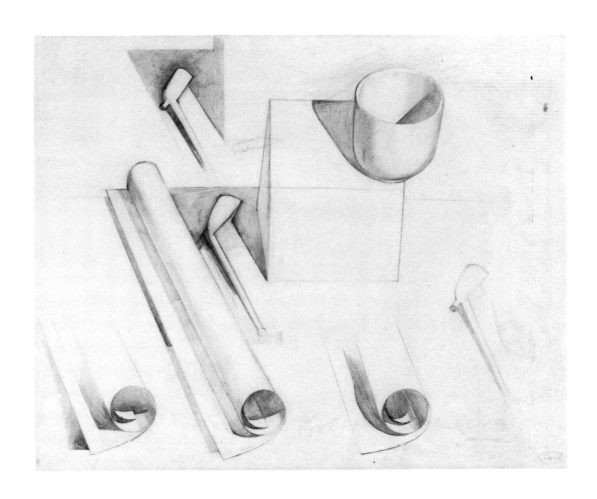

LE CORBUSIER

Taza, pipas y rollos de papel. 1919
Estudios a lápiz
44.5×54.5 cm
Donación fraccionada a
The Museum of Modern Art
por The Riklis Collection of McCrory Corporation
914.83

Van der LECK, Bart

Estudio (c. 1916-17)
Gouache y lápiz
31×29 cm
Donación fraccionada a
The Museum of Modern Art
por The Riklis Collection of McCrory Corporation
915.83

Van LEUSDEN, Willem

Abstracción de figura. 1920
Lápiz sobre papel
54×35.5 cm
Donación fraccionada a
The Museum of Modern Art
por The Riklis Collection of McCrory Corporation
918.83

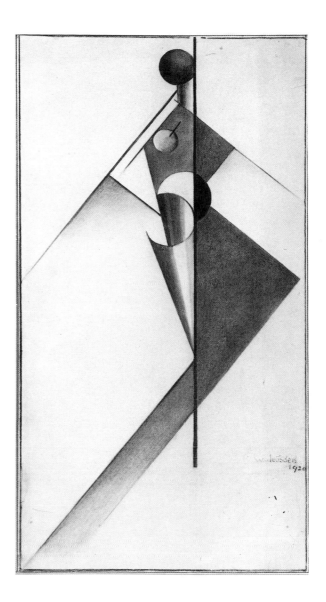

LISSITZKY, El

Una historia suprematista sobre dos cuadros en 6 construcciones. 1920
Acuarela y lápiz sobre cartón
25.6×20 cm
The Museum of Modern Art,
Colección Sidney and Harriet Janis
628.67

Estudio para Proun 30T. 1920
Gouache, pluma y tinta sobre papel marrón
22×25 cm
Donación fraccionada a
The Museum of Modern Art
por The Riklis Collection of McCrory Corporation
920.83

MALEVICH, Kasimir

Sin título (c. 1916)
Óleo sobre lienzo
53×53 cm
Solomon R. Guggenheim Museum,
Colección Peggy Guggenheim, Venecia

MANSUROV, Pavel

Composición 191. 1918
Óleo sobre madera
23.5×34.9×2.6 cm
Donación fraccionada a
The Museum of Modern Art
por The Riklis Collection of McCrory Corporation
1043.83

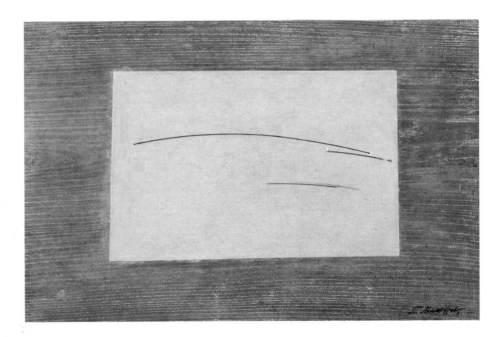

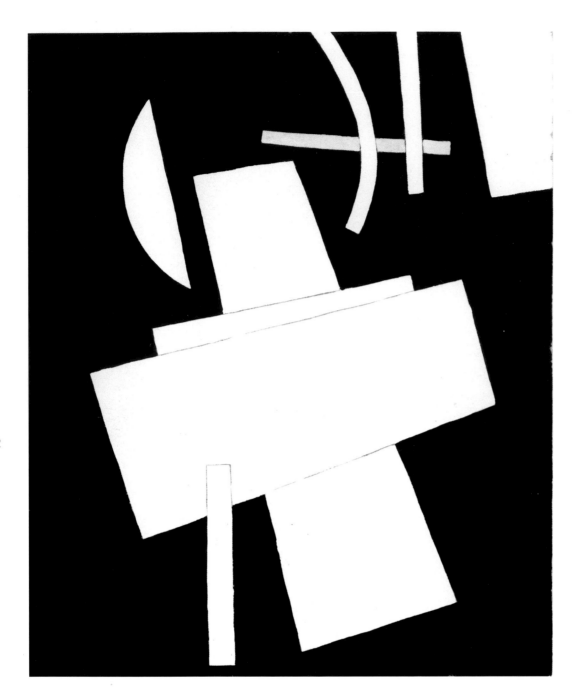

102

POPOVA, Liubov

Sin título (c. 1916-17)
Gouache sobre cartón
49.5×39.5 cm
Donación fraccionada a
The Museum of Modern Art
por The Riklis Collection of McCrory Corporation
939.83

POPOVA, Liubov

Sin título. 1917
Collage de papeles cortados y pegados
23.9×15.6 cm
The Museum of Modern Art,
donado por Mr. y Mrs. Richard Deutsch
514.77

Sólo expuesto en Iberoamérica

POPOVA, Liubov

Pintura arquitectónica. 1917
Óleo sobre lienzo
80×98 cm
The Museum of Modern Art,
Fondo Philip Johnson
14.58

POPOVA, Liubov

Composición. 1920
Técnica mixta sobre papel arrugado
33.5×25 cm
Donación fraccionada a
The Museum of Modern Art
por The Riklis Collection of McCrory Corporation
940.83

PUNI, Ivan

Escultura suprematista en relieve. 1923,
reconstrucción del original de 1915
Madera pintada, metal y cartón sobre papel
50×39.5×10 cm
Donación fraccionada a
The Museum of Modern Art
por The Riklis Collection of McCrory Corporation
1060.83

RODCHENKO, Alexander

Composición. 1919
Gouache
31.1×22.9 cm
The Museum of Modern Art,
donado por el artista
29.36

108

RODCHENKO, Alexander

Pintura no-objetiva. 1919
Óleo sobre lienzo
84.5×71.1 cm
The Museum of Modern Art,
donado por el artista, a través de Jay Leyda
113.36

RODCHENKO, Alexander

Construcción lineal. 1920
Tinta de color sobre papel
37.5×23 cm
Donación fraccionada a
The Museum of Modern Art,
por The Riklis Collection of McCrory Corporation
947.83

ROZANOVA, Olga

La guerra. 1916
Papeles cortados y pegados sobre papel gris
31.1×40.7 cm
Adquirido por el Museum of Modern Art
193.82

TATLIN, Vladimir

Contrarrelieve. c. 1914-15
Carbón sobre papel
32×24 cm
Donación fraccionada a
The Museum of Modern Art,
por The Riklis Collection of McCrory Corporation
968.83

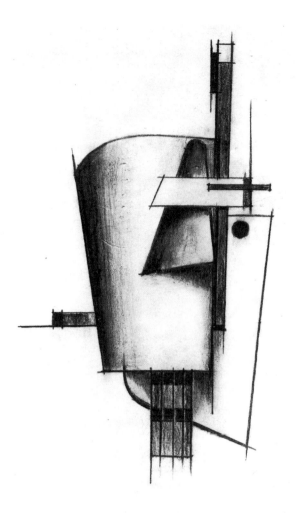

112

UDALTZOVA, Nadezhda

Sin título. 1916
Gouache sobre papel
20.2×20.2 cm
Donación fraccionada a
The Museum of Modern Art,
por The Riklis Collection of McCrory Corporation
974.83

VANTONGERLOO, Georges

Composición II, índigo violeta derivado de triángulo equilátero. 1921
Óleo sobre cartón
31.5×36 cm
Donación fraccionada a
The Museum of Modern Art,
por The Riklis Collection of McCrory Corporation
1078.83

VESNIN, Alexander A.

(Propuesta para un)
Monumento al Tercer Congreso de la Internacional Comunista. 1912
Gouache
53×70.5 cm
The Museum of Modern Art,
adquirido gracias a los legados de Mrs. Harry Lynde Bradley
y Katherine S. Dreier
917.79

Constructivismo Internacional

1922-1929

Los años veinte se caracterizaron por su pluralismo estético, coexistían y se influenciaban mutuamente tendencias contradictorias: De Stijl, el Constructivismo, Dadá, el Purismo y el Surrealismo. Entre los movimientos geométricos parecía destacarse el Constructivismo.

El año 1922 constituyó un hito en la trayectoria del Constructivismo. En Rusia, como antes se dijo, marcó los comienzos de la fase «productivista». Fuera de Rusia, las ideas constructivistas ganaron mayor audiencia, particularmente en Alemania, Hungría, Polonia y Checoslovaquia. El Constructivismo abogaba por el orden y la estructura, el universalismo y el utilitarismo del arte, el uso de materiales corrientes y contemporáneos con fines artísticos y el rechazo del individualismo en favor de un estilo colectivo. Estos objetivos eran irresistiblemente atractivos para muchos artistas en busca de un lenguaje moderno y la aplicación práctica de los preceptos constructivistas dio lugar a expresiones artísticas diversas. Moholy-Nagy realizó cuadros dinámicos compuestos de elementos lineales y planos en color, interpenetrándose y flotando por el espacio, como su *Círculo amarillo* (1921), y experimentó materiales nuevos, como en su escultura dinámica sin soporte *Escultura de níquel* (1922). Las composiciones de Kassak combinaban formas planas con otras estereométricas y la serie «Arquitectura Pictórica» de Bortnyik yuxtaponía también elementos llanos y otros estereométricos. En las composiciones «unísticas» de Strzeminski —lienzos monocromáticos de textura uniforme— la superficie espesamente cubierta, casi en relieve, traduce su idea de la textura de la pintura entendida como «material».

En esta tesitura, las características de la obra de Mondrian, Van Doesburg, Malevich y Tatlin, y sus convicciones filosóficas en cuanto al papel social y político del arte y del artista, se fueron entremezclando y matizando, originando expresiones pictóricas menos radicales y una ideología menos arraigada en el materialismo y la producción material y más centrada en temas estéticos. Por consiguiente, el lenguaje de la abstracción geométrica de los años veinte era una amalgama de los movimientos holandeses o rusos —De Stijl, el Suprematismo y el Constructivismo— catalizado en Alemania a través del movimiento Dadá. Dadá, a pesar de ser una filosofía fundamentalmente subjetiva, contenía ya en sí misma inquietudes parejas a las del Constructivismo; en particular su postura del antiarte, su empeño por un orden nuevo y su fascinación por la estética de la máquina. Francia, menos afectada por las ideas constructivistas que Centroeuropa, permaneció más en la órbita del grupo De Stijl cuya influencia se intensificó cuando Mondrian regresó a París en 1919 y con la llegada de Van Doesburg a la capital francesa en 1923.

El intercambio de ideas que condujo al Constructivismo Internacional cobró especial vigor hacia finales de 1921. Las teorías del grupo De Stijl, divulgadas a través de su revista y sus exposiciones, tuvieron una fuerte resonancia. Van Doesburg hizo repetidos viajes a Italia, Bélgica y sobre todo Alemania, en donde entabló contactos con los dadaístas (por mediación de Hans Richter) y también con la Bauhaus, donde dio varias conferencias. La novedad de los conceptos y obras de los constructivistas rusos llamó la atención del mundo occidental, en parte a través de Lissitzky cuyos viajes le pusieron en contacto con artistas alemanes y miembros del grupo De Stijl (en particular Van Doesburg). También influyeron en la propagación de aquel movimiento los rusos que residían entonces en Berlín y, entre ellos, Puni, Gabo, Pevsner y Archipenko, junto con los escritores Maiakovsky, Ehrenburg, Pasternak y Shklovsky. Otro instrumento de difusión fue la revista trilingüe *Veshch/Gegenstand/Objet*, fundada en Berlín por Lissitzky y Ehrenburg en marzo de 1922. En el Congreso Internacional de Artistas Progresistas, en Düsseldorf en mayo de 1922, se produjeron una serie de fértiles intercambios que propiciaron una coalición de los partidarios del movimiento constructivista quienes se unieron en contra de la mayoría expresionista del Congreso, y los más comprometidos —Van Doesburg, Richter y Lissitzky— formaron la Internationale Fraktion der Konstruktivisten (Sección Internacional de Constructivistas) y firmaron un manifiesto colectivo. Además el Congreso Dadaísta Constructivista de Weimar, celebrado en septiembre de 1922, por iniciativa de Van Doesburg y de Walter Dexel, en respuesta a la negativa del Congreso de Düsseldorf a sancionar oficialmente el Constructivismo, significó un esfuerzo conjunto para unificar ideologías distintas, ratificar la

Sección Internacional de Constructivistas y proclamar el Constructivismo como el movimiento internacional de mayor trascendencia.

Los objetivos e innovaciones formales del Constructivismo ruso volvieron a captar la atención del público a raíz de la Primera Exposición de Arte Ruso, celebrado en la Galería van Diemen de Berlín en octubre de 1922 y después en Amsterdam. De las 594 piezas expuestas, gran parte de ellas eran obras no objetivas y constructivistas, con un predominio de las «construcciones» sobre las «composiciones».

La expansión de los ideales constructivistas también se vio facilitada por la acción de pequeñas revistas, publicadas tanto en Rusia como en Europa. Entre ellas cabe destacar *G* (de *Gestaltung*) de Richter, publicada en Berlín en 1923, *Lef,* publicada en Moscú por Maiakovsky y Ossip Brik (1923-1938), la revista polaca *Blok* (1924) y la checoslovaca *Disk* (1924). Todas ellas contribuyeron a promocionar el Constructivismo, no sólo por su contenido sino también por su tipografía innovadora, basada en relaciones verticales y horizontales estrictas, en el uso especial de los caracteres de imprenta y en la división de la página en grandes bloques rectangulares de texto, cuyo mejor exponente son los diseños de Lissitzky para *Veshch/Gegenstand/Objet* y las portadas de Rodchenko para *Lef.*

Entre las instituciones en las que el canon constructivista influyó de modo vital, figura la Bauhaus, que se convirtió, en los años veinte, en el centro de propagación y desarrollo de la abstracción geométrica y la arquitectura experimental. Fundada en Weimar en 1919 por iniciativa de Walter Gropius, se proponía la unificación del arte y la tecnología mediante la enseñanza de la pintura, la escultura y la arquitectura partiendo de una base artesanal. En su calidad de arquitecto, Gropius opinaba que «todas las artes culminan en la arquitectura» y que el equilibrio natural de las artes se debía de restablecer a través de la colaboración entre artistas y arquitectos. Dicha filosofía era básicamente análoga a las ideas de fusión del arte y la vida propugnadas por los constructivistas rusos, aunque no implicaban tan fuertes connotaciones de funcionalismo ni compromiso ideológico militante izquierdista. Era natural, por tanto, que las ideas de los miembros de la Bauhaus adquirieran un cariz más constructivista conforme aumentaban sus contactos con dicho movimiento. Para conseguir esa unificación del artista-arquitecto con el artesano, Gropius reclutó su profesorado entre los pintores más relevantes de aquella época: Itten, Kandinsky, Klee, Feninger, Schlemmer para pintura, artes gráficas y decorados de teatro, a los que después se unieron Moholy-Nagy y Albers.

La nueva orientación constructivista de la Bauhaus, apartándose del programa de tendencia más expresionista que Itten implantó al principio, se inició cuando Moholy-Nagy se unió al claustro en 1923. Este pintor, fotógrafo, diseñador de artes gráficas y decorados de teatro, influyó profundamente en la imagen de la Bauhaus por medio de sus cursos y escritos. A su vez, él estaba fuertemente impregnado de las ideas de Tatlin, Malevich y Lissitzky. Compartía el interés constructivista por los materiales nuevos y el arte concebido como proceso, y preconizaba la idea del mundo como producto de la máquina. Su preocupación por la capacidad reveladora de formas de la luz se manifestó en sus estudios sobre la transparencia de 1921 y le llevó a investigar nuevos materiales y técnicas. En 1922, empezó a explorar el potencial plástico de la madera, el vidrio, el cobre, el zinc, el acero y los metales chapados; ejemplo de su obra en aquel momento es la *Escultura de níquel*, homenaje formal a la Torre de Tatlin. Esta y sus demás esculturas estáticas recordaban las obras constructivistas rusas, expuestas por vez primera en Moscú por la generación de Obmokhu en 1920 y luego en la Primera Exposición de Arte Ruso, en la Galería van Diemen de Berlín, en 1922.

También se observó una tendencia hacia la geometrización en la obra de algunos profesores de la Bauhaus con tendencia a la abstracción lírica, como Kandinsky y Klee. Sus trabajos de aquella época demuestran una inclinación hacia las formas geométricas definidas con más claridad y mayor rigidez en la organización de la composición. En la obra de Kandinsky se vislumbra la influencia de las orientaciones no objetivas rusas, en especial la del Suprematismo de Malevich y la de las obras dinámicas de Rodchenko —sus composiciones con regla y compás de 1915-1916 y sus posteriores composiciones lineales de alrededor de 1920— que Kandinsky tuvo ocasión de ver cuando vivía en Rusia. Pese a que concibiera el arte como una actividad espiritual, diametralmente opuesta a los ideales utilitarios de los constructivistas rusos (lo cual motivó en parte su expatriación), Kandinsky asimiló, en su lenguaje, la claridad de composición peculiar de dicho movimiento, conservando al tiempo su propia multiplicidad de vocabulario formal.

Klee, por su parte, y a raíz de sus contactos con otros colegas de la Bauhaus influidos por las ideas constructivistas y las del grupo De Stijl, multiplicó sus recursos pictóricos e introdujo en sus composiciones una organización más marcadamente horizontal y vertical, interesándose más adelante por el espacio y su percepción simultánea en el tiempo, en sus obras de finales de los años veinte, por ejemplo en su *Incendio al atardecer* en donde las tiras de color producen una serie de interferencias dinámicas.

Pero la finalidad última de la Bauhaus consisitía en sintetizar todas las artes —artesanía y mecánica, pintura y entorno, pintura y teatro—. La obra de Oskar Schlemmer y su concepción del teatro total, lograron de manera inigualable la consecución de ese objetivo. Schlemmer, que daba clases en la Bauhaus desde 1921, se dedicó a la interpretación del espacio, tal y como podía experimentarlo la figura humana en movimiento, investigando el tema en dibujos y pinturas como su *Escalera de la Bauhaus* (1932). Consideraba al teatro como un campo idóneo para este tipo de experimentos, al tratarse de una síntesis de forma y color en acción que se prestaba a la investigación de las relaciones planimétricas y estereométricas en un espacio determinado. Estas inquietudes fueron plenamente desarrolladas en los decorados y trajes que diseñó para la producción de su *Ballet triádico* (1922).

Al tiempo que la influencia constructivista se dejaba sentir en el programa de la Bauhaus, también seducía a artistas como Van Doesburg quien en sus esfuerzos en pro de la causa De Stijl, inició contactos y entabló una especial amistad con Lissitzky, cuyas opiniones compartía respecto a la arquitectura, ya que, como él, buscaba una aplicación práctica de los medios plásticos puros para crear un nuevo entorno. Dichos criterios fueron proclamados en la declaración conjunta firmada por Van Doesburg y Cornelius van Eesteren titulada «Hacia una Construcción Colectiva», conocida como quinto manifiesto del grupo De Stijl y publicada con ocasión de la exposición de maquetas arquitectónicas de Van Doesburg y Van Eesteren, en la galería de l'Effort Moderne en París.

Las obras de Van Doesburg de los años veinte muestran la evolución de sus concepciones, desde el Neoplasticismo al Arte Concreto de 1930. Estas obras ilustran su búsqueda de medios para expresar lo dinámico en el arte, según las teorías contemporáneas de la cuarta dimensión y de la relación espacio-temporal, tan esenciales para Malevich en su búsqueda de un nuevo lenguaje. Estas inquietudes llevaron a Van Doesburg a diseñar, basándose en los principios de De Stijl, algunos proyectos para casas particulares que fueron expuestos en 1923 en la galería de Léonce Rosenberg, L'Effort Moderne. Dichos proyectos le ayudaron a elaborar, en su obra bidimensional, el principio dinámico del Elementalismo, como lo ilustra su *Contra-Composición Simultánea* (1929). El enfoque elementalista desarrollado entre finales de 1924 y principios de 1925 y anunciado en la revista *De Stijl*, introducía una diagonal en la estructura lineal-horizontal de la pintura neoplasticista, revelando de este modo su preocupación por encontrar una forma de expresión innovadora que sirviera para traducir los conceptos científicos de la materia en movimiento y la negación de las leyes de la gravedad. Ello dio lugar a las «contra-construcciones», dibujos axonométricos, o proyecciones espaciales de 45° de sus maquetas arquitectónicas, de los que se derivaron sus cuadros elementalistas —«contra-composiciones»—, mediante la «traslación inversa» de una obra tridimensional en otra bidimensional que combinara las ortogonales con la simbólica oblicua de lo dinámico. Jean Arp y Sophie Taeuber-Arp fueron quienes llevaron a la práctica los preceptos elementalistas en su proyecto para la reconstrucción del Café de l'Aubette de Estrasburgo en 1926-1928, uno de los pocos proyectos ambientales que llegaran a realizarse. Las paredes y el techo fueron tratados como cuadros elementalistas a gran escala, basados en la ordenación composicional de planos de color colocados según relaciones diagonales, produciéndose interacciones espaciales con objeto de representar «movimiento y reposo, tiempo y espacio».

El movimiento Dadá, en el que el arte dependía del azar, sustentaba un enfoque subjetivo respecto a la creación artística, oponiéndose por lo tanto a los objetivos de la abstracción geométrica. Sin embargo, en 1922 el Dadaísmo se vio afectado por el rigor y la lógica constructivistas. Compartía con el Constructivismo su interés por la estética de la máquina y la práctica del *collage*, los fotomontajes y las construcciones de objetos, lo cual explicaría su receptividad a las ideas constructivistas. Van Doesburg, si bien se oponía a su expresión formal, consideraba, no obstante, el Dadaísmo como un factor positivo desde un punto de vista filosófico, y fue él mismo quien, bajo el seudónimo de I. K. Bonset, fundó la revista dadaísta *Mécano* (1922) para contrarrestar en cierto modo los criterios de la Bauhaus. Según él, Dadá representaba la fuerza que, al destruir el orden antiguo, abriría el camino para que se realizaran los objetivos del grupo De Stijl: la creación de un Hombre Nuevo y la elaboración de una Nueva Visión.

Como ejemplo de la alteración de los elementos dadaístas, por influencia de las ideas constructivistas, cabe destacar la obra de Kurt Schwitters, sobre todo algunos de sus *collages* posteriores a 1922. Schwitters, que representaba a Dadá en Hannover, convirtió el *collage* en un lenguaje expresivo de carácter muy personal. Sus *collages* —composiciones a base de trozos de papeles recogidos del suelo, billetes de tren usados, cajetillas de cigarrillos y envolturas de caramelos— aparecieron durante el invierno de 1918 y se fueron transformando, en el transcurso de los años veinte, en abstracciones geométricas con una composición más rigurosa, en las que la importancia otorgada a los ejes verticales y horizontales y a la regularidad de las formas denotan claramente la influencia de De Stijl y de los constructivistas.

En Francia, la abstracción geométrica de los años veinte procedió inicialmente del Cubismo Sintético, que brindaba a los artistas un espacio abstracto anti-ilusionista, mediante representaciones esquemáticas de objetos y de formas planas, de modo que la totalidad del lienzo se convertía en un campo de experimentación composicional. A partir de 1920 aumentó la influencia de De Stijl en París, gracias a Mondrian y a la publicación de su texto fundamental, *Le Néoplasticisme*, editado por Léonce Rosenberg quien también publicó el ensayo de Van Doesburg, *Classique, baroque, moderne.*

De 1923 a 1925, la abstracción geométrica francesa empezó a sentir el impacto del Constructivismo Internacional, aunque éste nunca llegó a representar una corriente dominante en Francia, donde las manifestaciones relacionadas con este fenómeno como la exposición de De Stijl, pasaron casi desapercibidas. En cambio en 1925 se produjo un acontecimiento importantísimo que consiguió popularizar una variante de la abstracción geométrica: el estilo Art Déco. La Exposición de Artes Decorativas celebrada en París fue el punto de partida del uso generalizado de las formas geométricas con fines ornamentales en las artes decorativas y aplicadas, características de esta técnica.

Hacia finales de los años veinte la abstracción geométrica se fue haciendo cada vez más ecléctica, prefigurando con ello el arte de los años treinta que gradualmente habría de desprenderse de su contenido ideológico, renunciando a sus ambiciones de instaurar un nuevo orden social, político y estético.

Cronología
1922-1929

1922

AMSTERDAM

Gran retrospectiva de Mondrian en el Stedlijk Museum organizada con ocasión de su cincuenta cumpleaños por sus amigos Peter Alma, J. J. P. Oud y S. B. Slijper. Presenta obra para la exposición de la galería de Léonce Rosenberg «Del cubismo a un renacimiento plástico».

BERLÍN

Lissitzky publica su libro *Acerca de 2 cuadrados* (diseñado en Vitebsk en 1920).

Lissitzky y Gabo se trasladan de Rusia a Berlín donde Gabo permanecerá hasta 1933 con frecuentes visitas a París.

Dreier ve una exposición rusa en la Galerie van Diemen y compra obras cubo-futuristas, entre las que figuran *Afilador* de Malevich (1912), *Junto al piano* de Udaltsova (1915), dos gouaches no objetivos de Popova y una escultura de Medunetsky de 1919.

Van Doesburg conoce a los arquitectos Bruno Taut y Mies van der Rohe. Publica la revista *Mécano* bajo el seudónimo de I. K. Bonset.

También se encuentra en Berlín por estas fechas Maiakovski, que mantiene contactos con George Grosz, Raoul Hausmann, John Heartfield y Diaghilev, que le ayudará a obtener un visado para visitar Francia.

George Grosz rompe con los dadaístas y hace un viaje de seis meses a Rusia (donde se entrevista brevemente con Lenin).

MARZO. Ehrenburg y Lissitzky publican el primer número de su revista trilingüe *Veshch/Gegenstand/Objet*, una de las revistas constructivistas de mayor trascendencia.

OCTUBRE. Se inaugura la «Primera exposición de arte ruso» (Erste Russische Kunstausstellung) en la Galerie van Diemen donde se muestran por vez primera las obras constructivistas fuera de Rusia. Están representados muchos miembros de la vanguardia. Gabo acompaña la exposición y nunca más regresará a Rusia.

A través de George Grosz, Lissitzky conoce a muchos miembros de la vanguardia occidental.

DUSSELDORF

Lissitzky conoce a Moholy-Nagy.

MAYO. «Primer Congreso Internacional de Artistas Progresistas» patrocinado por la Unión de Artistas de Renania; reúne a los miembros progresistas de los grupos constructivistas que se oponen a la mayoría expresionista del congreso. El grupo de los constructivistas alemanes, suizos, escandinavos y rumanos está dirigido por Richter, el de los húngaros por Moholy-Nagy y el de los rusos por Lissitzky. Van Doesburg, Richter y Lissitzky presentan una declaración conjunta en contra de la tendencia individualista del congreso y a favor de la actividad colectiva de los artistas progresistas y se constituyen en Sección

Internacional de Constructivistas con objeto de dar un cariz oficial al movimiento de constructivistas internacionales.

HANNOVER

Lissitzky es admitido en la Kestner-Gesellschaft gracias a los esfuerzos de Kurt Schwitters.

LODZ

Se funda el grupo no objetivo Blok que propugna las ideas constructivistas.

MOSCÚ

El Constructivismo mantiene su vitalidad en el teatro. Popova y Stepanova diseñan decorados constructivistas para el Teatro Meyerhold.

Alexandr Vesnin diseña el escenario constructivista para *El hombre que fue Jueves* en el teatro Karmenii.

La facción productivista de los constructivistas que alentaba la colaboración activa de los artistas con la producción industrial se gana el apoyo oficial.

ENERO. Exposición del resucitado Mundo del Arte (Mir Iskusstva) con participación de Drevin, Konchalovsky, Lentulov, Udaltsova, Falk.

ABRIL. Meyerhold representa *El cornudo magnánimo* de Crommelynck con decorados diseñados por Popova.

Retrato del grupo de participantes en el Primer Congreso Internacional de las Artes Progresistas en Düsseldorf, 1922, con van Doesburg (tercero por la izquierda) y Lissitzky (sentado sobre la valla).

MAYO. Primera exposición del grupo Makovets que se mantendrá activo hasta 1925 aproximadamente.

La «Exposición de pintura de artistas de la tendencia realista contra el hambre» se inaugura en Moscú señalando así el inicio de las actividades de la AChRR (Asociación de artistas de la Rusia revolucionaria), grupo opuesto ideológicamente a la vanguardia.

NOVIEMBRE. Primera exposición de la NOZh (Nueva sociedad de pintores), en la que participan Exter, Malevich y Tatlin quienes contribuyeron a contrarrestar la tendencia contra la pintura de caballete.

Meyerhold representa la *Muerte de Tarelkin* de Sukhovo-Kobylin con decorados diseñados por Stepanova.

NUEVA YORK

Gontcharova y Larionov exponen en la Kingore Gallery.

FEBRERO. Wanamaker's presenta una exposición de pintura de Gontcharova, Larionov, Rivera, Metzinger, Gleizes y Marcoussis.

PARÍS

Mary Knoblauch traduce *Les peintres cubistes* de Apollinaire para tres números sucesivos de *The Little Review*.

Man Ray elabora sus Rayogramas, independientemente de la técnica similar desarrollada por Moholy-Nagy.

PETROGRADO

ABRIL. Malevich se traslada de Vitebsk a Petrogrado y al poco tiempo le siguen Chashnik, Suetin y otros e ingresa en el Inkhuk por iniciativa de Tatlin.

JUNIO. Exposición de la Asociación de Nuevas Tendencias en el Arte (Malevich, Senkin, Tatlin y otros).

STUTTGART

SEPTIEMBRE. Por vez primera se representa íntegramente el *Ballet Triádico* de Schlemmer en el Landestheater de Stuttgart.

Theo van Doesburg y amigos en Weimar, septiembre de 1922.

TVER

DICIEMBRE. Gan publica su libro *Konstruktivism* —primer intento por presentar el nuevo movimiento como una ideología artística coherente.

VIENA

JULIO. Un grupo de artistas húngaros entre los cuales figuran Kassak y Moholy-Nagy firman una declaración en apoyo de IFdK que será publicada más adelante en *De Stijl*.

WEIMAR

Van Doesburg organiza en Weimar una sección del grupo De Stijl y da una serie de charlas en la Bauhaus pero sus criterios se oponen a los principios de la Bauhaus y no tardan en perder su impacto.

Van Doesburg conoce a Mies van der Rohe y a Le Corbusier.

Kandinsky es nombrado profesor en la Bauhaus, maestro de formas para el taller de pintura mural.

PRIMAVERA. Primera representación de *El gabinete de figuras* de Schlemmer, la segunda representación tiene lugar durante la semana de la Bauhaus en 1923.

SEPTIEMBRE. Van Doesburg y Walter Dexel organizan el Congreso Constructivista, llamado también Congreso Dadá-Constructivista, con la participación de Tzara, Arp, Lissitzky y Moholy-Nagy con el propósito fundamental de ratificar la Sección Internacional de Constructivistas (IFdK) y establecer oficialmente el Constructivismo como movimiento internacional pero su tentativa fracasa. La IFdK ampliada publica el *Manifiesto de Constructivismo Internacional*.

1923

BERLÍN

Representación de la obra de Karel Capek *R.U.R.* en el Theater am Kurfüstendamm con decorados y escenario de Frederick Kiesler. Los diseños incorporan películas como telones de fondo. Por medio de una serie de espejos se reflejan en un panel las imágenes de los actores a escala reducida, como en una pantalla de televisión. Después de la segunda representación, Van Doesburg se presenta a Kiesler, que a su vez conoce a Schwitters, Moholy-Nagy, Lissitzky y Werner Graeff, y se adhiere al grupo De Stijl.

Richter, Mies van der Rohe y Graeff

Proyecto de ambiente de De Stijl realizado por Vilmos Huszar y Gerrit Rietveld, *Composición de color espacial* expuesto en la Grosse Berliner Kunstausstellung, 1923.

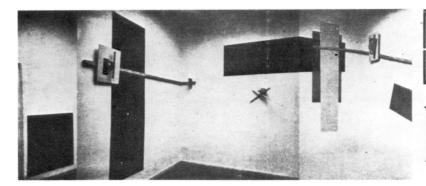

Espacio de la Sala de Prouns de Lissitzky diseñada para la Grosse Berliner Kunstausstellung, 1923.

publican la revista *G* (Material zur elementaren Gestatung).

Huszar, en colaboración con Rietveld, diseña el Grosse Berliner Kunstausstellung, que contiene la sala de los Prouns de Lissitzky.

HANNOVER

La Kestner-Gesellschaft publica dos carpetas de la obra de Lissitzky: la primera, *Proun* (1919-1923) y la segunda (verano) *Victoria frente al sol* con los diseños de trajes para la producción mecánica de la ópera de Kruchenykh y Matiushin, que se presentó en 1913 por primera vez con trajes y decorados de Malevich.

MOSCÚ

El crítico Nikolai Tarabukin publica dos importantes ensayos sobre el arte: *Del caballete a la máquina* y *Para una teoría de la pintura* —un profundo análisis sobre las teorías de la pintura vanguardista.

Los hermanos Vesnin realizan el diseño para el Palacio del Trabajo.

Exposición Rusa de Agricultura —a la que Exter, Alexandr Vesnin, los hermanos Stenberg contribuyen con los decorados consructivistas de los pabellones del recinto (por ejemplo Exter es quien decora el pabellón Izvestia).

MARZO. Maiakovsi, Ossip Brik y otros fundan la revista *Lef* (Frente de izquierdas de las artes), que saldrá con regularidad hasta 1925. Favorece una interpretación fuertemente ideológica del arte y también aboga por el Constructivismo y el método formalista en la crítica literaria.

NUEVA YORK

Société Anonyme presenta la primera exposición individual de Kandinsky en Estados Unidos.

Dreier publica *Western Art* (Arte Occidental) y *New Era* (Nueva Era).

Dreier conoce a David Burliuk que se convierte más tarde en el vínculo principal con muchos emigrados rusos.

Archipenko llega a Estados Unidos.

ENERO. El museo de Brooklyn organiza la exposición «Pintura y escultura rusa contemporánea» con la Société Anonyme.

PARÍS

15 DE OCTUBRE. Exposición de «Los arquitectos del grupo De Stijl, Holanda»

Pabellón Izvestia decorado por Exter en la Exposición de Agricultura Rusa, Moscú, 1923.

en la galería L'Effort Moderne, en ella Van Doesburg y Van Eesteren exponen sus maquetas arquitectónicas y Mies van der Rohe su diseño para un rascacielos. Entre los otros artistas expuestos figuran Huszar, Rietveld, Oud, Wils, W. van Leusden. Con ocasión de la exposición, Van Doesburg y Van Eesteren redactan su texto «Hacia una construcción colectiva» (publicado al año siguiente en *De Stijl*) —el quinto manifiesto De Stijl.

Van Doesburg y van Eesteren junto a una maqueta arquitectónica en su exposición en la Galerie L'Effort Moderne, París, 1923.

PETROGRADO

«Exposición de pintura de artistas de todas las tendencias» —la última manifestación rusa en la que se incluye arte no objetivo (con numerosas obras de Malevich que publica con ocasión de la exposición su manifiesto «Espejo Suprematista»).

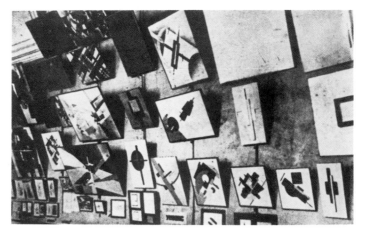

Vista de la «Exposición de pintura de artistas de todas las tendencias», Petrogrado, 1923.

MOSCÚ

Exter diseña decorados y trajes para la película de ciencia-ficción *Aelita* (iniciada en 1923).

ENERO. Schusev diseña el mausoleo de Lenin en la Plaza Roja según las pautas constructivistas.

MAYO. «Primera exposición discurrente sobre las Asociaciones de Arte Revolucionario Activo»; ocho secciones, con obras concretistas, proyeccionistas y del primer grupo de trabajo de constructivistas.

25 DE MAYO. Muere Popova y al poco tiempo se le concede una importante retrospectiva.

FINAL DE LA PRIMAVERA. Se publica *Teatro y revolución* de Lunacharsky.

NUEVA YORK

Exposición de «Artistas rusos modernos» en las galerías de la Société Anonyme.

MARZO. «Exposición de arte ruso» en el Grand Central Palace.

PARÍS

Se publica el programa arquitectónico de Van Doesburg con ocasión de la segunda exposición de arquitectura De Stijl —manifiesto con dieciséis puntos titulado «Hacia la arquitectura plástica» que resume su noción neoplasticista de arquitectura como síntesis, a expensas de la pintura y la escultura como categorías independientes.

19 DE JUNIO-15 DE JULIO. La Galerie Percier celebra la exposición «Constructivistas rusos: Gabo y Pevsner».

UTRECHT

La casa Schröder de Rietveld es la primera casa construida conforme a los principios de De Stijl.

VENECIA

Decimocuarta Bienal con una sección rusa que incluye a Exter, Malevich (*Cuadrado suprematista, Cruz suprematista, Círculo suprematista*), a Udaltsova y a Vesnin.

PRAGA

MAYO. El artista checoslovaco Karel Teige publica *Disk* con objeto de popularizar las ideas constructivistas.

VARSOVIA

Se publica la revista *BLOK*, órgano del Constructivismo ruso.

WEIMAR

Por invitación de Gropius, Moholy-Nagy se incorpora a la Bauhaus como responsable del taller de metales y también del curso introductorio.

Itten deja la Bauhaus y le sustituye Moholy-Nagy quien introduce las preocupaciones constructivistas en el curso preliminar: Problemas de materiales, transparencia, luz y tipografía.

Gropius invita a Albers a formar parte del profesorado de la Bauhaus, Albers inicia su curso preliminar sobre materiales y diseño.

Lissitzky entabla un estrecho contacto con Van Doesburg y Moholy-Nagy lo cual hace que la influencia constructivista en la Bauhaus aumente.

Durante el verano la exposición de la Bauhaus sobre las realizaciones de los cuatro primeros años incluye obras procedentes del curso preliminar y de los talleres así como un panorama internacional de la arquitectura.

ZURICH

Richter funda la revista *G* que concilia elementos tanto del Constructivismo como del movimiento Dadá e incluye contribuciones de artistas tan diversos como Gabo, Pevsner, Malevich, Lissitzky, Mies van der Rohe, Schwitters, Hausmann, Grosz. El número de julio de *G* publica el texto de Van Doesburg «Hacia una expresión plástica elemental».

1924

Se funda el Grupo del Cuatro Azul (Kandinsky, Klee, Jawlensky y Feininger).

Se publica *Literatura y revolución* de Trotski.

Exter y Puni emigran a París.

Vordemberge-Gildewart se adhiere al grupo De Stijl.

Hacia finales de año (y principios de 1925) Van Doesburg empieza a elaborar su concepto de Elementalismo que introduce el uso de la diagonal en la pintura para expresar su calidad dinámica.

LENINGRADO

Se funda el Ginkhuk (Instituto Estatal de Cultura Pictórica) cuya existencia sólo durará hasta diciembre de 1926.

1925

Se crea la RAPP (Asociación rusa de escritores proletarios) en Moscú. Sus miembros abogan por una mayor conciencia ideológica por parte de los escritores.

Lissitzky regresa a Rusia de Suiza.

La Bauhaus publica *Die neue Gestaltung* (traducción del folleto de Mondrian de 1920, *Le néoplasticisme*).

La Bauhaus publica *Grundbegriffe der neuen gestaltenden Kunst* (Fundamento del nuevo arte plástico) de Van Doesburg.

La Staatliche Bauhaus se traslada a Dessau a unos edificios nuevos diseñados por Gropius. Nombramiento de Albers y Breuer como profesores adjuntos. La Bauhaus publica ocho de sus catorce libros Bauhaus, diseñados en su mayoría por Moholy-Nagy e impresos en Munich.

Oud diseña el Café De Unie en Rotterdam (según los principios de De Stijl).

KIEV

Tatlin dirige hasta 1927 el Departamento de Teatro, Cine y Fotografía del departamento de pintura en la Escuela de Arte de Kiev. Empieza un curso sobre la «cultura de materiales».

MOSCÚ

Los hermanos Vesnin y Moïse Ginzburg inician el grupo de constructivistas arquitectónicos OSA (Sociedad de Arquitectura Contemporánea) destinado a aplicar los principios del primer grupo de trabajo de constructivistas a la arquitectura. A principios de enero de 1926, Ginzburg y Alexander Vesnin redactarán el órgano oficial de la OSA, *SA* (Sovremenya Architektura: Arquitectura Contemporánea).

JULIO. La resolución del Comité Central del partido comunista «Sobre la política del partido en materia de literatura artística» aboga por un estilo «comprensible por las masas» al tiempo que por la continuación de la competencia abierta entre las distintas tendencias artísticas.

SEPTIEMBRE. Exposición «Tendencias izquierdistas en la pintura rusa de los últimos quince años».

NUEVA YORK

Publicación de *Modern Russian Art* de Louis Lozowick (por la Société Anonyme) y de *The New Theater and Cinema of Soviet Russia* de Huntley Carter.

NOVIEMBRE. La Société Anonyme celebra una exposición de la obra reciente de Léger en las Anderson Galleries.

PARÍS

Mondrian se separa del grupo de De Stijl a causa de la insistencia de Van Doesburg en la diagonal.

ABRIL. Se inaugura la «Exposition internationale des arts décoratifs et industriels modernes» con un pabellón constructivista soviético realizado por Melnikov en que el movimiento de diseño soviético está bien representado. El pabellón Le Corbusier de l'Esprit Nouveau para la exposición está decorado con pinturas de Ozenfant, Le Corbusier y Léger. Rodchenko hace un viaje a París especialmente para verlo. En la sección austriaca Kiesler diseña «La ciudad en el espacio», un marco suspendido construido según un sistema de tensión sin cimientos ni paredes y sin eje estático, señal de la influencia tanto de los constructivistas rusos como del grupo de De Stijl. De Stijl por su parte no está representado como grupo. Alemania está excluida de la exposición. Los Estados Unidos se niegan a participar ya que no hay «diseño moderno» en América.

DICIEMBRE. La exposición «Art d'aujourd'hui», organizada por el pintor polaco C. Poznanski concilia las tendencias abstractas francesas y extranjeras. Incluye aproximadamente 250 obras, con el grupo de De Stijl representado por Mondrian, Van Doesburg, Domela y Vordemberge-Gildewart y la escuela de París por Gris, Léger, Ozenfant, Villon y Picasso. También participan Willi Baumeister, Gontcharova, Klee y Moholy-Nagy.

ZURICH

Se publica *Kunstismen/Les Ismes de l'art/The Isms of Art: 1914-1924* de Lissitzky y Arp, un panorama de las tendencias vanguardistas desde el Cubismo a la abstracción y el Constructivismo.

1926

Se proyecta la película de Eisenstein *El acorazado Potemkin* y la versión de Pudovkin de *La madre* de Gorki.

Lissitzky y Ladovsky fundan la revista *Asnova* (Asociación de Nuevos Arquitectos).

Mondrian diseña su interior neoplasticista *Salon de Mme B...*, en Dresden (que nunca se llegó a realizar) y el escenario y decorado para la obra de Michel Seuphor *L'éphémère est éternel*.

MARZO. En la revista francesa *Vouloir* (editada por A. F. del Mare en Lille) se publica el artículo de Mondrian «Arte, pureza y abstracción» (su crítica fundamental que opone Elementalismo a Neoplasticismo) y el de Van Doesburg «Hacia el arte Elemental».

BERLÍN

Mies van der Rohe es nombrado primer vicepresidente de la Deutsche Werkbund. Creación de Ring, asociación de arquitectos progresistas alemanes que cuenta entre sus miembros con Gropius, Mies van der Rohe, Bruno y Max Taut y Ludwig Hilbersheimer.

DESSAU

Se publican *Punkt und Line zu Fläche* de Kandinsky y *Hollandische Architektur* de Oud con el número 9 y 10 de la colección de libros Bauhaus.

4-5 DE DICIEMBRE. La Bauhaus se instala en Dessau en los nuevos edificios de Gropius cuyo diseño señala la influencia del grupo de De Stijl y del Constructivismo.

DRESDEN

JUNIO-SEPTIEMBRE. Exposición Internacional de Arte. Lissitzky va a Dresden para diseñar una sala destinada a la obra no objetiva de Léger, Mondrian, Moholy-Nagy, Picabia y Gabo.

HANNOVER

1926-1928. Lissitzky llega a la Kestner-Gesellschaft donde recibe de Alexander Dorner el encargo de diseñar una «Galería abstracta», la primera en Europa, en el Provinzial Museum.

LEIDEN

Van Doesburg publica en *De Stijl* su manifiesto fragmentado sobre Elementalismo que se titula «Pintura y arte plástico: sobre la contra-composición y el elementalismo contra-plástico».

MOSCÚ

ENERO. Aparece la revista de arquitectura *SA* (Arquitectura contemporánea) redactada por A. Vesnin y M. Ginzburg. Sirve de factor clave para la propagación del Constructivismo hasta su desaparición en 1930.

SEPTIEMBRE. El Vkhutemas se transforma en Vkhutein (Instituto Estatal Superior Artístico-Técnico).

NUEVA YORK

Mondrian expone por mediación de Dreier en la «Société Anonyme International» en Estados Unidos.

Se inaugura la exposición de la Société Anonyme en el Brooklyn Museum con 300 obras de 106 artistas procedentes de 19 países. Casi todas las obras son posteriores a 1920. La crítica se explaya en el análisis de la abstracción constructivista.

NOVIEMBRE-DICIEMBRE. En su número de invierno *The Little Review* anuncia la apertura de la galería The Little Review Gallery en sus oficinas del 66 Fifth Avenue. Está dedicado a «los nuevos movimientos en las artes» y expone a artistas tales como Van Doesburg, Léger, Brancusi, Gabo y Pevsner.

FILADELFIA

JUNIO-DICIEMBRE. La Société Anonyme concede préstamos a las secciones rusa y alemana de la Exposición Sesquicentenaria. Malevich y Kandinsky participan en ella y Christian Brinton organiza la sección rusa.

Interior del Café de l'Aubette diseñado por van Doesburg, Arp y Sophie Taeuber-Arp, Estrasburgo, 1926-1928.

ESTRASBURGO

Van Doesburg colabora con Hans Arp y Sophie Taeuber-Arp para la restauración del Café de l'Aubette, diseñado conforme a los principios elementalistas.

1927

Se publica la edición alemana de *El mundo no objetivo* de Malevich en la colección de libros Bauhaus.

MARZO. Malevich inicia su viaje a Polonia y Alemania para exponer su obra. Deja gran parte de sus obras con un amigo en Alemania y regresa a la Unión Soviética en junio. Viaja a Varsovia, Berlín y Dessau.

BERLÍN

ABRIL-MAYO. Malevich en Berlín, donde conoce a Arp y a Gabo (también

visita la Bauhaus donde encuentra a Gropius y a Le Corbusier).

7 DE MAYO-30 DE SEPTIEMBRE. Exposición retrospectiva de la obra de Malevich en la Grosse Berliner Kunstaustellung con setenta cuadros y gouaches.

DESSAU

Max Bill estudia arquitectura en la Bauhaus de 1927 a 1929.

HANNOVER

Lissitzky diseña la Sala de los abstractos (Kabinett der Abstrakten) para la presentación de la colección del Landesmuseum, por invitación de Alexander Dorner, director del Niedersächsishes Landesmuseum. Las paredes están forradas de tiras metálicas pintadas de blanco, gris y negro que cambian de color según la posición del espectador.

Malevich conoce a Schwitters.

LEIDEN

Para conmemorar el vigésimo aniversario del grupo De Stijl, los números 79-84 se dedican a recopilar los acontecimientos de los últimos diez años con artículos de los miembros iniciales de De Stijl.

Brancusi se une al grupo de De Stijl.

LENINGRADO

El crítico constructivista Nikolai Punin publica sus dos ensayos sobre las *Nuevas direcciones del arte ruso*.

NOVIEMBRE. Exposición de las «Últimas tendencias en el arte».

MOSCÚ

Tatlin regresa de Kiev al Vkhutein (hasta 1931); expone en el Museo Ruso su proyecto, llamado Letatlin, para un planeador pilotado por un hombre.

La revista de arquitectura *SA* (Arquitectura Contemporánea) patrocina la «Primera exposición de arquitectura contemporánea» con la participación de los arquitectos del grupo de De Stijl y de la Bauhaus.

Leonidov acaba su proyecto para el Instituto Lenin de Moscú —proeza arquitectónica del Constructivismo.

ENERO. Empieza a publicarse la revista *Novyi lef* (Nuevo frente de izquierdas de las artes) que saldrá con regularidad hasta 1928.

SEPTIEMBRE. Se inaugura la «Exposición Polígrafa de la Unión Soviética» en Moscú con obras de Klucis, Lissitzky, Senkin, Shterenberg y otros.

NUEVA YORK

MAYO. La «Exposición de la edad de la máquina», del 16-28 de mayo, organizada por *The Little Review* muestra máquinas y productos industriales con fotografía, pintura, escultura y arquitectura. Entre los artistas figuran Archipenko, Man Ray, Lipchitz, Demuth, Van Doesburg, Pevsner, Gabo y Arp. La sección rusa llegó demasiado tarde para poder ser incluida en el catálogo que aparece en *The Little Review*.

DICIEMBRE. Se inaugura la Gallery of Living Art, N. Y. U., colección de A. E. Gallatin, con una exposición de aproximadamente setenta cuadros que incluye obras de Picasso, Braque, Gris y Léger. Se mantiene de 1927 a 1943. (En 1933 Gallatin le cambia el nombre por el de Museum of Living Art.)

Alfred Barr viaja a Rusia y se pasa el invierno de 1927-1928 en Moscú y Leningrado manifestando gran admiración por los innovadores como Rodchenko, Lissitzky, Shterenberg y Tatlin.

PARÍS

Representación del ballet de Diaghilev *La chatte*, con decorados de Pevsner y Gabo que más adelante serán expuestos en Nueva York.

STUTTGART

La Deutscher Werkbund patrocina la exposición internacional de arquitectura «Die Wohnung» que agrupará a viejos arquitectos (alemanes) como Peter Behrens junto a Le Corbusier, Oud, Gropius, Hilbersheimer, Bruno Taut y Mies van der Rohe. La exposición inicia al público en el Estilo Internacional.

1928

BASILEA

ABRIL-MAYO. La Kunsthalle celebra la exposición «Bauhaus Dessau» con la obra de Albers, Feininger, Kandinsky, Klee y Schlemmer.

BERLÍN

Durante el verano, Gropius y Moholy-Nagy diseñan la exposición de viviendas «Vida al aire libre» en los suburbios, exponiendo nuevas técnicas y materiales de construcción.

BRUSELAS

Se inaugura la exposición de «Arte ruso antiguo y nuevo».

COLONIA

MAYO-OCTUBRE. Exposición internacional de prensa, «Pressa». Lissitzky, encargado del pabellón soviético, viene a Colonia, diseña el catálogo y el suplemento de fotografías para la sección rusa. Viaja después a Viena, Frankfurt, Stuttgart y París y visita a Mondrian, Le Corbusier y Léger.

DESSAU

Moholy-Nagy y Breuer se van de la Bauhaus y se trasladan a Berlín.

4 DE FEBRERO. Gropius renuncia a su cargo de director de la Bauhaus. Le sucede Hannes Meyer, un marxista ortodoxo propagador del funcionalismo puro del diseño bajo cuya dirección la actividad creadora libre se ve coaccionada.

Entrada del pabellón soviético diseñado por Lissitzky en la exposición «Pressa», Colonia, 1928.

Miembros de la Bauhaus en Dessau, 1928, en la fiesta de despedida de Gropius.

LA SARRAZ, SUIZA

JUNIO. Le Corbusier y Siegfred Giedion organizan los Congrès Internationaux d'Architecture Moderne (CIAM) como encuentros de tres días, en los que participan arquitectos de la vanguardia europea que proyectan un programa de nuevas orientaciones.

LEIDEN

De Stijl publica el ensayo de Van Doesburg «El Elementalismo y su origen» y dedica el número entero a la arquitectura elementalista del Café de l'Aubette de Estrasburgo.

MOSCÚ

MAYO. Se inaugura la cuarta exposición de la OST en Moscú con obras de Labas, Liushin, Shterenberg, Vialov y demás.

1929

Le Corbusier visita nuevamente Rusia y termina su proyecto para el edificio Centrosoyuz en Moscú.

SEPTIEMBRE. *Manifiesto de aeropintura futurista* firmado por Balla, Marinetti y otros.

BARCELONA

VERANO. Se celebra la Feria Mundial con la participación de Alemania, Francia, los países escandinavos e Italia. El pabellón alemán diseñado por Mies van der Rohe consagra su fama a nivel internacional.

DESSAU

Schlemmer deja la Bauhaus.

MOSCÚ

Malevich celebra una exposición individual en la galería Tretiakov.

Dziga Vertov termina su película *El hombre de la cámara.*

AGOSTO. Se funda la Unión Rusa de Arquitectos Proletarios (Vopra) que representa una tendencia opuesta a la de la arquitectura modernista y constructivista.

NUEVA YORK

FEBRERO. Se inaugura la «Exposición de arte contemporáneo de la Rusia soviética».

STUTTGART

18 DE MAYO-7 DE JULIO. La Deutscher Werkbund organiza la primera exposición internacional de fotografía de película y fotomontaje «Film und Foto». Lissitzky es quien diseña la sección rusa que incluye fotografías y fotogramas de Eisenstein, Rodchenko y Klucis. Entre los alemanes figuran Grosz, Schwitters y Höch.

WELLESLEY COLLEGE, MASSACHUSSETTS

ABRIL-MAYO. Alfred Barr pronuncia un ciclo de cinco conferencias en el Farnsworth Museum of Modern Art y discurre, entre otras cosas, sobre temas tales como «La pintura moderna: el ideal del arte puro», «La Bauhaus en Dessau» y «El grupo LEF de Moscú».

ZURICH

MARZO-ABRIL. Exposición de arte ruso en el Kunstgewerbemuseum cuyo cartel ha sido diseñado por Lissitzky.

BALLA, Giacomo

Circolpiani. 1924
Óleo sobre lienzo
77.5×77.5 cm
Donación fraccionada a
The Museum of Modern Art,
por The Riklis Collection of McCrory Corporation
989.83

132

BAUMEISTER, Willi

Figuración con elipse roja. 1920
Óleo con arena sobre lienzo
65×50 cm
Donación fraccionada a
The Museum of Modern Art,
por The Riklis Collection of McCrory Corporation
990.83

BEOTHY, Etienne (Istvan)

Proyecto para un monumento «Aranysor» (Golden Row). 1919
Chapa y cobre
46×12.5×12.5 cm (incluida la base)
Donación fraccionada a
The Museum of Modern Art,
por The Riklis Collection of McCrory Corporation
991.83

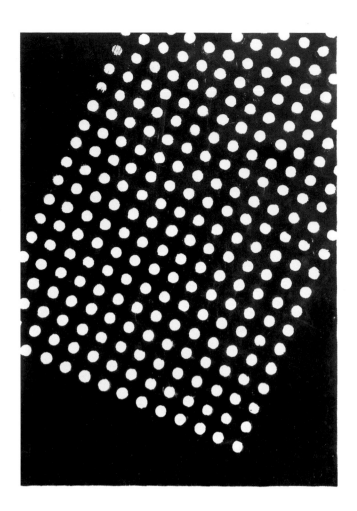

BERLEWI, Henryk

Primer estudio de la mecano-factura. 1923
Gouache sobre papel
55×44.5 cm
Donación fraccionada a
The Museum of Modern Art,
por The Riklis Collection of McCrory Corporation
855.83

134

BORTNYIK, Alexander (Sandor)

Arquitectura pictórica 31. 1921
Acuarela sobre papel
26×21.5 cm
Donación fraccionada a
The Museum of Modern Art,
por The Riklis Collection of McCrory Corporation
858.83

BUCHHEISTER, Carl

Composición Nº 27. 1927
Óleo y témpera sobre chapa de madera dura
49×63.5 cm
Donación fraccionada a
The Museum of Modern Art,
por The Riklis Collection of McCrory Corporation
997.83

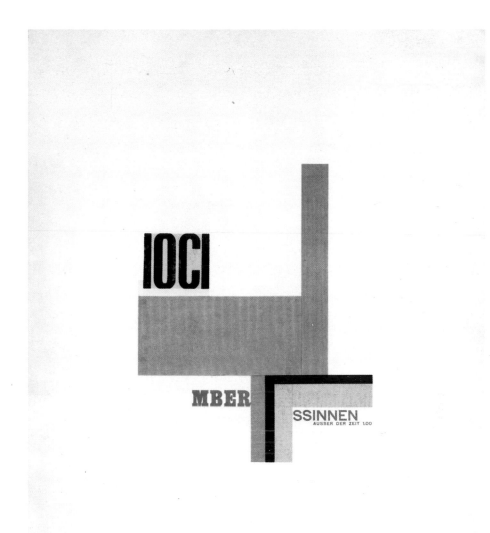

DEXEL, Walter

Ioci. 1926
Collage sobre madera
63×50 cm
Donación fraccionada a
The Museum of Modern Art,
por The Riklis Collection of McCrory Corporation
871.83

Van DOESBURG, Theo

Contra-composición simultánea. 1929
Óleo sobre lienzo
50×50 cm
Donación fraccionada a
The Museum of Modern Art,
por The Riklis Collection of McCrory Corporation
1002.83

HERBIN, Auguste

Composición. c. 1925
Gouache sobre papel
16.5×11 cm
Donación fraccionada a
The Museum of Modern Art,
por The Riklis Collection of McCrory Corporation
894.83

139

KANDINSKY, Vasily

En el cuadrado negro (Im schwarzem Viereck). junio 1923
Óleo sobre lienzo
97.5×93 cm
Solomon R. Guggenheim Museum.
donado por Solomon R. Guggenheim. 1937

KANDINSKY, Vasily

Acompañamiento amarillo (Gelbe Begleitung). febrero-marzo 1924
Óleo sobre lienzo
99.2×97.4 cm
Solomon R. Guggenheim Museum,
donado por Solomon R. Guggenheim, 1939

KANDINSKY, Vasily

Varios círculos. enero-febrero 1926
Óleo sobre lienzo
140.3×140.7 cm
Solomon R. Guggenheim Museum,
donado por Solomon R. Guggenheim, 1941

Sólo expuesto en Madrid

142

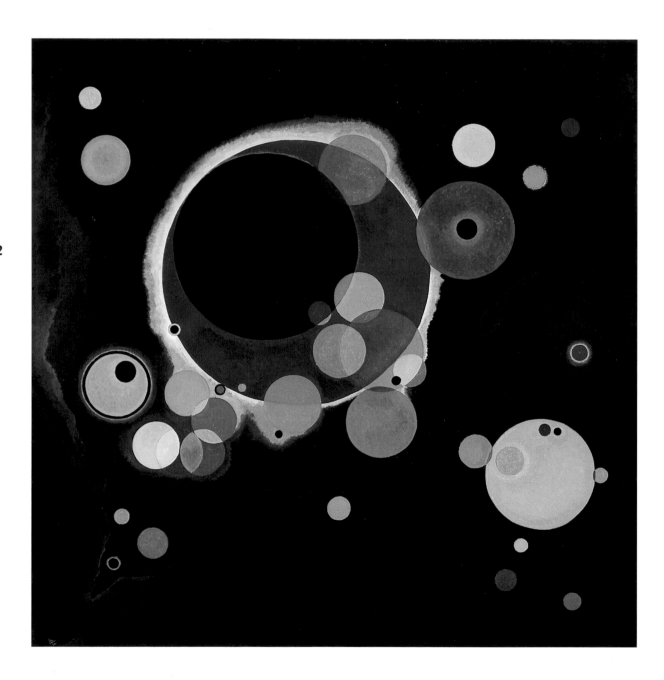

KANDINSKY, Vasily

Presión blanda. 1931
Óleo sobre panel de contrachapado
100×100 cm
Donación fraccionada a
The Museum of Modern Art,
por The Riklis Collection of McCrory Corporation
1032.83

KANDINSKY, Vasily

Blanco-blando y duro. 1932
Óleo y gouache sobre lienzo
80×100 cm
Donación fraccionada a
The Museum of Modern Art,
por The Riklis Collection of McCrory Corporation
1033.83

KASSAK, Lajos

Sin título. 1921
Collage y técnica mixta sobre papel
20×16 cm
Donación fraccionada a
The Museum of Modern Art,
por The Riklis Collection of McCrory Corporation
903.83

145

KLEE, Paul

Dos caminos (Zwei Gänge), 1932
Acuarela sobre papel montada sobre papel
44.3×61 cm
Solomon R. Guggenheim Museum

KLEE, Paul

Nueva Armonía (Neue Harmonie). 1936
Óleo sobre lienzo
93.6×66.3 cm
Solomon R. Guggenheim Museum

Sólo expuesto en Madrid

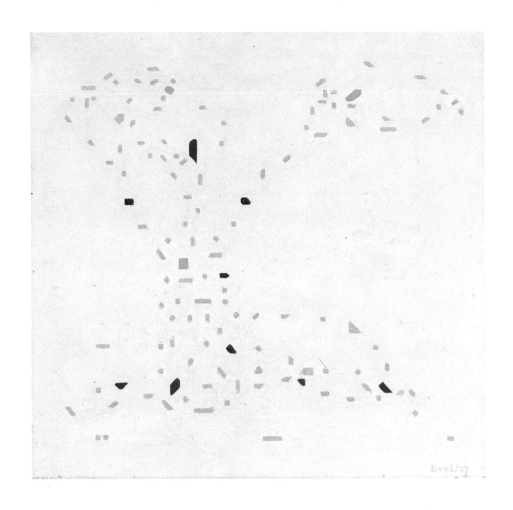

148

Van der LECK, Bart

Composición abstracta. 1927
Óleo sobre lienzo
47.5×48 cm
Donación fraccionada a
The Museum of Modern Art,
por The Riklis Collection of McCrory Corporation
1037.83

LÉGER, Fernand

Pintura mural. 1924-25
Óleo sobre lienzo
180.3×80.3 cm
Solomon R. Guggenheim Museum

LISSITZKY, El

Proun. 1919-23
3 litografías de una carpeta de 6,
cada una de 60.3×43.5 cm
Solomon R. Guggenheim Museum

MOHOLY-NAGY, László

Círculo amarillo. 1921
Aguafuerte sobre lienzo
135×115 cm
Donación fraccionada a
The Museum of Modern Art,
por The Riklis Collection of McCrory Corporation
1050.83

MOHOLY-NAGY, László

Construcción en níquel. 1921
Hierro niquelado soldado
35.6 cm de alto; 17.5×23.8 cm de base
The Museum of Modern Art,
donación de la Sra. Sibyl Moholy-Nagy
17.56

Sólo expuesto en Madrid

MOHOLY-NAGY, László

Q 1 Suprematista. 1923
Óleo sobre lienzo
95×95 cm
Donación fraccionada a
The Museum of Modern Art,
por The Riklis Collection of McCrory Corporation
1051.83

PERI, László

Composición constructivista. 1923
Gouache
43×37 cm.
Donación fraccionada a
The Museum of Modern Art.
por The Riklis Collection of McCrory Corporation
936.83

154

PICASSO, Pablo

Monumento.
Construido en base a una ampliación supervisada por el artista,
de una maqueta en alambre de 50 cm realizada entre 1920-1929,
de un monumento a Guillaume Apollinaire.
Acero
395.3 cm de alto incluida la base
4.7×149×319.3 cm
The Museum of Modern Art,
donado por el artista.
152.73

Sólo expuesto en Madrid

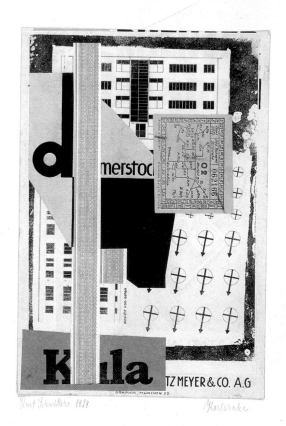

SCHWITTERS, Kurt

Karlsruhe. 1929
Collage sobre cartón
28.5×19.5 cm
Donación fraccionada a
The Museum of Modern Art,
por The Riklis Collection of McCrory Corporation
953.83

SERVRANCKX, Victor

Opus 16.
Óleo sobre lienzo
70×45 cm
Donación fraccionada a
The Museum of Modern Art.
por The Riklis Collection of McCrory Corporation
1071.83

STORRS, John

Formas en el espacio. c. 1924
Latón, cobre, acero sobre una base de mármol
30 cm de alto
Donación fraccionada a
The Museum of Modern Art,
por The Riklis Collection of McCrory Corporation
1074.83

VANTONGERLOO, Georges

**Composición derivada de la ecuación y=-ax²+bx+18
con verde, naranja, violeta (negro) (Composition émanante
de l'équation y=-ax²+bx+18 avec accord de vert... orangé...
violet (noir).** 1930
Óleo sobre lienzo
119.4×68.2 cm
Solomon R. Guggenheim Museum

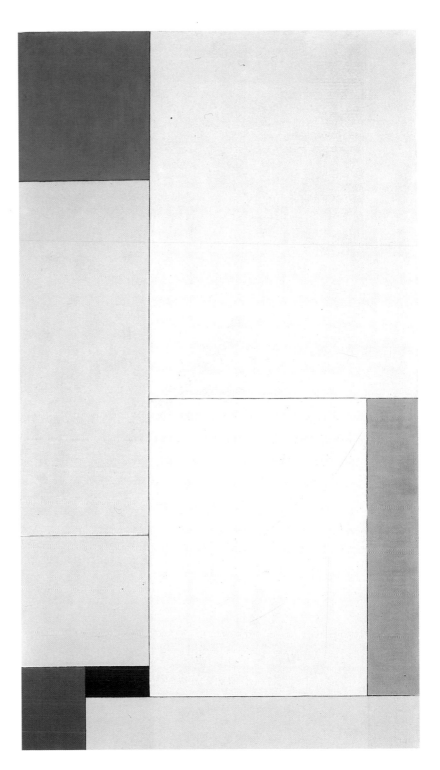

VORDEMBERGE-GILDERWART, Friedrich

Composición Nº 37. 1927
Óleo sobre lienzo con media esfera montada
60×80 cm
Donación fraccionada a
The Museum of Modern Art,
por The Riklis Collection of McCrory Corporation
1083.83

VORDEMBERGE-GILDERWART, Friedrich

Composición Nº 23. 1926
Óleo sobre lienzo con marco montado
240×200 cm
Donación fraccionada a
The Museum of Modern Art,
por The Riklis Collection of McCrory Corporation
1082.83

El eje París-Nueva York

1930-1959

Desde 1930 hasta los años cincuenta, la abstracción geométrica continuó, en general, con la tradición formal y conceptual de los años anteriores, aunque a principios de los años cuarenta su centro geográfico se desplazó de Europa a América. Pese a que muchos artistas se mantuvieron dentro de los cánones establecidos por la tradición geométrica abstracta, ésta iba a experimentar una transformación profunda dentro del contexto americano. El desplazamiento de París a Nueva York se produjo a raíz de la Segunda Guerra Mundial que conmovió profundamente la vida en Europa y llevó a muchos artistas a cruzar el Atlántico. A la vista de este desplazamiento, el arte de los años treinta debiera discutirse en un contexto europeo, mientras que los acontecimientos de los años cuarenta y cincuenta debieran examinarse con el telón de fondo americano.

Hacia 1930, la abstracción geométrica había perdido ya gran parte de su carácter intransigente, y la generación más joven empezaba a producir lo que Theo van Doesburg llamaba con sorna «Barroco cuadrático». A diferencia de la abstracción ascética y pura de los años diez y veinte, apareció un elemento sensual, romántico e incluso decorativo en gran parte de las obras nuevas. Los años treinta fueron, básicamente, años de transición en la historia del arte abstracto, pues se había operado una síntesis en los modos de expresión anteriores, posibilitando de este modo el enriquecimiento del vocabulario formal y una interpretación más personal del lenguaje geométrico. Retrospectivamente, puede decirse que éste no fue un período de innovación ni de creación de nuevas filosofías sino más bien un período de relajación que fue amalgamando las aportaciones de disciplinas anteriores, como el Cubismo clásico, De Stijl, el Constructivismo, la Bauhaus, el arte de Mondrian y el de Kandinsky, así como las formas biomórficas del Surrealismo y los aspectos decorativos del Cubismo Sintético. Para la generación de los treinta, la abstracción geométrica acabó siendo un estilo más que una filosofía, lo que puede atribuirse a que los artistas fueron conscientes de determinadas contradicciones implícitas en las teorías de la abstracción de los primeros años «utopistas» o simplemente a que no necesitaron de justificaciones filosóficas más profundas. La filosofía que fundamentó las visiones primeras de un nuevo orden no resistía ya las presiones de los acontecimientos de los años treinta —la Gran Depresión, los juicios de Moscú, la Guerra Civil Española, el auge del Nazismo y, por último, la Segunda Guerra Mundial—. En el transcurso de la historia se iba socavando la creencia en los principios absolutos del arte. La viabilidad del arte no objetivo como reflejo del nuevo orden había entrado en crisis en una era de desencanto social y político.

Tanto desde el punto de vista formal como estilístico, la abstracción geométrica legó las tradiciones del arte modernista más avanzado a las jóvenes generaciones, cuyas obras no figurativas solían ser eclécticas y cuyo amplio repertorio de formas e imágenes planteaba una nueva serie de problemas formales —que llegarían a influir en el desarrollo del arte moderno—. Los cuadros de este período varían desde las más puras ordenaciones de líneas sobre una superficie blanca hasta las extravagantes composiciones en las que intervienen complejas relaciones de formas y colores geométricos. No obstante hay que decir que, si bien los hallazgos del arte abstracto de los años treinta derivaban directamente de las tendencias no objetivas de los años veinte, también representaban una reacción frente a la importancia creciente del Surrealismo y la aparición de varios estilos realistas como el Neue Sachlichkeit en Alemania y el Realismo Socialista en la Unión Soviética.

Así como en los años veinte las investigaciones artísticas más audaces se dieron en Alemania, Holanda y Rusia, durante los años treinta París reafirmó su condición de centro del arte modernista, lo que se debió, en gran medida, al nuevo impulso que para la abstracción geométrica supuso la presencia en París, a partir de 1927, de artistas extranjeros de la generación anterior: Mondrian, Kandinsky, Van Doesburg. Habían aparecido nuevos defensores de este estilo como César Domela, Auguste Herbin, Sophie Taeuber-Arp, Joaquín Torres-García y Georges Vantongerloo. Aun así, la abstracción dejaba indiferente al gran público que mostraba mayor interés por el Surrealismo. Por consiguiente, los artistas sintieron la necesidad de crear un frente unido que reforzara el movimiento, llamando la atención del público, y que sacudiera la apatía general. Este objetivo se realizó en 1930 cuando, por iniciativa del crítico belga Michel

Seuphor y del pintor uruguayo Torres-García, se creó el grupo *Cercle et Carré* cuya misión era la de promover la comunicación entre artistas en vez de debatir conceptos artísticos, brindando un primer foro a aquellos artistas que tenían fe en la no figuración. En 1931, le sucedió un grupo de mayor trascendencia y resonancia, *Abstraction-Création*. El propósito de ambos grupos era el de organizar exposiciones de obras de sus miembros y publicar revistas que popularizaran su arte y llamaran la atención respecto a cuestiones teóricas relacionadas con él.

Entre los conceptos centrales de la filosofía del efímero grupo *Cercle et Carré* figuraban la estructura y la abstracción. Los comentarios publicados en la revista *Cercle et Carré* tuvieron un gran eco a través de la dilatada campaña epistolar que llevó a cabo Seuphor y en la que intervinieron personalidades tan diversas como Baumeister, Gropius, Kandinsky, Moholy-Nagy, Schwitters, Giedon, el ex-futurista Prampolini y Pevsner entre otros. Tras haber publicado tres números (marzo, abril y junio de 1930) y organizado una exposición en la primavera de 1930, *Cercle et Carré* cesó sus actividades como grupo y como publicación.

El pluralismo de actitudes entre los partidarios de la abstracción geométrica se hizo más evidente cuando, en respuesta a la aparición de *Cercle et Carré*, Van Doesburg creó su propio grupo, *Art Concret*, en abril de 1930. Frente a la diversidad ecléctica de opiniones que prevalecía en *Cercle et Carré*, Van Doesburg y sus seguidores —Hélion, Tutundjian y Carlsrund— oponían las teorías utilitarias y objetivistas intransigentes del decenio anterior. Su revista *Art concret* estaba destinada a ser la última manifestación teórica de esas ideas.

Van Doesburg fue el último defensor del planteamiento dogmático y, tras su muerte en 1931, se suavizaron las posturas intransigentes. El nuevo grupo *Abstraction-Création* suministró un terreno común para el intercambio de ideas entre las posturas antagonistas dentro del campo geométrico e incluso entre tendencias geométricas y no geométricas. Fundado en 1931 por Georges Vantongerloo, Auguste Herbin y Etienne Béothy, dicho grupo incluía a numerosos miembros del anterior *Cercle et Carré* y seguía su misma política internacionalista, acogiendo a artistas de Francia, Suiza, América, Holanda, Gran Bretaña, Alemania, Italia y Polonia. Su actividad principal giraba en torno a su anuario *Abstraction-Création-Art non figuratif* que constituyo, desde principios de 1932, un instrumento de popularización de la abstracción geométrica durante los cinco años siguientes. Abarcaba una gran variedad de tendencias abstractas: De Stijl, apadrinado por Domela, Gorin, Hélion, Moss y Vordemberge-Gildewart; la pintura «constructiva» de Mondrian (cuya influencia fue capital más adelante para el grupo *American Abstract Artists*); el «expresionismo abstracto» de Kandinsky; determinados aspectos del Constructivismo Internacional; el Cubismo Sintético de Gleizes, Prampolini, Villon, Kupka e incluso la abstracción biomórfica de Arp y los surrealistas. Como resultado de la interacción de tan diversas expresiones, las distinciones entre estilos pictóricos perdieron rigidez.

En Inglaterra, los defensores de la abstracción geométrica formaron un variado grupo de artistas ingleses —John Piper, Ben Nicholson, Arthur Jackson— y unos cuantos europeos que habían trabajado previamente en Rusia y/o en Alemania y París, como Gabo. Sus teorías acerca del arte y la arquitectura se sustentaban de algunos conceptos del Constructivismo Internacional que fueron expuestos en la publicación *Circle*, editada con ocasión de la exposición «Arte Constructivo» en la London Gallery. Su pintura se caracterizaba por un espacio pictórico sin profundidad y unas formas planas imbricadas, herencia del Cubismo Sintético. Las obras tridimensionales constaban de formas tan variadas como los relieves de Nicholson, con formas superpuestas y complejas construcciones sin soporte, formas circulares y planas entrecruzadas, hechas en general con materiales transparentes.

En 1936 el grupo *Abstraction-Création* se disolvió cuando decayó de modo general el interés por la abstracción pura, a causa de la situación política de aquel entonces. En la primavera de 1937 se hizo un nuevo esfuerzo por defender sus postulados con la publicación de la revista *Plastique*, bajo el patrocinio de Arp, Domela y los americanos G. L. K. Morris y A. E. Gallatin; pero los años verdaderamente creativos de la abstracción geométrica en Europa habían pasado ya. Unos diez años más tarde, intentaron revitalizar el movimiento en París, Herbin, Gleizes, Gorin, Pevsner y Del Marle, al fundar el *Salon des Réalités Nouvelles*, supuesto sucesor de las agrupaciones internacionales de los años treinta. No obstante, al haber perdido París su rango de capital del arte, *Réalités Nouvelles* tuvo tan sólo un limitado impacto.

Tras el estallido de la Segunda Guerra Mundial, muchos artistas europeos se trasladaron a América con lo cual el centro del interés artístico se desplazó a Nueva York, donde el grupo *American Abstract Artists*, fundado en 1937, continuó la tradición del arte abstracto europeo, a la que añadió elementos de la tradición abstracta americana de los años diez. Estilísticamente las tendencias representadas por los miembros de *American Abstract Artists* eran tan variadas como las de *Abstraction-Création*. La influencia de los estilos de tipo cubista se evidencian en la obra de G. L. K. Morris y Byron Browne; la del Constructivismo ruso es bien visible en la de Balcomb Greene y de Irene Rice Pereira, mientras la inspiración Neoplasticista aparece en la obra de Burgoyne Diller, Charles Biederman, Charmion von Wiegand e Ilya Bolotowsky.

Entre tanto, en la Europa de los años cuarenta y cincuenta, una serie de artistas —Herbin, Baljeu, Gorin, Mary Martin y Sonia Delaunay-Terk, así como Victor Pasmore en Inglaterra— seguían trabajando según las diferentes pautas heredadas de los estilos de inspiración cubista. Al mismo tiempo, la búsqueda de nuevos modos de expresión llevó al abandono de la tradición geométrica estricta en favor de experimentaciones diversas en torno a los conceptos que habían preocupado a los pioneros como la luz y el movimiento. Ejemplo de ello fue el «arte espacial» (Spazialismo) de Fontana, en Italia, cuyo objeto era el de trascender los límites de la pintura de caballete mediante las nuevas aplicaciones de la ciencia y la tecnología. Pero en términos generales, puede decirse que la abstracción geométrica de los decenios que siguieron a la Segunda Guerra Mundial había agotado su fase creativa.

En Estados Unidos, la abstracción geométrica europea se divulgó sobre todo a través de las actividades de la *Société Anonyme* de Katherine Dreyer, en los años veinte y treinta. Desde su fundación en 1929, el Museum of Modern Art ejerció un fuerte impacto, en particular con su exposición de 1936 «Cubismo y arte abstracto». El Museum of Non-Objective Art (el actual museo Guggenheim) se creó en 1939. Las jóvenes generaciones también tuvieron contactos directos con la abstracción geométrica de París. En 1936, por ejemplo, Charles Biederman viajó a París donde se pudo familiarizar *in situ* con la tradición geométrica europea. Sin embargo, insatisfecho con el aspecto trivialmente decorativo de las obras que vio, empezó a investigar las posibilidades del lenguaje tridimensional, suscitando un renovado interés por el relieve que pasó a ser su vehículo de expresión y el de los otros artistas de abstracción geométrica, como Theodore Roszak y Burgoyne Diller.

Pero ahora iba a ser factible un estrecho contacto con la tradición geométrica europea en suelo americano. Al cerrarse la Bauhaus en 1933, Josef Albers se marchó a Estados-Unidos, siguiéndole otros artistas: Glarner en 1936, Moholy-Nagy en 1937, Ozenfant en 1938 y Mondrian en 1940.

Algunos artistas europeos se dedicaron activamente a la enseñanza durante los años cuarenta y cincuenta mediando en la transición entre los principios de la abstracción geométrica y los estilos abstractos de mediados de siglo. Albers y Bolotowsky, en su calidad de profesores en el Black Mountain College, fueron los catalizadores de la abstracción *hard-edge* (lineal, de bordes duros) de Kenneth Noland y Frank Stella, en la época en la que el Expresionismo Abstracto se hallaba en su auge. Vaclav Vytlacil y Carl Holty, profesores en Nueva York, enlazaron los estilos de los años treinta con los de los años cincuenta.

La atención de los artistas americanos se centró nuevamente en las ideas constructivistas cuando Charles Biederman publicó en 1948 *Art as the Evolution of Visual Knowledge* (El arte como evolución del conocimiento plástico), recopilando la evolución histórica de la abstracción y el Constructivismo, en su sentido más amplio. El libro enunciaba los planteamientos conceptuales y formales aducidos, haciendo accesible a las jóvenes generaciones los antecedentes del arte contemporáneo que, por lo general, pasaban desapercibidos.

En términos formales, la abstracción geométrica de los años cuarenta y sobre todo de los cincuenta difirió notablemente respecto a las obras del período anterior. La asimetría dinámica de los años treinta y principios de los cuarenta se transformó paulatinamente en una composición inmóvil, evidente en la obra de Albers y Diller. Las formas fragmentadas se empleaban con mucha menos frecuencia y la estructura de los cuadros, hasta entonces relacional, pasó a ser global mientras la composición se hacía global, estableciéndose como unidad la superficie del lienzo. La estructura, al insistir en la integridad del campo pictórico, se convirtió en un tenso plano de composición frontal, como puede comprobarse en las obras de la generación más joven que llegó a su madurez artística a finales de los años cincuenta y en los años sesenta.

Cronología
1930-1959

Vista de la exposición «Cercle et Carré» en la Galerie 23, París, 1930. (De izquierda a derecha: Obras de Marcelle Cahn, Fernand Léger, Anton Pevsner, Sophie Taeuber-Arp y otros).

1930

BERLÍN

JULIO. Exposición de pintores soviéticos, «Sowjetmalerei».

DESSAU

Mies van der Rohe es nombrado director de la Bauhaus y sucesor de Hannes Meyer quien se ve obligado a renunciar a su cargo.

KIEV

Malevich publica su último ensayo «Arquitectura, pintura de estudio y escultura», mientras prepara una exposición individual que no llegará a realizarse.

LEIPZIG

Lissitzky supervisa la contribución de la U.R.S.S. a la Feria Internacional de peletería.

LENINGRADO

Tatlin participa en la exposición «Guerra y Arte».

MOSCÚ

Se publica *Grupos artísticos de los últimos veinticinco años* de V. M. Lobanov.

JUNIO. Se inaugura en Moscú la «Exposición de adquisiciones de la Comisión Estatal de Adquisición de Obras de Artes Plásticas» con contribuciones de Malevich y Tatlin.

El grupo Octubre celebra su única exposición con obras de Rodchenko y Stepanova. El grupo, fundado en 1928, abarcaba diversas actividades artísticas pero estaba centrado en las artes industriales y aplicadas.

NUEVA YORK

ENERO-FEBRERO. Exposición de obras recientes (de París) de Stuart Davis en la Downtown Gallery.

ABRIL. De Hauke monta una exposición de Cubismo con obras de Picasso, Léger, Gleizes, Gris, Duchamp y Villon.

OCTUBRE. Exposición de arte contemporáneo francés que incluye obras de Léger y Braque en las Reinhardt Galleries.

PARÍS

Michel Seuphor y Joaquín Torres-García fundan el grupo Cercle et Carré. (En 1929 hubo reuniones preliminares para invitar a «artistas que trabajaban en el campo constructivo».) El grupo publica su revista *Cercle et Carré* de marzo a junio.

ABRIL. Algunos miembros de Cercle et Carré exponen en la Galerie 23. El segundo número de *Cercle et Carré*

Portada del primer número de *Cercle et Carré*, París, 1930.

Miembros del grupo Cercle et Carré, París, 1930.

Miembros del grupo Art Concret, París, 1930. (De pie, izquierda: Jean Hélion; derecha: Otto Carlsund. Sentados, centro: van Doesburg, derecha: Marcel Wantz). Fotografía de Tutundjian.

incluye un catálogo de la exposición y un texto de Mondrian, «L'art réaliste et l'art superréaliste». En la exposición participan cuarenta y seis artistas que representan las principales tendencias abstractas: Dadaísmo, Futurismo, la Bauhaus y el Constructivismo. Entre los artistas figuran Arp, Schwitters, Richter, Moholy-Nagy, Kandinsky, Pevsner, Léger, Ozenfant, Le Corbusier, Mondrian, Vantongerloo y Vordemberge-Gildewart.

Van Doesburg (que se negó a formar parte de Cercle et Carré), Jean Hélion, Otto Carlsund, Léon Tutundjian y Wantz, publican el folleto *Art Concret* como documento fundacional de un nuevo grupo. Van Doesburg propone un arte objetivo e impersonal que tenga una precisión matemática y exenta de individualismo.

VIENA

Se publica *Rusia: la reconstrucción de la arquitectura en la Unión Soviética* de Lissitzky.

OCTUBRE. Se inaugura una exposición de arte contemporáneo soviético con contribuciones de Malevich entre otros.

1931

DAVOS, SUIZA

Muere Van Doesburg.

LENINGRADO

La Sociedad de Arquitectos de Leningrado publica *La construcción de las formas arquitectónicas y maquinísticas* de Jakov Tchernikov.

MOSCÚ

El proyecto de Le Corbusier para el Palacio de los Soviets es rechazado y sustituido por una «estructura neoclásica» de tipo monumental. Este hecho significa una grave derrota para la arquitectura modernista y constructivista.

NUEVA YORK

El día de Año Nuevo se inaugura el edificio de la New School con la

exposición organizada por Dreier de setenta obras contemporáneas de John Graham, Gorky, Kandinsky, Klee, Léger y Mondrian entre otros.

ENERO-MARZO. Dreier pronuncia doce conferencias en la New School. En la última, que se titula «Arte del futuro», expone el empleo artístico de la electricidad con la película de Duchamp *Anemic Cinema*, el Clavilux de Wilfred y la *Archipentura* de Archipenko.

PARÍS

Herbin y Vantongerloo fundan el grupo Abstraction-Création que celebró exposiciones anuales durante cinco años.

1932

LENINGRADO

NOVIEMBRE. Se inaugura la exposición «Artistas de la U.R.S.S. de los quince últimos años» con obras de Drevin,

Portada del primer número de *Abstraction-Création-Art non figuratif*. París, 1932.

Portada de la revista *Axis*, Londres, 1935.

Filonov, Malevich y Tatlin. Esta impresionante exposición contaba con casi mil obras y duró hasta el mes de mayo de 1933.

PARÍS

ENERO. Aparece el órgano del grupo Abstraction-Création, *Abstraction-Création-Art non figuratif* con cuatro números anuales, cuya publicación durará hasta 1936.

1933

BLACK MOUNTAIN COLLEGE, CAROLINA DEL NORTE

Albers llega al Black Mountain College, donde permaneció hasta 1950.

DESSAU

Se cierra la Bauhaus por orden de Hitler. Breuer se traslada a Londres, Kandinsky a París, Klee a Berna y Gabo a Londres.

1934

NUEVA YORK

Se constituye el Grupo A en West Redding y Nueva York con Albers, Diller, Dreier, Drewes, Gorky, Graham, Harry Holtzman y Paul Outerbridge.

CAROLINA DEL NORTE

Dreier pronuncia conferencias en el Black Mountain College y se une a Albers para dar charlas sobre las «Nuevas tendencias del arte».

PARÍS

Holtzman y Ben Nicholson visitan a Mondrian.

FILADELFIA

DICIEMBRE. Se inaugura la exposición «El arte de la Rusia soviética» con obras de Drevin, Schevchenko, Udaltsova y Vialov.

1935

HARTFORD

La exposición «Arte abstracto» en el Wadsworth Atheneum reúne obras de Gabo, Pevsner, Mondrian y Domela.

LONDRES

Aparece la revista *Axis*, editada por Myfawny Evans. Durante toda su existencia, hasta el invierno de 1937, populariza los nuevos estilos de arte abstracto.

Gabo pasa a ser miembro activo del grupo de Herbert Read, Design Unit One.

NUEVA YORK

Léger da en el MoMA (Museo de Arte Moderno de Nueva York) una conferencia que será publicada después bajo el título de «El nuevo realismo» en la revista *Art Front* en diciembre de 1935.

Exposición en el Whitney Museum of American Art «Abstract Painting in America» con participación de Davis, Demuth, Sheeler, Stella y Weber.

Diller asume el cargo de supervisor de la División de Murales del Proyecto de arte federal del Works Progress Administration (WPA).

Gorky empieza la ejecución de un mural de diez paneles para el aeropuerto de Newark bajo los auspicios del WPA: *Aviación: evolución de formas con restricciones aerodinámicas* (terminado en 1937).

1936

LONDRES

Exposición «Abstracto y concreto» en la Lefèvre Gallery con obras de Domela, Gabo, Hélion, Kandinsky, Moholy-Nagy, Mondrian.

La exposición «Cuadros modernos en salas modernas» organizada por Duncan Miller introduce la obra de Mondrian, Hélion y Calder y demuestra la relación estrecha entre arte abstracto y arquitectura moderna.

Vista de la exposición «Abstracto y Concreto» en la galería Lefèvre, Londres.

Vista de la exposición «Abstracto y Concreto» en la galería Lefèvre, Londres.

Portada del catálogo de la primera exposición de los American Abstract Artists, Nueva York, 1937.

NUEVA YORK

Meyer Schapiro se dirige al Primer congreso de artistas americanos y su discurso es publicado bajo el título de «Las bases sociales del arte», *First American Artists' Congress*.

Exposición «Cubismo y arte abstracto» en el MoMA.

Se le encarga al Federal Art Project (Proyecto de arte federal) la decoración de los edificios de un proyecto de viviendas sociales de Brooklyn, las Williamsburg Houses, que ha sido diseñado con un lenguaje modernista por el arquitecto William Lescaze. Las casas contienen numerosos murales, relieves y esculturas de artistas tales como Bolotowsky, Stuart Davis, De Kooning, George McNeil, Jan Matulka.

MARZO. Gallatin organiza en las Paul Reinhardt Galleries la exposición «Cinco concrecionistas americanos contemporáneos: Biederman, Calder, Ferren, Morris y Shaw».

PARÍS

Desaparece Abstraction-Création.

Charles Biederman visita París donde se familiariza con las ideas y teorías del grupo De Stijl y del Constructivismo.

1937

BASILEA

Se crea el grupo Allianz.

Se celebra la exposición «Constructivismo» en la Kunsthalle.

CHICAGO

Se inaugura, bajo la dirección de Moholy-Nagy, la Nueva Bauhaus en Chicago pero durará sólo un año. Vuelve a abrirse la escuela en 1939 con el nombre de Institute of Design.

LONDRES

Faber and Faber publica *Circle: International Survey of Constructive Art* con textos de J. L. Martin, Ben Nicholson y Naum Gabo.

JULIO. Exposición de «Arte constructivo» con obras de los autores de *Circle*.

MUNICH

Los nazis organizan la exposición «Entartete Kunst» (Arte degenerado) que es la última y más completa de la serie de exposiciones celebradas desde 1933 en varias capitales de provincias alemanas con objeto de desprestigiar al arte moderno.

NUEVA YORK

John Graham publica *System and Dialectics of Art* (París y Nueva York).

Se funda la revista *Plastique* (con membrete de París-Nueva York) y la dirigen Sophie Taeuber-Arp, Domela, Arp, George L. K. Morris y A. E. Gallatin.

ENERO. Se funda el grupo (que aún existe hoy en día) American Abstract Artists.

3-17 DE ABRIL. Primera exposición del grupo American Abstract Artists con obras de Lassaw, Shaw, Albers y Browne en las Squibb Galleries.

OCTUBRE. Exposición de los American Abstract Artists en Columbia University.

1938

AMSTERDAM

Exposición «Abstrakte Kunst» en el Stedelijk Museum.

HARTFORD

MARZO. Exposición de Gabo en el Wadsworth Atheneum.

NUEVA YORK

Exposición de la Bauhaus en el MoMA.

Léger visita Nueva York.

Los American Abstract Artists organizan una exposición antológica itinerante que irá a varios museos del centro de los Estados Unidos.

FEBRERO. Segunda exposición anual de los American Abstract Artists. Se publica un anuario de ochenta páginas con once ensayos y cuarenta y seis ilustraciones de obras de sus miembros. La exposición se celebra en la Gallery of the American Fine Arts Society.

1939

NUEVA YORK

31 DE MAYO. Se abre el museo Guggenheim bajo el nombre de Museum of Non-Objective Art, dirigido por Hilla Rebay, quien muestra especial interés en Kandinsky y en Rudolph Bauer.

SPRINGFIELD, MASSACHUSETTS

FINALES DE AÑO. Gran retrospectiva organizada por la Société Anonyme que posteriormente se expondrá en Hartford, Connecticut.

1940

NUEVA YORK

OTOÑO. Mondrian llega a Nueva York.

World's Fairgrounds acepta una exposición montada por los American Abstract Artists; Holtzman da conferencias y Reinhardt y McNeil organizan manifestaciones de arte.

Exposición de arte abstracto americano en la Galerie St. Etienne. G. L. K. Morris escribe la introducción del catálogo.

1941

NEW HAVEN

11 DE OCTUBRE. La Universidad de Yale acoge la colección de la Société Anonyme que consiste en 135 óleos, 7 esculturas, 186 dibujos, 180 grabados, fotos y obras diversas de unos 141 artistas entre los cuales hay 45 alemanes, 27 americanos, 20 franceses y 18 rusos.

NUEVA YORK

Mondrian pronuncia una conferencia con el título de «Un nuevo realismo» en la Nierendorf Gallery para el grupo American Abstract Artists. Se publicará más adelante en el anuario *American Abstract Artists Annual 1946* (y luego en *American Abstract Artists, Three Yearbooks*).

1942

NEW HAVEN

14 DE ENERO. Se celebra la exposición «Arte moderno procedente de la colección de la Société Anonyme» en la Yale University Art Gallery —exposición inaugural de la colección con obras de Albers, Boccioni, Buchheister, Burliuk, Chagall, Gabo, Gris, Hartley, Schwitters y Stella entre otros. En febrero se expone una selección reducida en la Olin Library de la Universidad de Wesleyan.

NUEVA YORK

La exposición «Artistas exiliados» se celebra en la galería Pierre Matisse con obras de Léger, Mondrian, Chagall, Ozenfant, Tanguy.

El grupo American Abstract Artists organiza una serie de conferencias y actos cada dos viernes por la noche, en la galería Nierendorf, en cuyo marco Mondrian muestra *Ballet mécanique* y Glarner proyecta diapositivas.

OCTUBRE. Se inaugura la galería de Peggy Guggenheim, Art of this Century, con un muestrario de su propia colección incluyendo obras de Arp, Breton, Gabo y Mondrian.

1943

NEW HAVEN

MARZO. Selección de la colección de la Société Anonyme en Saybrook College, Universidad de Yale.

NEW LONDON, CONNECTICUT

OCTUBRE. Se celebra una «Exposición de arte ruso» en el Connecticut College que incluye una selección de la Société Anonyme con obras de Kandinsky, Lissitzky, Malevich y Udaltsova.

NUEVA YORK

Se cierra el Museum of Living Art de Gallatin en la Universidad N. Y. U. después de una larga existencia y se traslada definitivamente al Philadelphia Museum of Art.

Exposición de los American Abstract Artists en el Riverside Museum.

1944

FEBRERO. Sidney Janis organiza la exposición itinerante «Arte abstracto y surrealista en Estados Unidos» que empieza por el Museo de Arte de Cincinnati y sigue con el de Denver, Seattle, Santa Bárbara y San Francisco.

NUEVA YORK

MAYO. «Arte en marcha: panorama para el decimoquinto aniversario del Museo de Arte Moderno (MoMA)» con un ensayo de James Thrall Soby y obras de Stella, Mondrian, Gabo.

J. B. Neumann envía una serie de cuadros a Cincinnati bajo el título de «Del realismo a la abstracción» con trabajos de Albers y Holty entre otros.

1945

«Variedad en la abstracción», exposición coordinada por el MoMA que viaja a instituciones del nordeste y del centro de Estados Unidos.

PARÍS

JUNIO. Se celebra la exposición «Art concret» en la Galerie Drouin con obras de Arp, Delaunay, Kandinsky, Mondrian, Pevsner y Van Doesburg.

SOUTH HADLEY, MASSACHUSETTS

SEPTIEMBRE. La exposición «Arte moderno procedente de la colección de la Société Anonyme» se celebra en el Mount Holyoke College con participación de Burliuk, Gleizes, Gris, Kandinsky, Léger, Malevich, Metzinger, Mondrian, Schwitters, Udaltsova. (En el Smith College y en el Amherst College se presenta una exposición similar procedente de la Société Anonyme.)

1946

Exposición itinerante «Arte abstracto y cubista» que inicia su recorrido en Duke University, Durham, Carolina del Norte, con obras de Boccioni, Gris, Léger, Malevich, Mondrian, Udaltsova, Klee y Ernst, y viaja después a cinco instituciones del sur de Estados Unidos en 1946.

Gabo se traslada a Estados Unidos (Middlebury, Connecticut).

ARGENTINA

Fontana escribe un manifiesto titulado *Spazialismo* y contiene vocablos que recuerdan a Malevich; su manifiesto será llamado el «Manifiesto blanco».

NEW HAVEN

4 DE ABRIL. Se celebra en la Yale University Art Gallery la exposición «Experiencia plástica en el siglo XX: escultura, objetos y construcciones contemporáneas», con obras de Arp, Medunetski, Pevsner, Man Ray y Schwitters entre otros.

PARÍS

Se funda el Salon des Réalités Nouvelles bajo la dirección de Herbin, Gleizes, Gorin, Pevsner y Del Marle como sucesor de las agrupaciones internacionales de los años treinta. Su primera exposición (19 de julio-18 de agosto de 1946) se componía de «arte abstracto/concreto/constructivista/no figurativo» y estaba dedicado a la memoria de Delaunay, Van Doesburg, Duchamp-Villon, Eggelin, Freundlich, Kandinsky, Malevich, Mondrian y Lissitzky.

1947

La exposición «Arte abstracto y cubista» que anteriormente se había celebrado en la Duke University (1946) es enviada a los museos de las universidades del Norte de los Estados Unidos.

ANDOVER, MASSACHUSETTS

ENERO. La exposición «Viendo lo invisible» en la Addison Gallery of American Art incluye a Lissitzky y Schwitters entre otros.

NUEVA YORK

MARZO. La exposición «El plano blanco» en la galería Pinacotheca contiene obras de Albers, Buccheister, Mondrian, Schwitters.

PARÍS

VERANO. La exposición «Automatismo» celebrada en la Galerie du Luxembourg muestra obras de seis pintores canadienses.

JULIO. Segundo Salon des Réalités Nouvelles.

1948

AGOSTO. Se expone una selección de la colección Société Anonyme en la escuela de arte de Norfolk en Connecticut que incluye obras de Albers, Bortnyik, Burliuk y Graham entre otros.

NEW HAVEN

6 DE MARZO. Se celebra «Una exposición de pintura y escultura de los directores de la Société Anonyme desde su fundación: 1920-1949» en la Yale University Art Gallery. Incluye cincuenta y nueve obras de Duchamp, Gabo, Kandinsky y otros. Dreier, Gabo, James J. Sweeney dan un ciclo de conferencias que serán publicadas en 1949.

NUEVA YORK

Exposición «Gabo-Pevsner» en el MoMA.

Exposición de «Collage» en el MoMA.

Se publica Art as the Evolution of Visual Knowledge de Charles Biederman (escrito de 1938 a 1946) que pretende representar una recopilación histórica del desarrollo del Constructivismo y del arte abstracto.

1949

BOSTON

JUNIO. Se expone «Pintura del siglo XX de la Société Anonyme» en el Institute of Contemporary Art con obras de Glarner, Kandinsky, Klee, Lissitzky, Malevich y Mondrian entre otros. En septiembre se inaugura una versión ampliada de la exposición con un suplemento de obras de Baumeister, Chagall, Diller y Moholy-Nagy.

1950

NEW HAVEN

30 DE ABRIL. Se celebra una «Exposición conmemorativa del trigésimo aniversario de la Société Anonyme» en la Yale University Art Gallery con obras de Arp, Braque, Van Doesburg, Gabo, Léger, Lissitzky, Malevich, Medunetski, Mondrian y Pevsner.

NUEVA YORK

El 30 de abril se anuncia la disolución de la Société Anonyme.

SAGINAW, MICHIGAN

5 DE OCTUBRE. Exposición en el museo de arte de la «Colección de la Société Anonyme» con obras de Boccioni, Gris, Léger, Malevich, Mondrian.

SPRINGFIELD, MASSACHUSETTS

15 DE ENERO. Exposición «En busca de la libertad» en el Museo de Bellas Artes con obras de Gris y de Malevich entre los «buscadores».

1951

NUEVA YORK

ENERO. La exposición «Pintura y escultura abstracta en América» del MoMA incluye obras de Morris, Diller, Glarner, Roszak y Greene.

NOVIEMBRE. Exposición «Revolución y tradición: exposición de los principales movimientos de la pintura americana de 1900 hasta la actualidad» en el Brooklyn Museum.

1952

CAMBRIDGE

ENERO. Exposición «Gropius, arquitecto y profesor: los artistas de la Bauhaus» en el museo Busch-Reisinger, Harvard, con obras de Albers, Moholy-Nagy.

MINNEAPOLIS

ENERO. La exposición «Espacio en la pintura» de la Universidad de Minnesota incluye obra de Buchheister, Mondrian y Puni.

NEW LONDON, CONNECTICUT

MARZO. La «Colección Société Anonyme», presentada en el Museo Lyman Allyne, con obras de Albers, Arp, Barlach, Boccioni, Braque, Chagall, Van Doesburg, Gris, Léger, Malevich, Mondrian.

1953

MINNEAPOLIS

ABRIL. Se celebra la exposición «La tradición clásica en el arte contemporáneo» en el Walker Art Center con obras de Van Doesburg, Gleizes, Gris, Malevich, Mondrian entre otros.

NUEVA YORK

Exposición «Gabo: construcciones en el espacio y cinéticas» en la galería Pierre Matisse.

1955

MONTREAL

FEBRERO. El grupo canadiense Les Plasticiens edita un manifiesto contra el Tachisme francés, y se presentan como defensores de un lenguaje geométrico abstracto y seguidores de los principios del Neoplasticismo de Mondrian. Son miembros del grupo, entre otros, Guido Molinari, Claude Toussignant, Jean-Paul Mousseau, Yves Gaucher, Fernand Leduc y Jean Goguen.

PARÍS

Exposición «Le mouvement» en la galería Denise René en torno a conceptos cinéticos, con obras de Calder, Duchamp, Agam, Pol Bury, Tinguely y Klein.

Con motivo de la exposición «Le mouvement» en la galería Denise René, Vasarely escribe su «Manifiesto amarillo».

1957

Los monocromos de Yves Klein se exponen en París, Milán y Düsseldorf. Al mismo tiempo también se celebra una exposición de Klein en la galería One de Londres.

NUEVA YORK

MAYO. Ad Reinhardt publica «Doce reglas para la nueva academia» en *Art News*.

PARÍS

Se funda el grupo Equipo 57 de artistas españoles en París «inspirados por Pevsner y Vasarely». Cuenta entre sus miembros con Juan Cuenca, Ángel Duarte, José Duarte, Agustín Ibarrola y Juan Serrano. Celebran su primera exposición en el Café du Rond-Point de Montparnasse y la galería Denise René. Posteriormente regresan a España instalándose en Córdoba. El grupo se disuelve después de una exposición en Berna en 1966.

1958

Joost Baljeu (profesor en la Universidad de Saskatchewan) funda con Eli Bornstein la revista *Structure*, editada en Amsterdam y distribuida en Canadá, Estados Unidos, Gran Bretaña y Países Bajos. Se seguirá editando hasta 1964.

El equipo 57 pasa cinco meses en Dinamarca.

Muere Balla.

DUSSELDORF

Otto Piene y Heinz Mack fundan el Grupo Cero (disuelto en 1967) y editan la revista *Cero*.

HOUSTON

SEPTIEMBRE. «El caballo de Troya: el arte de la máquina» en el Museo de Arte Contemporáneo.

PARÍS

ABRIL. La exposición de Yves Klein en la galería Iris Clert consistía en las paredes blancas de la galería vacía.

1959

Publicación de la traducción inglesa del libro de Malevich *The Nonobjective world* (Paul Theobald & Co., Chicago).

AMBERES

Exposición «Visión en movimiento-movimiento en visión» con obras de Mack y del Grupo Cero.

LONDRES

OCTUBRE-NOVIEMBRE. «Kasimir Malevich 1878-1935» en la Whitechapel Gallery.

LOS ANGELES

JULIO. «Cuatro clásicos abstractos» en el Los Angeles County Museum of Art.

Vistas de la exposición «Dieciseis americanos» en el Museum of Modern Art, Nueva York, 1959. (Obras de Ellsworth Kelly y de Frank Stella).

176

MILÁN

El Gruppo T, que incluye a Giovanni Anceschi, David Boriani, Gianni Colombo, Gabriele Vecchi y Crazio Varisco, pretende crear una realidad acerca del cambio y la percepción. El grupo se disuelve en 1966.

NUEVA YORK

Exposición «16 americanos» en el MoMA con obras de Ellsworth Kelly, Frank Stella, Jack Youngerman, Robert Rauschenberg y Jasper Johns.

PADUA

Se forma el Gruppo N (que desaparece en 1964) compuesto por Alberto Biasi, Enzio Chiggio, Toni Costa, Eduardo Landi y Manfredo Massironi.

ROMA

MAYO. «Kasimir Malevich», Galleria Nazionale d'Arte Moderna.

WASHINGTON D. C.

Conferencias de Naum Gabo «Sobre artes diversas» en la National Gallery of Art (publicadas en 1962 en la colección Bollingen).

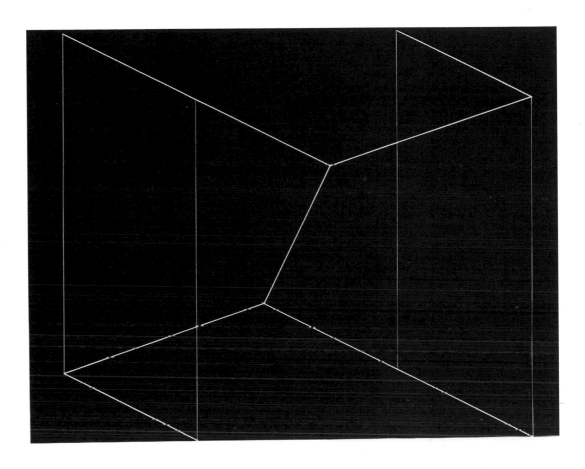

ALBERS, Josef

Constelación estructural «a Ferdinand Hodler». 1954
Mojado y tallado sobre madera
44×57 cm
Donación fraccionada a
The Museum of Modern Art,
por The Riklis Collection of McCrory Corporation
985.83

ARP, Jean

Yelmo I. 1959
Bronce
54×36×19 cm
Donación fraccionada a
The Museum of Modern Art,
por The Riklis Collection of McCrory Corporation
987.83

BALJEU, Joost

Construcción sintética R4. 1955
Relieve en madera pintada
70×29×3.5 cm
Donación fraccionada a
The Museum of Modern Art,
por The Riklis Collection of McCrory Corporation
988.83

BIEDERMAN, Charles

Obra Nº 36, Aix. 1953-72
Relieve en aluminio pintado
91.5×77×12.8 cm
Donación fraccionada a
The Museum of Modern Art,
por The Riklis Collection of McCrory Corporation
993.83

180

BOLOTOWSKY, Ilya

Pintura oval. 1955
Óleo sobre lienzo
47.5×62.5 cm
Donación fraccionada a
The Museum of Modern Art,
por The Riklis Collection of McCrory Corporation
995.83

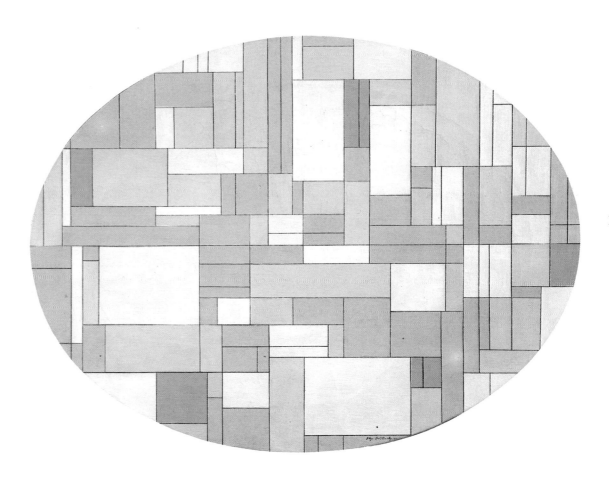

181

DELAUNAY-TERK, Sonia

Ritmo coloreado. 1953
Gouache sobre papel
45×63 cm
Donación fraccionada a
The Museum of Mdoern Art,
por The Riklis Collection of McCrory Corporation
869.83

DILLER, Burgoyne

Estudio, construcción. 1937
Óleo sobre madera, sobre contrachapado
30.5×20.5×3 cm
Donación fraccionada a
The Museum of Modern Art,
por The Riklis Collection of McCrory Corporation
1001.83

184

DILLER, Burgoyne

Sin título. c. 1944
Óleo sobre lienzo
46×46 cm
Donación fraccionada a
The Museum of Modern Art,
por The Riklis Collection of McCrory Corporation
1001.83

FREUNDLICH, Otto

Composición. 1930
Óleo sobre lienzo
130×96.5 cm
Donación fraccionada a
The Museum of Modern Art,
por The Riklis Collection of McCrory Corporation
1009.83

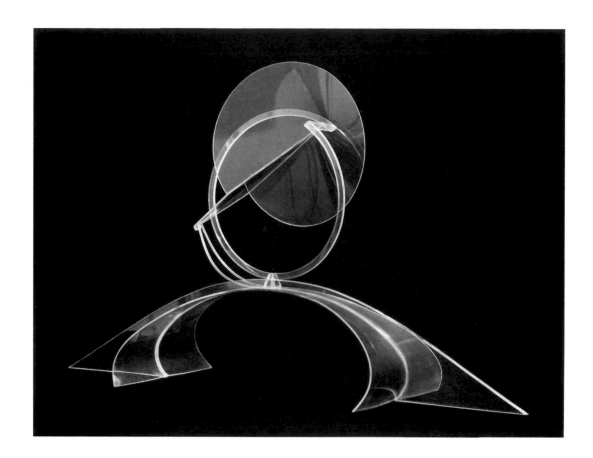

GABO, Naum

Construcción en el espacio «Arco». 1937
Plástico transparente
47.5×80×24 cm
Solomon R. Guggenheim Museum

GLARNER, Fritz

Pintura relacional Nº 60. 1952
Óleo sobre lienzo
149×108 cm
Donación fraccionada a
The Museum of Modern Art,
por The Riklis Collection of McCrory Corporation
1011.83

GORIN, Jean

Composición en relieve. 1937
Madera pintada
92×92×5 cm
Donación fraccionada a
The Museum of Modern Art,
por The Riklis Collection of McCrory Corporation
1013.83

GORIN, Jean

Contrapunto Nº 31. 1948
Relieve en madera pintada
58×90×8.5 cm
Donación fraccionada a
The Museum of Modern Art,
por The Riklis Collection of McCrory Corporation
1014.83

GREENE, Balcomb

Composición. 1940
Óleo sobre lienzo
50.5×76 cm
Solomon R. Guggenheim Museum

GREENE, Gertrude

Construcción. 1935
Madera pintada, composición en cartón y metal
40.5×61 cm
Donación fraccionada a
The Museum of Modern Art,
por The Riklis Collection of McCrory Corporation
1019.83

HELION, Jean

Composición. Abril-mayo 1934
Óleo sobre lienzo
144.3×199.8 cm
Solomon R. Guggenheim Museum

192

HERBIN, Auguste

El nido. 1955
Óleo sobre lienzo
100×80 cm
Donación fraccionada a
The Museum of Modern Art,
por The Riklis Collection of McCrory Corporation
1024.83

ITTEN, Johannes

Composición espacial II. 1944
Óleo sobre lienzo
65×50 cm
Donación fraccionada a
The Museum of Modern Art,
por The Riklis Collection of McCrory Corporation
1029.83

MARTIN, Mary

Relieve blanco. 1952
Madera pintada en blanco
61×61×11 cm
Donación fraccionada a
The Museum of Modern Art,
por The Riklis Collection of McCrory Corporation
1046.83

McLAUGHLIN, John

Sin título. 1951
Óleo sobre cartón
96.5×81 cm
Donación fraccionada a
The Museum of Modern Art,
por The Riklis Collection of McCrory Corporation
1048.83

MOHOLY-NAGY, László

Modulador de espacio L3. 1936
Óleo sobre zinc perforado y composición en cartón
con alfileres con punta de cristal
43.8×48.6 cm
Adquirido por The Museum of Modern Art
223.47

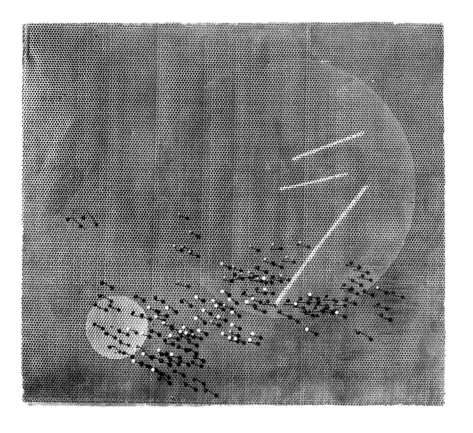

197

198

MONDRIAN, Piet

Composición 1A. 1930
Óleo sobre lienzo (rombo)
75.2×75.2 cm
Solomon R. Guggenheim Museum
Colección Hilla Rebay

Sólo expuesto en Madrid

MONDRIAN, Piet

Composición. 1933
Óleo sobre lienzo
41.2×33.3 cm
The Museum of Modern Art,
Colección Sidney and Harriet Janis
635.67

Sólo expuesto en Iberoamérica

MORRIS, George L. K.

Movimiento rotatorio. 1935
Óleo sobre lienzo
85.5×76.3 cm
Donación fraccionada a
The Museum of Modern Art,
por The Riklis Collection of McCrory Corporation
1052.83

200

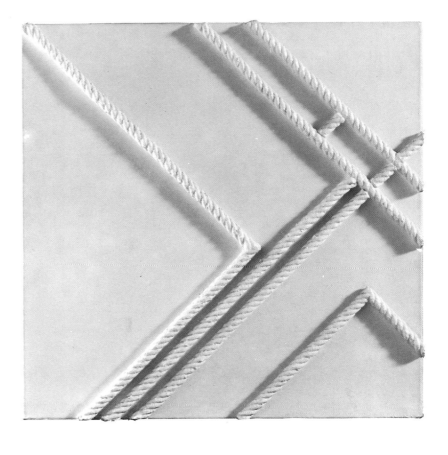

MOSS, Marlow

Blanco con cuerda. 1940
Óleo sobre lienzo con cuerda
54×54 cm
Donación fraccionada a
The Museum of Modern Art,
por The Riklis Collection of McCrory Corporation
1053.83

NICHOLSON, Ben

Composición abstracta. 1936
Aguafuerte y lápiz sobre cartón
38.5×51.5 cm
Donación fraccionada a
The Museum of Modern Art,
por The Riklis Collection of McCrory Corporation
935.83

202

PASMORE, Victor

Construcción transparente en blanco, negro y ocre. 1959
Óleo, madera pintada, plexiglás
76×81×23 cm
Donación fraccionada a
The Museum of Modern Art,
por The Riklis Collection of McCrory Corporation
1057.83

PEVSNER, Anton

El último aliento. 1962
Chapa, alambre y bronce
68,5 cm de alto
Donación fraccionada a
The Museum of Modern Art,
por The Riklis Collection of McCrory Corporation
1058.83

204

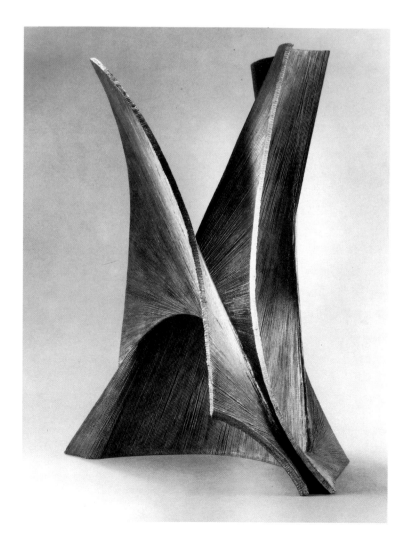

ROSZAK, Theodore

Círculo perforado. 1939
Madera pintada, plexiglás y alambre
61×61×6.5 cm
Donación fraccionada a
The Museum of Modern Art,
por The Riklis Collection of McCrory Corporation
1063.83

206

SPENCER, Niles

Cerca de Washington Square. c. 1928
Óleo sobre lienzo
41×26 cm
Donación fraccionada a
The Museum of Modern Art.
por The Riklis Collection of McCrory Corporation
1072.83

SHEELER, Charles

Arquitectura industrial. 1949
Témpera sobre cartón
32×23.5 cm
Donación fraccionada a
The Museum of Modern Art,
por The Riklis Collection of McCrory Corporation
957.83

STRZEMINSKI, Wladyslaw

Composición unística. 1932
Óleo sobre yeso
40.5×30.5 cm
Donación fraccionada a
The Museum of Modern Art,
por The Riklis Collection of McCrory Corporation
1075.83

TAUEBER-ARP, Sophie

Composición de círculos y ángulos solapados. 1930
Óleo sobre lienzo
50×65 cm
Donación fraccionada a
The Museum of Modern Art,
por The Riklis Collection of McCrory Corporation
1076.83

TAUEBER-ARP, Sophie

Escalonamiento sin ejes (Échelonnement Désaxé). 1934
Gouache sobre papel
35×26 cm
Donación fraccionada a
The Museum of Modern Art,
por The Riklis Collection of McCrory Corporation
967.83

TORRES-GARCÍA, Joaquín

Pintura constructivista. c. 1931
Óleo sobre lienzo
75.2×55.4
The Museum of Modern Art,
Colección Sidney and Harriet Janis
659

(sólo reproducción; no se expone)

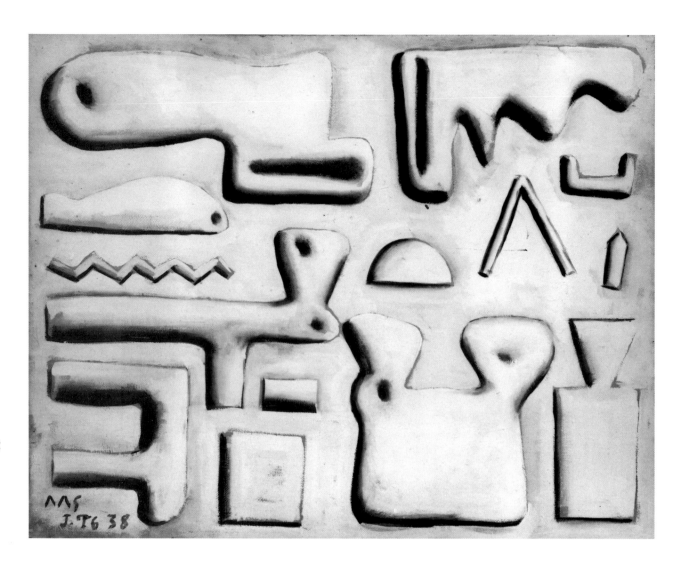

TORRES-GARCÍA, Joaquín

Composición. 1938
Gouache sobre cartón
81.3×101.3 cm
Solomon R. Guggenheim Museum,
donado por Mr. y Mrs. Walter Nelson Pharr, 1977

(sólo reproducción: no se expone)

Von WIEGAND, Charmion

Santuario de las Cuatro Direcciones. 1937
Óleo sobre lienzo
91.5×81 cm
Donación fraccionada a
The Museum of Modern Art,
por The Riklis Collection of McCrory Corporation
1084.83

214

XCERON, Jean

Composición Nº 242. 1937
Óleo sobre lienzo
116.2×81 cm
Solomon R. Guggenheim Museum,
donado por Solomon R. Guggenheim, 1938

Tendencias del reciente arte no figurativo

1960-1980

El período de la segunda posguerra y en particular la década de los años sesenta ha estado dominado por el ímpetu creativo del arte americano. Al margen de la atención pública, los artistas europeos que maduraron siguiendo las pautas de la geometría abstracta de los años veinte y treinta emprendieron sus propios esfuerzos para enriquecer el vocabulario pictórico heredado de los estilos anteriores. La tradición de la Bauhaus y especialmente las teorías de Johannes Itten sobre el color y su sistema de diseño basado en cálculos estrictos, facilitaron la exploración del color y sus interrelaciones con las formas modulares geométricas, que desarrollaron los artistas suizos Richard Lohse y Max Bill, quienes a su vez elaboraron unos conceptos de definición espacial, partiendo de principios topológicos y matemáticos. Otros cauces derivados de aquella tradición fueron el arte óptico (Op Art) de Vasarely y la cinevisualidad de Bridget Riley, prefiguradas por las experiencias de Berlewi y su «mecano-faktura» de los años veinte. Vasarely y Riley investigaron las relaciones de color y espacio en sus matrices elementales de diseños geométricos que producían una interacción vibrante entre el color y el ritmo, debido a la tendencia del ojo a producir imágenes posteriores, tras haber percibido fuertes contrastes en blanco y negro y/o yuxtaposiciones de tonos muy vivos. Pueden considerarse prolongaciones de la pintura óptica las obras en relieve y las esculturas en las que se combinan la cinevisualidad y la estética maquinística (como en la obra de Kenneth Martin en Inglaterra y la de George Rickey en Estados Unidos), lo que nos recuerda las experiencias previas de Moholy-Nagy con sus moduladores del espacio.

La preocupación por los efectos ópticos y la interacción de luz, forma y color ha encontrado seguidores particularmente entusiastas entre los artistas latinoamericanos, como Carlos Cruz Díez y Jesús Rafael Soto. De hecho, la tradición geométrica —que comienza con la obra de

Torres García en los años treinta— ha sido una de las tendencias que más influencia han tenido en varios países latinoamericanos dando lugar a varios estilos de diversa índole relacionados con la geometría: entre los venezolanos, Cruz Díez, Soto y Alejandro Otero; entre los argentinos, Gyula Kosice, Julio Le Parc, Luis Tomasello, Eduardo MacEntyre y César Paternosto; y entre los colombianos, Edgar Negret, Eduardo Villamizar y Carlos Rojas.

En Estados Unidos, la tradición geométrica que durante los años cuarenta y cincuenta, se había mantenido como una derivación de los estilos geométricos europeos de los años treinta se vio fuertemente eclipsada por el primer lenguaje auténticamente americano, el Expresionismo Abstracto. De hecho, durante los años cincuenta, sólo se movían dentro de los lenguajes geométricos unos cuantos artistas importantes: Albers, Diller, Reinhardt, Kelly, Leon Polk Smith, Myron Stout, Al Jensen y Ludwig Sander entre otros. A finales de los años cincuenta sobrevino un cambio de sensibilidad, reflejo de profundas transformaciones sociales. Esta nueva sensibilidad rechazaba las premisas y la carga emotiva del Expresionismo Abstracto, en busca de otras alternativas. Fueron importantes en este sentido las obras (y escritos iconoclastas) de Ad Reinhardt, sobre todo su serie de pinturas negras, con una estrecha escala cromática, que abrieron paso al arte reductivo de los años sesenta con pintores como Frank Stella y Jo Baer y artífices de estructuras como Donald Judd, Sol Lewitt y Carl Andre.

Hacia 1960 volvió a aparecer un lenguaje geométrico cuya forma había cambiado profundamente y que pasó a ser, en 1967, la moda dominante, originando una variedad de estilos postgeométricos de base conceptual. Surgió, en parte, a manera de reacción contra la textura gestual y expresiva de la mayoría de la pintura de los expresionistas abstractos, contra su espontaneidad, complejidad y ambigüedad. Por otra parte también era una continuación de la pintura en campos coloreados de Barnett Newman y Ad Reinhardt, con un énfasis en una ordenación de formas, sin jerarquía ni relaciones entre sí, eliminando la relación forma/campo y centrándose en el color y su síntesis espacial. Reconsideraba y transponía, asimismo, los conceptos modernistas de arte abstracto anteriores —el reductivismo del grupo De Stijl, la austeridad suprematista, el objetivismo del arte constructivista, el diseño de la Bauhaus— matizados por otras influencias de fuentes tan diversas como las de Dadá y Matisse.

La pintura de campos coloreados, la de bordes rígidos y el Minimalismo parecían a su vez asumir preocupaciones casi idénticas a las de los pioneros del arte geométrico y constructivista.

Los artistas de la generación de los años sesenta estaban perfectamente al tanto de los pasados acontecimientos del arte occidental y podían adoptar selectivamente aquellos elementos que encajasen mejor con su propio criterio. Por ejemplo, una de las consecuencias de las investigaciones acerca del color y la forma y su relación de equivalencia con el contenido y el objeto, tan característica de la obra de unos pioneros de la abstracción como Delaunay y Kupka, fue la aparición de la pintura en campos coloreados de artistas como Kenneth Noland; también fueron integrados aspectos de esas investigaciones en la obra de pintores *hard-edge* como Ellsworth Kelly y Al Held.

La pintura *hard-edge* o de bordes rígidos, ejemplificada por la obra de Ellsworth Kelly, Leon Polk Smith y Myron Stout, introdujo una nueva forma de abstracción geométrica y una alternativa con respecto a la pintura gestual que había dominado en los años cincuenta. Destacaba la claridad de diseño (por lo general, el cuadro sólo podía revestir unas cuantas formas) y de color, la simplicidad de la forma y una superficie pictórica inmaculada, sin modulación alguna; tampoco había efecto de figura/fondo de modo que el cuadro se presentaba como una sola unidad. Pese a que esa pintura se desarrolló a partir de las primicias de la abstracción geométrica de inspiración cubista (como la obra de Mondrian), en su evolución influyeron fuentes tan diversas como Matisse, Miró, Arp y Brancusi.

Más tarde, la llamada «Pintura Sistemática» abarcó varios lenguajes que recurrían a la geometría o a las formas geométricas. Dicha «Pintura Sistemática» fue bautizada así por Lawrence Alloway en una exposición que él organizó, bajo ese título, en el Museo Guggenheim en 1966. La exposición constaba de diversas obras dotadas de un vocabulario común de reducidas formas, entre las que cabe destacar las simetrías bilaterales de la primera época de Frank Stella, los lienzos en forma de rombos de Kenneth Noland y los trabajos de Agnes Martin y Robert Mangold. El funcionamiento de dichas pinturas reposa en el equilibrio de formas y en la armonía entre el espacio y el color o en su unidad entre forma y volumen que nos recuerda a la obra de Mondrian. No obstante, estas obras también participan del concepto fundamental de la filosofía de Malevich y el principio en el que se apoyó, de hecho, la concepción formalista de Clement Greenberg: la auto-definición de las artes y su tendencia a la «unicidad» inherente al medio (lo que en pintura significa el mantenimiento de la superficie plana y la eliminación de la representación e ilusión).

217

Malevich, con su *Cuadrado negro sobre fondo blanco*, de 1913, y Duchamp, con su *Portabotellas* «ready-made» de 1914, definieron los «iconos» polares del Minimalismo y del Arte Conceptual e incluso podría decirse que el radicalismo de sus opciones definió los límites de las artes plásticas. La economía y el reductivismo de las obras de Malevich y Mondrian, así como la introducción del nuevo concepto duchampiano sobre la noción de «arte» y sobre el contenido del arte, inspiraron a los minimalistas cuyos temas pictóricos se centraron en la calidad objetiva de la pintura y en la superficie del lienzo, con pinceladas que solían ser regulares, sin textura perceptible ni huellas de manipulación —excepto en la obra de Robert Ryman en la cual la regularidad de las pinceladas pasó a constituir el tema mismo de su arte.

Sin embargo, los principales oficiantes del Minimalismo fueron artistas tridimensionalistas como Carl Andre, Dan Flavin, Donald Judd, Sol Lewitt y Robert Morris cuyas novedosas construcciones se mostraron al público en 1966, en la exposición «Estructuras primarias», en el Jewish Museum de Nueva York. Caracterizadas también por historiadores y críticos bajo la apelación de «ABC Art» (abecé del arte), «Cool Art» (arte frío), «Art of the Real» (arte de lo real) o «Third Stream» (tercera vía), sus obras intentaban traspasar los límites tradicionales de pintura y escultura, incorporando elementos de ambos. En realidad, los cinco artistas citados iniciaron su actividad como pintores. Utilizaban sistemas seriales, planos o formas geométricas y superficies lisas, prescindiendo de pedestales y plintos para crear osadas estructuras abstractas de una sola pieza. El objeto «minimal» —ya fuera un cuadro bidimensional, a menudo recortado en forma específica, o una estructura tridimensional— irrumpía de un modo activo en el espacio del espectador. La noción de espacio y su delimitación volvieron a ser definidos mediante la colocación del objeto a gran escala con respecto al suelo, a las paredes y al techo. La escala del objeto creó una relación «agresiva» entre la obra y su entorno, de lo que dan testimonio las piezas de Lewitt, Judd, Andre, Dorothea Rockburne y Mel Bochner. El Arte Minimalista introdujo el principio de no composición y la idea de «contenido subversivo», es decir la falta de contenido «verdadero» del arte que era sustituido por el concepto de contenido como forma, color, material, su interferencia con el espacio o simplemente, la definición de este último. A ese respecto, la eliminación constructivista del pedestal y su empeño en usar materiales corrientes y en producir una interacción entre el objeto y el espacio del espectador constituyeron un antecedente de las inquietudes minimalistas, aunque éstos rechazaran las estructuras relacionales propugnadas por sus precursores.

Durante los años setenta, unos cuantos artistas reaccionaron en contra del planteamiento frío y objetivo del Minimalismo, interesándose cada vez más por la sensualidad de la pintura. Surgió una variante artística que proponía formas geométricas pero introduciendo otra transformación de los principios geométricos. En muchos casos, como en el de *Barra amarilla con rojo* de Jake Berthot, *Para Greg* de Joanna Poussette-Dart, y, *Ocean Park 115* de Diebenkorn, la precisión de las formas geométricas y de la superficie fue subvertida de un modo pictórico pasando a utilizarse la geometría no tanto como esquema en un campo sino como modo de estructurar el campo composicional.

En estos últimos años, el arte centrado en componentes estructurales, ordenados conforme a un sistema racional, ha vuelto a atraer el interés del público y una serie de exposiciones han marcado la continuación de la tradición «constructiva» en la obra de una generación de artistas más jóvenes, nacidos después de la Segunda Guerra Mundial, entre los que cabe nombrar a James Biederman, Tony Robbins, Mel Kendrick y Tom Holste, entre otros.

El interés por la vanguardia rusa, y en especial por el Arte Constructivista, manifestado en los veinte últimos años a través de exposiciones y publicaciones diversas en Europa y Estados Unidos, ha motivado indudablemente un replanteamiento de las premisas formales y conceptuales de ese arte, proponiendo preguntas y soluciones adicionales para aquellos artistas que se sienten inclinados hacia el rigor geométrico.

Cronología
1960-1980

De Marco, García-Miranda, García Rossi, Le Parc, Melnar, Morelle, Moyano, Servanes Sobrino, Stein, Yvaral. Durante unos cuantos años la galería Denise René patrocina a este grupo. La preocupación común de sus miembros era la visualización de la luz con formas geométricas primitivas en ensamblajes móviles y ornamentos de varios niveles.

ZURICH

Exposición «Kinetische Kunst».

Exposición «Konkrete Kunst».

1960

CLEVELAND

Se funda el grupo americano Anonima que cuenta entre sus miembros con Ernest Benkert, Edwin Mieszkiewski y Francis Hewitt.

LEVERKUSEN

Exposición «Monochrome Malerei» en el Schloss Morsbroich con obras de Fontana, Rothko, Klein, Still, Newman.

MUNICH

Se constituyen los grupos de Op Art, Effekt y Nota. El grupo Effekt consta de los artistas Walter Zehringer, Dieter Hacker, Karl Reinharz y Helge Sommerock. El grupo Nota (del nombre de una revista) cuenta, entre otros, con los artistas Von Graevenitz, Gothart Müller y Walter Zehringer.

NUEVA YORK

Jean Tinguely construye su *Homenaje a Nueva York* en el MoMA.

MARZO. Exposición «Construcción y geometría en la pintura: de Malevich al día de mañana» en la Galerie Chalette.

Exposición de Al Held en la galería Poindexter.

PARÍS

JULIO. Se funda el GRAV (Groupe de Recherche et d'Art Visuel) que incluye a

1961

Henk Peeters, Armando, Jan Schoonhoven y Herman de Vries fundan el grupo holandés NUL.

AMSTERDAM

MARZO-ABRIL. Se celebra la exposición «Bewogen Beweging» (Movimiento lleno de incidentes) en el Stedelijk Museum (y luego en el Moderna Museet de Estocolmo).

DUSSELDORF

Piene, Mack y Günther celebran su primera «Demostración» del Grupo Cero, especie de «happening» al aire libre.

NUEVA YORK

Clement Greenberg publica «Pintura modernista» en *Arts Yearbook 4*.

OCTUBRE. Exposición «Expresionistas e imaginistas abstractos americanos» en el Guggenheim con obras de Held y Humphrey.

PITTSBURGH

La exposición internacional del Carnegie Institute incluye a Agnes Martin y Al Held.

1962

AMSTERDAM

Exposición «Experiment in Constructie» en el Stedlijk Museum, primera expresión colectiva del grupo que se concretó en torno a Joost Baljeu, Biederman, Gorin, Hill y Mary Martin.

MOSCÚ

Lev Nusberg forma en Moscú el grupo Dvizjenje que cuenta entre sus miembros con L. V. Nusberg, V. Akulinin, B. Diodorov, V. P. Galkin, F. A. Infante, A. Krivchikov, G. I. Iopakov, R. Sapgiry-Sanevskaja, V. V. Stepanov y V. Skerbakov. Desarrollan los principios establecidos por Lissitzky, Gabo y Mondrian.

NUEVA YORK

MARZO. «Abstracción geométrica en América» en el Whitney Museum con obras de Albers, Diller, Glarner, Holtzman.

Aparece *El gran experimento: el arte ruso 1863-1922* de Camila Gray (publicado en Nueva York por Abrams).

Exposición «Pintura "hard-edge"» en la galería Fischbach.

PARÍS

El grupo de París del Salon des Réalités Nouvelles incluye al artista americano James Bishop.

1963

NUEVA YORK

Exposición «Americanos 1963» en el MoMA.

MAYO. Exposición «Hacia una nueva abstracción» en el Jewish Museum con textos de Irving Sandler sobre Al Held, de Henry Geldzahler sobre Ellsworth Kelly, de Alan R. Solomon sobre Kenneth Noland, de Michael Fried sobre Frank Stella.

PARÍS

Exposición «Laberinto» del GRAV en la Bienal de París.

WASHINGTON D. C.

Exposición «Formalistas» en la Gallery of Modern Art.

1964

CHICAGO

Se celebra la exposición anual del Art Institute of Chicago con obras de Held.

LOS ANGELES

«Abstracción post-pictórica» en el Los Angeles County Museum. Clement Greenburg escribe un ensayo en el catálogo.

MILÁN

Se constituye el grupo M.I.D. con Barese, A. Grassi, G. Laminarca y A. Marangoni con objeto de estudiar el movimiento estroboscópico y la luz programada.

SEPTIEMBRE. «Il Contributo Russo alle Avanguardie Plastiche», Galleria del Levante.

NUEVA YORK

ABRIL. «Mondrian, De Stijl y su impacto», Marlborough-Gerson Gallery.

«Blanco y negro», Jewish Museum.

«Once artistas», Kaymar Gallery con obras de Ryman, Baer.

FEBRERO. En una entrevista en la WBAI-FM Judd y Stella hablan del Constructivismo y de la Bauhaus con Bruce Glaser: «¿Nuevo nihilismo o nuevo arte?»

PARÍS

Exposición «Nouvelle tendance: Bridget Riley».

Vista de la exposición «El ojo sensible» en The Museum of Modern Art, 1965. (Obras de Ellsworth Kelly).

POUGHKEEPSIE

«Direcciones 1964», Vassar College Art Gallery.

SAN MARINO

Bienal de San Marino. El Gruppo N de Padua (A. Biasi, E. Chiggio, A. Costa, E. Landi y M. Massironi) interesado en las interferencias de luz y los efectos dinamo-ópticos gana el primer premio.

VENECIA

Bienal. Kenneth Noland ocupa la mitad del pabellón estadounidense.

1965

BASILEA

Exposición «Signale» en el Kunsthalle con obras de Held.

CAMBRIDGE

ABRIL. «Tres pintores americanos: Kenneth Noland, Jules Olitski, Frank Stella» en el Fogg Art Museum de Harvard.

NUEVA YORK

La exposición «El ojo sensible» del MoMA incluye obra de Agnes Martin.

Exposición de la American Abstract Artists Association en el Riverside Museum con obras de Ryman.

Exposición de Mangold «Paredes y zonas» en la galería Fischbach.

FEBRERO. Retrospectiva de Kenneth Noland en el Jewish Museum.

ABRIL. Exposición «Expresionismo concreto» en el Loeb Student Center de N.Y.U. con un texto de Irving Sandler en el catálogo.

OCTUBRE. Exposición «Sincronismo y principios de color en la pintura americana» en la galería Knoedler.

PARÍS

Exposición de James Bishop «Promesses tenues» en el Musée Galliéra.

1966

AMSTERDAM

Al Held expone en el Stedelijk Museum.

Vista de la exposición «El ojo sensible» en The Museum of Modern Art, 1965 (Obra de Frank Stella al fondo).

BERNA

«Blanco sobre blanco» en la Kunsthalle.

LONDRES

Frank Popper publica su *Kinetic Art*.

NUEVA YORK

«Ad Reinhardt» en el Jewish Museum.

«Systemic Painting» en el Guggenheim Museum.

«Primary Structures» en el Jewish Museum.

«Kandinsky: The Bauhaus Years» en la Marlborough-Gerson Gallery.

PARIS

Exposición de James Bishop en la Galerie Fournier.

Vista de la exposición «Primary Structures» en el Jewish Museum, 1966. (Obras de Donald Judd, izquierda; Robert Grosvenor, derecha y Robert Morris).

BERLIN

OCTUBRE. «Avantgarde Osteuropa 1910-1930» en la Academie der Künste, Deutsche Gesellschaft für Bildende Kunst und Kunstverein.

DETROIT

La exposición «Form, Color, Image» en el Detroit Institute of Arts incluye a Agnes Martin.

FRANKFURT

«Konstruktive Malerei 1915-1930» en el Frankfurter Kunstverein.

NUEVA YORK

La exposición anual del Whitney Museum incluye obras de Martin, Baer, Held, Mangold, Insley y Novros.

La exposición itinerante de la American Federation of Arts incluye obras de Marden, Ryman, Ohlson.

Exposición de Ryman en la galería Bianchini (primera individual).

La exposición «Synchromism and Related American Color Painting, 1910-1930» organizada por el MoMA viaja a State University College, Oswego, N. Y.; Santa Barbara Museum of Art, California; California Institute of the Arts, Los Angeles; Oberlin College, Ohio; Brandeis University, Waltham, Massachusetts; Museum of Art, Providence, Rhode Island; Goucher College, Towson, Maryland; Cummer Gallery of Art, Jacksonville, Florida; San Francisco Museum of Modern Art.

PARÍS

Kinetik Art de Frank Popper se publica en francés bajo el título de *Naissance de la Cinétique*.

Exposición «Lumière et mouvement» en torno a Nicolas Schöffer.

FILADELFIA

Exposición «Un minimalismo romántico» en el Institute of Contemporary Art.

Vista de la exposición «Primary Structures» en el Jewish Museum, 1966. (Obras de Ron Bladen y Walter de Maria).

Vistas de la exposición «Más por menos: medio siglo hoy» en la Albright-Knox Art Gallery, Buffalo, 1968.

TRENTON

Exposición «Focus on Light» («Énfasis de la luz») en el New Jersey State Museum con obras de Mangold, entre otros.

1968

BUFFALO

«Más por menos: medio siglo hoy» en la Albright-Knox Art Gallery con obras de Van Doesburg, Lissitzky, Malevich, Mondrian, Pevsner, Puni.

DUSSELDORF

Exposición Ryman en la galería Konrad Fischer.

KASSEL

La «Documenta IV» incluye obras de Al Held y Jo Baer.

NUEVA YORK

La exposición «El arte de lo real» del MoMA incluye obras de Carl Andre, Donald Judd, Ellsworth Kelly, Sol Lewitt, Agnes Martin, Kenneth Noland y Ad Reinhardt, entre otros.

NOVIEMBRE. La exposición organizada por el MoMA «La máquina tal y como se ve al final de la edad mecánica» viaja posteriormente a la Universidad de St. Thomas, Houston y al San Francisco Museum of Modern Art.

ESTOCOLMO

JULIO-SEPTIEMBRE. Exposición «Vladimir Tatlin» en el Moderna Museet.

VENECIA

Bridget Riley premiada en la Bienal.

1969

El Illinois Institute of Technology presenta la «Exposición alemana de 50 años de la Bauhaus».

MUNICH

Exposición de Ryman en la galería Heiner Friedrich.

NUEVA YORK

La exposición anual del Whitney Museum incluye a los artistas Baer, Held, Mangold, Marden.

Exposición «Anti-ilusión: proceso/materiales» en el Whitney Museum con obras de Ryman.

NUREMBERG

Primera bienal de Nuremberg con el tema de «Arte constructivo: elementos y principios».

POUGHKEEPSIE

Exposición «Conceptos» en Vassar College Art Gallery con obras de Mangold, Novros, Marden, Ohlsen.

1970

AMSTERDAM

«Malevich», primera retrospectiva importante del artista en el Stedelijk Museum (el catálogo incluye el «catalogue raisonné» de la exposición de Berlín en 1927 y la colección del Stedelijk Museum).

COLONIA

OCTUBRE. «Vanguardia de Europa del Este (hasta 1930)» en la galería Gmurzynska-Bargera.

LONDRES

Exposición «Cinética» en la Hayward Gallery.

1971

Se publica *Le renouveau de l'art pictural russe 1863-1914* de Valentine Marcadé en Lausana.

LONDRES

FEBRERO. Exposición «Arte en la revolución: arte y diseño soviético desde 1917» en la Hayward Gallery (que después viaja al New York Cultural Center, en septiembre y a la Art Gallery of Ontario, Toronto, en enero de 1972).

NUEVA YORK

JUNIO. «Arte ruso en la revolución» en el Brooklyn Museum (organizado por la Andrew Dickson White Museum of Art, Ithaca, donde fue presentada primero).

SAN DIEGO

NOVIEMBRE. Exposición «Color y forma 1909-1914: origen y evolución de la pintura abstracta en el Futurismo, el Orfismo, el Rayonismo, el Sincronismo y el Blaue Reiter» en la Fine Arts Gallery y más adelante en el Oakland Museum y el Seattle Art Museum.

1972

COLONIA

SEPTIEMBRE. Exposición «Constructivismo: desarrollo y tendencias desde 1913» en la galería Gmurzynska-Bargera.

LONDRES

Exposición «Systems» en la Whitechapel Gallery organizada por el Arts Council con objeto de presentar obras de los artistas del grupo Systems (Viaja por toda Inglaterra, 1972-1973).

JULIO. Exposición «El mundo no objetivo 1939-1955» en Annely Juda Fine Art (viaja después a la galería Liatowitsch, Basilea, en septiembre y a la galería Milano, Milán en noviembre).

PARÍS

MAYO. Primera exposición individual importante de Alexandra Exter en Europa occidental, en la Galerie Jean Chauvelin.

1973

ESSEN

MAYO. «Constructivismo en Polonia 1923-1936» en el Museum Folkwang (en julio viaja al Rijksmuseum Kröller-Müller, Otterlo).

LONDRES

JULIO. Exposición «El mundo no objetivo 1914-1955» en Annely Juda Fine Art (viaja después al University Art Museum, University of Texas, Austin en octubre).

NEWCASTLE-UPON-TYNE

MARZO. Exposición «Russian Constructivism Revisited» en la Hatton Gallery.

1974

COLONIA

MARZO. Exposición «De Stijl, Cercle et Carré: desarrollo del Constructivismo en Europa desde 1917» en la Galerie Gmurzynska.

SEPTIEMBRE. «De la superficie al espacio: Rusia 1916-1924» en la Galerie Gmurzynska.

STUTTGART

Exposición «Constructivismo y sus seguidores de la colección de la Staatsgalerie Stuttgart y su obra gráfica» en la Staatsgalerie Stuttgart.

1975

ATLANTA

Exposición «Color en la Bauhaus» en el High Museum.

LONDRES

MAYO. Exposición «Constructivismo ruso: período de laboratorio» (viaja después a la Art Gallery of Ontario, Toronto, julio) en Annely Juda Fine Art.

PARÍS

ABRIL. Exposición «2 Stenberg 2» (viaja a Londres en mayo y a Ontario en julio). Primera exposición occidental (desde 1922) dedicada a obras de los hermanos Stenberg.

1976

BRUSELAS

ABRIL. «Retrospectiva Larionov, Gontcharova» en el Musée d'Ixelles.

COLONIA

JUNIO. Exposición «Los años 1920 en Europa del Este» en la Galerie Gmurzynska.

DUSSELDORF

OCTUBRE. Exposición «Forma pura: de Malevich a Albers» en el Kunstmuseum.

LONDRES

Exposición «Kasimir Malevich» en la Tate Gallery.

MARZO. Exposición «Arte suprematista y constructivista ruso 1910-1930» en Fischer Fine Art, Ltd.

MAYO. Exposición «Pioneros rusos en los orígenes del arte no objetivo» en Annely Juda Fine Art.

1977

COLONIA

MAYO. Exposición «Los ismos del arte en Rusia 1907-1930» en la Galerie Gmurzynska.

EDIMBURGO

AGOSTO. Exposición «El espíritu moderno: pintura americana 1908-1935» en la Royal Scottish Academy, y luego en la Hayward Gallery, Londres.

HANNOVER

MARZO. Exposición «Malewitsch-Mondrian Konstruktion als Konzept» en el Kunstverein.

LONDRES

JUNIO. Exposición «Malevich, Suetin, Chashnik, Lissitzky: la recta suprematista» en Annely Juda Fine Art.

PARIS

JUNIO. Exposición «Paris-New York» en el Centre Pompidou.

OCTUBRE. Exposición «Suprematismo» en la Galerie Jean Chauvelin.

1978

COLONIA

JUNIO-JULIO. Exposición «Kasimir Malevich» en conmemoración del centenario del nacimiento del artista, en la Galerie Gmurzynska.

EDIMBURGO

AGOSTO. Exposición «Color y forma liberados: arte ruso no objetivo» en la Scottish National Gallery of Modern Art.

GRAN BRETAÑA

Exposición «Contexto constructivo» organizada por el Arts Council of Great Britain.

NUEVA YORK

ENERO. Exposición «Sincronismo y abstracción de color 1910-1925» en el Whitney Museum y también en el Museum of Fine Arts, Houston; Des Moines Art Center; San Francisco Museum of Modern Art; Everson Museum of Art, Syracuse; Columbus (Ohio) Gallery of Fine Arts.

Exposición «Revolución: vanguardia rusa 1912-1930» en el MoMA.

PARÍS

MARZO. Exposición «Malevich» en el Centre Pompidou.

1979

COLONIA

MAYO. Exposición «Mondrian y De Stijl» en la Galerie Gmurzynska.

DICIEMBRE. Exposición «Mujeres artistas de la vanguardia rusa» en la Galerie Gmurzynska con obras de Exter, Gontcharova, Popova, Rozanova, Stepanova y otras.

LONDRES

JUNIO. Exposición «Línea y movimiento» en Annely Juda Fine Art.

NEW HAVEN

OCTUBRE. Exposición «Mondrian y el Neoplasticismo en América» en la Yale University Art Gallery con obras de Bolotowsky, Diller, Van Doesburg, Glarner, Holtzman, Mondrian.

NUEVA YORK

MARZO. Exposición «La dimensión plana: Europa, 1912-1932» en el Guggenheim Museum.

JUNIO. Exposición «El lenguaje de la abstracción» organizado por iniciativa de los American Abstract Artists y celebrada en la Betty Parsons Gallery y la Marilyn Pearl Gallery.

PARÍS

Exposición «París-Moscú 1900-1930» en el Centre Pompidou (y después en Moscú en 1981).

227

1980

LONDRES

MAYO-JUNIO. «Muelle y océano: construcción en el arte de los años setenta» celebrada en la Hayward Gallery con un amplio espectro de artistas internacionales que emplean idiomas tridimensionales relacionados con la geometría. (Viajó después al Rijksmuseum Kröller-Müller, Otterlo.)

LOS ANGELES

Exposición «La vanguardia en Rusia 1910-1930: nuevas perspectivas» en el Los Angeles County Museum of Art. Un panorama completo de las exploraciones de los principales artistas rusos de la época e incluye pinturas, construcciones tridimensionales, obra gráfica y trajes y decorados de teatro.

PARÍS

MARZO-ABRIL. Exposición antológica de pinturas, dibujos y maquetas tridimensionales de Malevich en el Centre Pompidou.

FILADELFIA

Exposición «Futurismo y la vanguardia internacional» en el Philadelphia Museum of Art con objeto de reinterpretar el vínculo entre el Futurismo y los movimientos de principios de la vanguardia modernista en Inglaterra, Francia, Rusia y Estados Unidos.

Vista de la exposición «Muelle y océano: construcción en el arte de los años setenta» en la Hayward Gallery, Londres, 1980 (Obras de Carl Andre, Donald Judd y Sol Lewitt).

Vista de la exposición «Muelle y océano: construcción en el arte de los años setenta» en la Hayward Gallery, Londres, 1980.

ALBERS, Josef

Homenaje al cuadro: vestíbulo silente. 1961
Óleo sobre una composición en cartón
101.8×101.8 cm
The Museum of Modern Art,
fondo del Dr. y Mrs. Frank Stanton
293.61

ANDRÉ, Carl

Trabum. 1977
Abeto de Douglas, nueve secciones
Total 91.4×91.4×91.4 cm
Cada una de 30.5×30.5×91.4 cm
Solomon R. Guggenheim Museum,
adquirido con ayuda de fondos de
la National Endowment for the Arts de Washington, D. C.;
fondos adicionales donación de
Mr. y Mrs. Donald Jonas, 1978

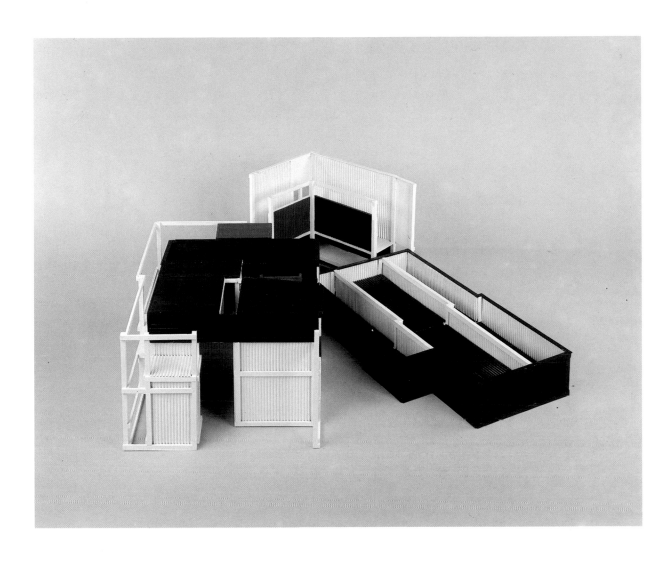

ARMAJANI, Siah

Modelo para la vecindad de Lissitzky, Casa Central. 1978
Balsa de madera, esmalte, plástico, cartón arrugado, dos secciones
Total 29.9×67.3×80.3 cm
Solomon R. Guggenheim Museum,
Exxon Corporation Purchase Award, 1978

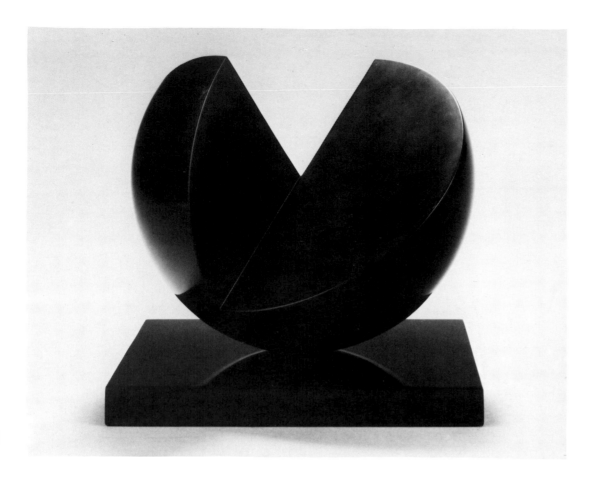

232

BILL, Max

Media esfera en torno a dos ejes. 1966
Mármol negro
30×26 cm
Donación fraccionada a
The Museum of Modern Art,
por The Riklis Collection of McCrory Corporation
994.83

BILL, Max

Grupo en color y negro con blanco alrededor
(Farbige und schwarze Gruppe um Weiss). 1967
Óleo sobre lienzo
40.1×40.1 cm
Solomon R. Guggenheim Museum,
legado de Sybil H. Edwards, 1980

234

BONEVARDI, Marcelo

El astrolabio supremo. Octubre 1973
Construcción pintada
178.4×221 cm
Solomon R. Guggenheim Museum,
donado por The Dorothy Beskind Foundation, 1973

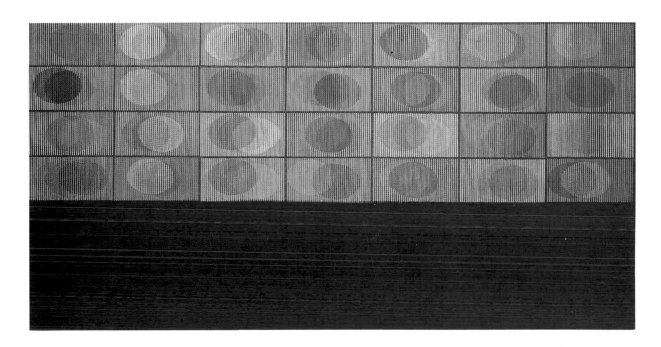

CRUZ-DÍEZ, Carlos

Fisicronomía, 114. 1964
Polimer sintético pintado sobre panel de madera
y sobre pintura paralela sobre franjas (u hojas) de madera plastificada
71.1×142.8 cm
Fondo Interamericano de The Museum of Modern Art
284.65

DEKKERS, Ad

Del cuadrado al círculo. 1968
Relieve sobre chapa de madera dura
90×90×3 cm
Donación fraccionada a
The Museum of Modern Art,
por The Riklis Collection of McCrory Corporation
998.83

GABO, Naum

Variación sobre torsión de bronce. 1963
Bronce chapado en oro y muelles en acero inoxidable
62×71 cm
Donación fraccionada a
The Museum of Modern Art,
por The Riklis Collection of McCrory Corporation
1010.83

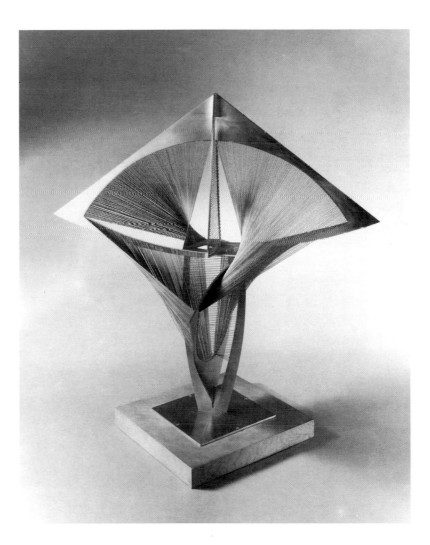

238

GRAESER, Camille

Tres grupos en color contra blanco y negro. 1969
Acrílico sobre lienzo
120×120 cm
Donación fraccionada a
The Museum of Modern Art,
por The Riklis Collection of McCrory Corporation
1015.83

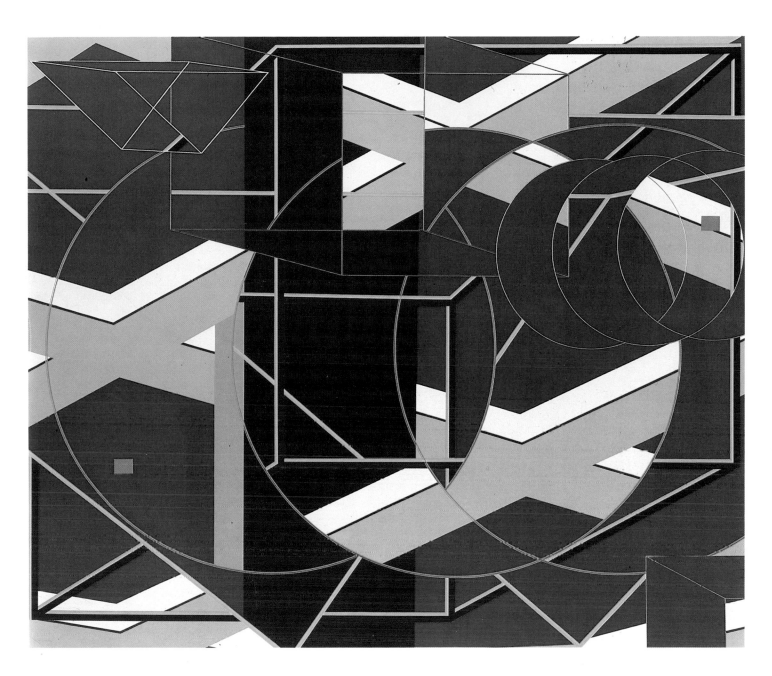

HELD, Al

C-B-1. 1978
Acrílico sobre lienzo
183×213.5 cm
Donación fraccionada a
The Museum of Modern Art,
por The Riklis Collection of McCrory Corporation
1022.83

240

JENSEN, Alfred

Esto es esto. 1966
Óleo sobre lienzo
106.5×91.5 cm
Donación fraccionada a
The Museum of Modern Art,
por The Riklis Collection of McCrory Corporation
1030.83

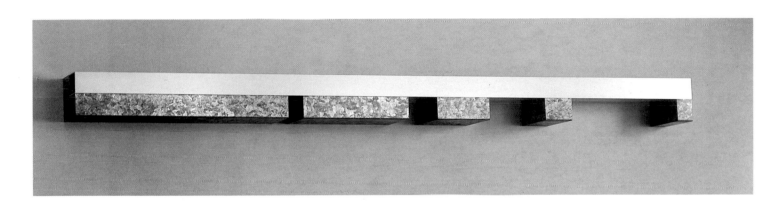

241

JUDD, Donald

Sin título (progresión). 1979
Acero galvanizado y aluminio anodizado
13.5×190.5×13.5 cm
Donación fraccionada a
The Museum of Modern Art,
por The Riklis Collection of McCrory Corporation
1031.83

KELLY, Ellsworth

Spectrum III. 1967
Óleo sobre lienzo en trece partes
En total 84.3×275.7 cm
The Museum of Modern Art,
Colección Sidney and Harriet Janis
Donación fraccionada
336.67

Le WITT, Sol

**Construcción cubista: Diagonal 4,
esquinas opuestas, unidades 1 y 4.** 1971
Madera blanca pintada
61.5×61.5×61.5 cm
Donación fraccionada a
The Museum of Modern Art,
por The Riklis Collection of McCrory Corporation
1038.83

244

MANGOLD, Robert

Círculo distorsionado dentro de un polígono I. 1972
Acrílico sobre lienzo preparado
203×226 cm
Donación fraccionada a
The Museum of Modern Art,
por The Riklis Collection of McCrory Corporation
1042.83

MARTIN, Agnes

Sin título Nº 14. 1977
Tinta india, grafito y gesso sobre lienzo
182.7×182.7 cm
Solomon R. Guggenheim Museum,
donado por Mr. y Mrs. Warner Dannheisser,
Nueva York, 1977
Sólo expuesto en Madrid

MARTIN, Agnes

Piedra blanca. 1965
Óleo y grafito sobre lienzo
182×182 cm
Solomon R. Guggenheim Museum,
donado por Robert Elkon,
Nueva York, 1969
Sólo expuesto en Iberoamérica

NEGRET, Edgar

Navigator III. 1971
Acero inoxidable pintado
147.3×94×83.9 cm
Solomon R. Guggenheim Museum,
donado por Ira S. Agress, 1974

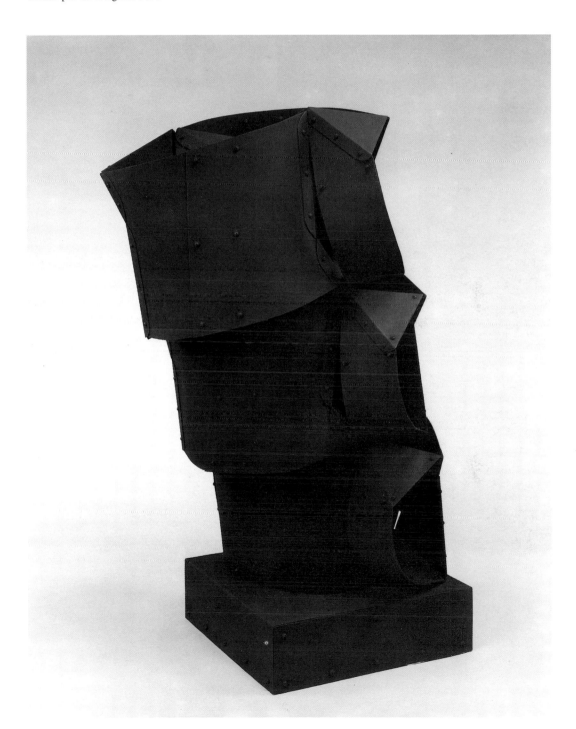

248

NICHOLSON, Ben

Locmariaquer 5. 1964
Óleo y lápiz sobre cartón labrado
98×139,5 cm
Donación fraccionada a
The Museum of Modern Art,
por The Riklis Collection of McCrory Corporation
1055.83

NOLAND, Kenneth

Velo azul. 1963
Acrílico sobre lienzo
175×175 cm
Donación fraccionada a
The Museum of Modern Art,
por The Riklis Collection of McCrory Corporation
1056.83

250

NOVROS, David

Sin título. 1972-75
Óleo sobre lienzo
En dos partes; en total 227.7×346.3 cm
The Museum of Modern Art,
fondo Bernhill y donación anónima prometida
358.80 a-b

RILEY, Bridget

Estudio para pintura (12011-DG). 1965
Gouache y lápiz sobre papel con diagrama
104×71 cm
Donación fraccionada a
The Museum of Modern Art,
por The Riklis Collection of McCrory Corporation
945.83

SANDER, Ludwig

Tioga II. 1969
Óleo sobre lienzo
112×102 cm
Donación fraccionada a
The Museum of Modern Art,
por The Riklis Collection of McCrory Corporation
1065.83

SCHOONHOVEN, Jan J.

R-70.28. 1978
Relieve papel maché
33×33×3.5 cm
Donación fraccionada a
The Museum of Modern Art,
por The Riklis Collection of McCrory Corporation
1069.83

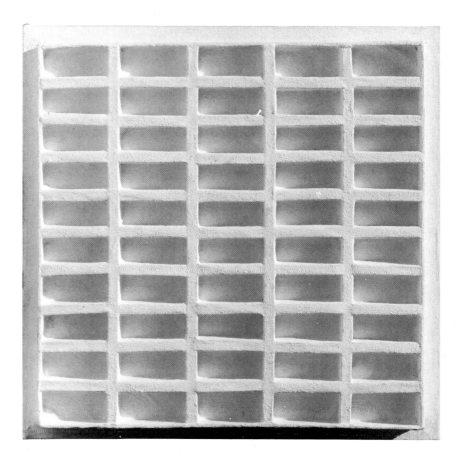

253

SMITH, Tony

Para W. A. 1969
Bronce
Dos unidades, cada una de 152.3×83.8×83.8 cm
Solomon R. Guggenheim Museum,
adquirido gracias a los fondos de
la National Endowment for the Arts de Washington, D. C.
Los fondos adicionales han sido donados por
Junior Associates Committee, 1980

254

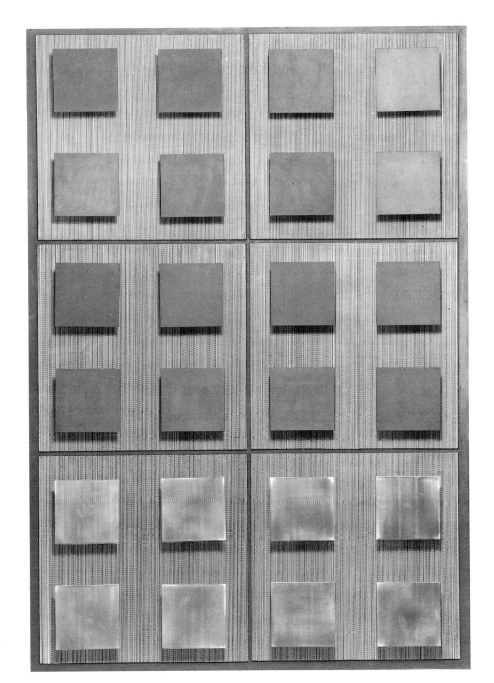

SOTO, Jesús Rafael

Vibración. 1965
Metal, madera y óleo
158.4×107.4×14.6 cm
Solomon R. Guggenheim Museum,
donado por Eve Clendenin. 1967

VASARELY, Victor

Capella 4B. 1965
Témpera sobre una composición en cartón
128.5×83.1 cm
The Museum of Modern Art,
colección Sidney and Harriet Janis
Donación fraccionada
660.67

BIOGRAFÍAS

Estas biografías han sido escritas por Magdalena Dabrowski salvo las firmadas S. H., que han sido redactadas por Susan Hirschfeld.

Albers, Josef

Nace en 1888, en Bottrop, Alemania
Muere en 1976, en New Haven, Connecticut

Estudia en la Escuela Real de Arte en Berlín (1913-1915), la Escuela de Artes Aplicadas en Essen (1916-1919) y la Academia de Arte en Munich (1919-1920). Sus primeras obras (en su mayoría grabados y dibujos figurativos) denotan influencias del Cubismo y del Expresionismo alemán. Continúa sus estudios en la Bauhaus (1920-1923), donde se queda después como director de los talleres de mobiliario y tallado de vidrio y profesor del influyente curso preliminar, familiarizándose con las ideas de Klee y de Kandinsky. En su obra personal experimenta con diversos materiales, estudiando sus posibilidades intrínsecas formales y estructurales. Preocupado por las interrelaciones entre las Bellas Artes y las artes aplicadas, diseña vidrieras de colores y muebles para producción industrial.
Cuando los nazis cierran la Bauhaus, Albers emigra a Estados Unidos donde es profesor en el Black Mountain College en Carolina del Norte (1933-1949) e imparte cursos especiales en Harvard (1936, 1941 y 1950).

Pertenece al grupo radicado en París, Abstraction-Création, y al de American Abstract Artists en Nueva York. De 1950 a 1961 es presidente del Departamento de arte de la Yale University. Su pintura y obra gráfica se centra en la investigación de las relaciones entre los colores, con formas geométricas bien definidas por lo general, y en la creación de ilusión en el espacio, a través de la estructura compositiva. Entre los experimentos que realiza sobre estos conceptos, su serie más famosa es la del *Homenaje al cuadrado* que inició hacia 1949 y en el que, llevando al límite la simplificación del lenguaje formal —con unos cuadrados superpuestos de colores sólidos—, logró el máximo efecto de color, mediante la interacción de líneas, tonos y tamaños.

Andre, Carl

Nace en 1935, en Quincy, Massachusetts.

Estudia en la Phillips Academy, en Andover, y asiste a las clases de Patrick Morgan de 1951-11953 con el pintor Frank Stella, entre otros. En 1954, trabaja para Boston Gear Works en Quincy y viaja a Inglaterra y a Francia. De 1955-1956 es analista de informaciones del ejército, en

Carolina del Norte. Se traslada a Nueva York en 1957 donde trabaja en una editorial de libros de texto. En 1958-1959 realiza su primera escultura de madera de gran tamaño, así como un número de piezas menores de plexiglás y madera, con formas estrictamente geométricas: cubos, cilindros, esferas y pirámides. En esa época el desarrollo estilístico de Andre se inspira en la obra de Frank Stella y en la de Brancusi, sobre todo en la de éste último, en lo que se refiere al formato vertical y a la ausencia de soporte. Posteriormente, en sus obras de madera, metal y plexiglás, renuncia a ambas influencias explorando los principios geométricos de ángulos rectos elementales, como los de la estructura «post-dintel». De 1960 a 1964 tiene una producción artística limitada, pues trabaja de guardafrenos y revisor de trenes de mercancías en la Pennsylvania Railroad —experiencia que considera importante para el desarrollo ulterior de su escultura. En 1964 celebra su primera exposición pública en el Hudson River Museum en Yonkers (N. Y.) y en el Bennington College. Hacia 1965 su obra experimenta un cambio radical, pues empieza a utilizar piezas modulares (espuma de estireno), con diferentes formas, que expone por vez primera en la galería Tibor de Nagy, en Nueva York; según cómo estaban colocadas en el espacio, iba definiendo el entorno, creando con ello relaciones espaciales positivas y negativas. Sus configuraciones parten de unidades de módulos estrictos e intercambiables, que, al ser montados en un espacio determinado, adquieren su identidad como objetos de arte. Después de 1965, ejecuta directamente en el suelo esos

montajes de ladrillos de hormigón o placas de metal, creando un «piso» en el que las permutaciones de los montajes corresponden a las posibles combinaciones aritméticas, según el tamaño de la unidad modular. La obra de Andre y su investigación sobre las calidades intrínsecas de los materiales, su interrelación con el entorno y su objectificación del proceso creativo, presentan similitudes con las obras constructivistas. Andre sigue investigando las posibilidades de transformar la estructura del entorno y se celebran numerosas exposiciones de su obra tanto en Estados Unidos como en Europa.

Annenkov, Yuri Pavlovich

Nace en 1889, en Petropavlovsk, Siberia.
Muere en 1974, en París.

Se educa en San Petersburgo, donde ingresa en la Universidad en 1908 y sigue los cursos de Yan Tsionglinsky (que fue profesor de muchos miembros de la vanguardia rusa entre ellos, Elena Guro y Mijail Matiushin). Vive en París durante dos años, y frecuenta los estudios de Maurice Denis y Félix Vallotton; ve la primera exposición futurista en la galería Bernheim-Jeune en 1912. Al regresar a San Petersburgo, colabora estrechamente con la vanguardia rusa, con miembros de la Unión de Juventudes, y participa asimismo en varios proyectos de diseños para escenarios e ilustración de libros.
En 1915 empieza a explorar el campo de los collages y posteriormente produce obras como *Collage-relieve* (1919), en las que incorpora elementos tridimensionales y combina formas

abstractas con nuevos materiales de uso corriente. De 1917 en adelante, participa en una serie de manifestaciones teatrales para las que elabora diseños novedosos (propone decorados y trajes, basados en el movimiento mecánico). En 1918 empieza a impartir clases en los Talleres de arte libres (Svomas) de Petrogrado y también interviene en la decoración de plazas públicas para espectáculos de masas y proyectos de propaganda, el más célebre de ellos es la reproducción del Asalto al Palacio de Invierno. Realiza retratos de dirigentes comunistas y de figuras artísticas, entre las que cabe citar a Lenin, Lunacharski, Trotski, Akhmatova, Meyerhold. Su obra participa en la exposición Erste Russische Kunstausstellung de la Galerie van Diemen en Berlín, en 1922, y en la Bienal de Venecia de 1924. Emigra a París en 1924 y sigue pintando retratos y naturalezas muertas, a la vez que colabora en diseños tipográficos, de teatro y de cine.

Armajani, Siah

Nace en Teherán en 1939.
Vive en Minneapolis.

En 1960 Armajani se traslada a los Estados Unidos. Sigue los cursos del Macalester College en Saint Paul, Minessota, obteniendo su B. A. en 1963. A finales de los años sesenta Armajani abandona la pintura y empieza a dedicarse a las construcciones. Aunque carecía de formación académica como arquitecto, en aquella época se deja influir por los escritos de Vincent Scully y Robert Venturi, así como por los primitivos puentes americanos, las cabañas de troncos y las edificaciones realizadas a base de tablas.

Las estructuras no funcionales de Armajani —Puentes (1967-83), Casas (1969-77), Espacios Comunales (1977-84), y el Diccionario de Arquitectura (1979-85)—, no pueden ser considerados ni como arquitectura ni como escultura, aunque su obra vaya referida a ambas disciplinas y explore sus interrelaciones. El artista ha llevado a cabo numerosas obras públicas de carácter permanente y ha realizado numerosas exposiciones en los Estados Unidos. En 1985 su obra ha sido objeto de una retrospectiva en la que se han incluido los trabajos que había realizado hasta ahora en el Institute of Contemporary Art, Universidad de Pennsylvania, Filadelfia.
S. H.

Arp, Jean (Hans)

Nace en 1887, en Estrasburgo.
Muere en 1966, en París.

Pintor, poeta y escultor, estudia primero en la Kunstgewerbe Schule en Estrasburgo (1904), después en la Escuela de Arte de Weimar (1905-1907) y posteriormente en la Académie Julian de París (1908). Al volver de París, Arp vive de 1909 a 1912 en Weggis, Suiza, donde colabora con el grupo Moderner Bund; por esas fechas conoce a Kandinsky (1911) y al año siguiente, participa en la segunda exposición del Blaue Reiter en Munich. Tras su encuentro con Kandinsky empieza a crear obras abstractas y, en 1913, participa en el Herbstsalon, en la galería Der Sturm de Herwarth Walden, en Berlín. En el verano de 1915 se traslada a Zurich donde contribuye a fundar el movimiento Dadá, con Tristan Tzara, Hugo Ball y Richard Huelsenbeck, en 1916.

En 1920 es uno de los fundadores del grupo Dadá en Colonia, junto con Johannes Baader y Max Ernst. Ese mismo año se traslada a París y en 1926 se establece en Meudon. Al principio, se siente interesado ante todo por los collages, los grabados y los relieves de madera. De 1910 a 1930 colabora como poeta y artista, en importantes revistas de arte: *Der Blaue Reiter, Der Sturm, Dada, La revue surréaliste*. En 1925, él y Lissitzky publican un libro sobre los diferentes aspectos del arte abstracto: *Die Kunstismen* (Los ismos en el arte) y ese mismo año, estrecha sus vínculos con el movimiento surrealista, a la vez que mantiene contactos con Van Doesburg, con quien Arp y su mujer Sophie Taeuber-Arp participan en la restauración del Café de l'Aubette, Estrasburgo (1927-1928).
En 1930 se une al grupo Cercle et Carré y al año siguiente figura entre los miembros fundadores de Abstraction-Création. A partir de 1930, se dedica principalmente a la escultura, trabajando tanto el bronce como la piedra y la madera. Sus obras de aquel período se caracterizan por sus superficies lisas, sus formas naturales que se reducen a configuraciones básicas, a veces onduladas, pero siempre monumentales, independientemente de su escala, como su *Casco I* (1955). Durante la Segunda Guerra Mundial, Arp vive en Suiza y en 1945 regresa a Meudon, en las afueras de París, donde sigue dedicándose a sus poemas, dibujos y litografías. Visita Estados Unidos en 1949 y en 1958 se celebra una exposición antológica en el Museum of Modern Art de Nueva York.

Baljeu, Joost

Nace en 1925, en Middleburg, Países Bajos.
Vive en La Haya.

Empieza a pintar en 1940. De 1943 a 1945 estudia en el Instituto de Diseño de Amsterdam. A partir de 1952-1955 pinta sus primeros cuadros abstractos. Posteriormente renuncia a la pintura para dedicarse a construcciones geométricas con influencias a la vez del Cubismo y del grupo De Stijl. Animado por su interés por el arte geométrico y el Constructivismo, funda en 1958 la revista *Structure* (publicada hasta 1964), que se convierte en el foro para el intercambio de las teorías relacionadas con el Constructivismo. Desde 1957, es profesor en la Real Academia de Bellas Artes de La Haya y sigue desarrollando sus teorías sobre pintura, escultura y construcción.

Balla, Giacomo

Nace en 1871, en Turín.
Muere en 1958, en Roma.

Estudia brevemente en Turín y después, hacia 1900, en París, aunque ante todo es autodidacta. En 1893 se traslada a Roma donde vive y trabaja durante el resto de su vida. Fue profesor de Boccioni y de Severini con quienes firma el *Manifiesto técnico de pintura futurista* en 1910. Fuertemente influido en un principio por el neoimpresionismo francés, elabora su propio lenguaje divisionista que, en sus obras futuristas posteriores a 1910, aplica al concepto de movimiento simultáneo de formas en el espacio. Su interés pictórico se centra fundamentalmente en los elementos abstractos del ritmo, la luz y el color, así como la velocidad, la dinámica y el sonido. Balla expone por vez primera con los futuristas en 1912 y sigue con ese estilo hasta los años treinta, diseñando salas futuristas para la Exposición Internacional de Artes Decorativas de París en 1925. También desempeña un papel fundamental en los esfuerzos por revitalizar el Futurismo italiano, a principios de los años cincuenta. Gran parte de su obra se caracteriza por la estructura arquitectónica del color y la forma.

Baumeister, Willi

Nace en 1889, en Stuttgart.
Muere en 1955, en Stuttgart.

Se educa en Stuttgart, donde estudia en la Academia de Bellas Artes, siguiendo los cursos del celebrado teórico del color, Adolf Hölzel. En 1911 y 1914 realiza varios viajes a París, el segundo de ellos con Schlemmer. Colabora con la galería Der Sturm en Berlín, en 1912, y participa en su primer Herbstsalon, en 1913. Sus primeros cuadros abstractos, realizados en 1919, presentan una estructura de arquitectura geométrica. Sus investigaciones para aquella serie (Mauerbilder) le llevan a interesarse en la obra de Le Corbusier, Ozenfant y Léger con quienes tiene contacto. Conceptualiza un lenguaje personal que incorpora formas geométricas y de máquinas en composiciones figurativas y abstractas, y a veces también explora las variantes de texturas, mediante el empleo de materiales distintos que añade a la superficie. En aquella época le interesan las teorías neoplasticistas y constructivistas. En 1928, le nombran profesor de artes gráficas,

en la Escuela del Staedel Museum, en Frankfurt am Main, donde permanece hasta 1933. Su obra figura en la exposición organizada por la Société Anonyme en 1926, en Brooklyn, Estados Unidos; en 1927 celebra una exposición en París. En 1930 entra a formar parte del grupo Cercle et Carré, y de su sucesor, Abstraction-Création, en 1932. Hacia 1937 su estilo cambia radicalmente. Su obra fue prohibida en la Alemania de Hitler pero en 1945, Baumeister reanuda sus actividades docentes y creativas.

Beekman, Chris Hendrik

Nace en 1887, en La Haya.
Muere en 1964, en Amsterdam.

En 1900 empieza a estudiar cerámica y pintura y, de 1907 en adelante, se dedica exclusivamente a la pintura. Sus primeras obras están influidas por la escuela de La Haya y —tras su viaje a París en 1913— por el neoimpresionismo. Al regresar a Holanda en 1914 conoce a Bart van der Leck y, a través suyo, se une al grupo De Stijl. Como miembro del partido comunista holandés, aboga por una mayor participación política del grupo De Stijl, y promueve la idea de establecer un vínculo entre el arte no figurativo y la revolución proletaria. En 1919-1920, desempeña un papel activo en la campaña para entablar relaciones con los artistas vanguardistas de la Unión Soviética. Beekman contribuye especialmente a ello al iniciar una correspondencia con Malevich. Hacia 1923, como la rigidez geométrica del grupo De Stijl ya no le satisface, vuelve al arte figurativo.

Béothy, Etienne (Istvan)

Nace en 1897, en Heves, Hungría.
Muere en 1962, en París.

Inicia sus estudios en Hungría, donde empieza la carrera de arquitecto en la Escuela de Arquitectura de Budapest. Allí conoce a Moholy-Nagy y se une al grupo MA formado por éste. Se interesa en el Constructivismo y, en 1920, renuncia a la arquitectura y estudia durante cuatro años en la Academia de Arte de Budapest. Viaja a Viena, a Italia y a Munich y se establece en 1925 en París, donde en 1931 se convierte en uno de los fundadores del grupo Abstraction-Création. Después de la Segunda Guerra Mundial participa en el intento de rehabilitar la abstracción geométrica, mediante su intervención activa en el marco de Realités Nouvelles. A partir de 1952, es profesor en la Escuela de Bellas Artes en París. Su escultura manifiesta una fuerte tendencia constructivista.

Berlewi, Henryk

Nace en 1894, en Varsovia.
Muere en 1967, en París.

Estudia en la Academia de Bellas Artes de Varsovia de 1906 a 1909; en la Académie des Beaux-Arts de Amberes, de 1909 a 1910, y en la École des Beaux-Arts de París, de 1911 a 1912. En París se interesa en el Cubismo y, al regresar a Varsovia en 1913, en el Futurismo y el Dadaísmo. Su obra experimenta un cambio profundo cuando conoce a Lissitzky en Varsovia, en 1921, y a raíz de las influencias asimiladas durante el año que pasa en Berlín, donde

asume un papel activo en el movimiento de vanguardia. Forma parte del Novembergruppe; en 1922 participa en el Congreso Internacional de Artistas Progresistas en Düsseldorf, y seguidamente, en 1923, expone su obra en la Grosse Berliner Kunstausstellung. Por aquella época formula su concepto de «Mechano-Faktura» —un lenguaje abstracto basado en la disposición dinámica o estética (cuadrados, rectángulos y círculos) de las figuras geométricas, ya sea en colores uniformes, o a través de hileras de puntos blancos y negros que producen una ilusión óptica de formas vibrantes—. Los preceptos de su «Mechano-Faktura» —publicado por vez primera como folleto en Varsovia, en 1924, y después en la revista Der Sturm— derivaban de su fascinación por la máquina y los principios de la producción mecánica, así como de su fe en el valor objetivo de las formas geométricas. En marzo de 1924 muestra sus «Mechano-Faktura» primero en su exposición individual en la sala de Austro-Daimler, en Varsovia, después en la primera exposición colectiva del grupo constructivista polaco Blok (con el que colabora estrechamente) y más adelante en Berlín, en agosto de 1924. Durante los años siguientes, Berlewi produce en el marco de su agencia de publicidad Reklama Mechano alguno de los ejemplares más modernos de diseño gráfico y tipografía pictórica constructivistas. Hacia 1926, se siente interesado en los diseños teatrales y en las pequeñas formas arquitectónicas. En 1928 se instala en París y abandona sus investigaciones sobre las formas abstractas hasta el año 1947, en que las reanuda al iniciar sus experimentos con formas rítmicas, generadoras de ilusiones ópticas. Estas obras figuran en la exposición «El ojo sensible», organizada por el Museum of Modern Art de Nueva York en 1965, que presentaba el arte «óptico» al público.

Biederman, Charles

Nace en 1906, en Cleveland.
Vive en Red Wing, en Minnesota.

A los dieciséis años empieza de aprendiz en un taller de arte comercial, en Cleveland; de 1926 a 1929 asiste a los cursos de la Escuela del Art Institute of Chicago y permanece en Chicago hasta 1934. Por aquella época su arte manifiesta influencias de Cézanne y del período cubista de Picasso y Gris. Sus primeras obras totalmente abstractas son de 1934, año en que se traslada a Nueva York y conoce a George L. K. Morris, A. E. Gallatin, Léger y Pierre Matisse en cuya galería se familiariza con el arte de Léger, Mondrian y Miró. A finales de 1935, empieza sus relieves de madera, algunos con diseños geométricos. Al año siguiente visita París, donde permanece de octubre de 1936 a junio de 1937; conoce a Mondrian, Vantongerloo, Pevsner, Arp, Brancusi, Domela y Miró y reanuda el contacto con Léger. Las ideas constructivistas de Pevsner en particular inciden enormemente en la obra de Biederman quien, al regresar a Nueva York (en 1937), renuncia a la pintura a favor de la construcción, pues los procedimientos pictóricos tradicionales de los artistas europeos no le satisfacen. Sus obras de entonces combinan influencias del Constructivismo y del grupo De Stijl, que el artista

incorpora a sus relieves estructuralistas, y alrededor de 1939, aparece una relación más pronunciada con la obra de Mondrian. En los primeros años cuarenta, Biedermann se va apartando del modelo neoplasticista y demuestra cierta inclinación por algunas ideas constructivistas de Gabo y Pevsner. La mayor originalidad de sus obras de este período estriba en las investigaciones sobre los fundamentos del color, que lleva a cabo en sus relieves estructuralistas. Biederman desarrolla el concepto de estructuralismo como método para ilustrar en términos estrictamente geométricos las modificaciones de las formaciones estructurales que subyacen bajo las formas naturales. En 1948 publica sus conceptos teóricos sobre la evolución del arte, con el título de *Art as the Evolution of Visual Knowledge* (El arte como evolución del conocimiento visual), aunque el libro lo había empezado en 1938 inspirado por un seminario al que asistió aquel año en Chicago.

Bill, Max

Nace en 1908, en Wintherthur.
Vive en Zurich.

Arquitecto, pintor, escultor, grabador y diseñador industrial, empieza estudiando el oficio de platero en la Escuela de Artes Aplicadas de Zurich y después en la Bauhaus (1927-1929). Le influyen en particular las ideas de Albers y de Moholy-Nagy y, en 1929, fija su residencia en Zurich donde trabaja hasta la fecha. Forma parte del grupo Abstraction-Création desde su fundación, en 1931, y hasta su disolución, en 1936, y colabora

tanto en sus exposiciones como en la revista. En 1944 organiza su primera exposición internacional de «Arte concreto» en Basilea, y es profesor en la Escuela de Artes Aplicadas de Zurich (1944-1945), en el Departamento de arquitectura de la Technische Hochschule de Darmstadt (1948) y más adelante participa en la fundación de la Hochshule für Gestaltung de Ulm (1951). En 1957 monta su oficina de diseño y arquitectura en Zurich. Su obra pluridisciplinaria no ha dejado de perseguir el ideal de la Bauhaus, de unificación de las Bellas Artes con las artes aplicadas. La escultura de Bill, iniciada en 1932, siempre ha estado encaminada a la definición espacial y se ha caracterizado por su claridad de formas. A finales de los años treinta y principios de los cuarenta, sus intereses por las matemáticas le llevan a enunciar conceptos de escultura, basados en principios topológicos y matemáticos que han dado lugar a la repetición y variación de formas con materiales diversos.

Bolotowsky, Ilya

Nace en 1907, en San Petersburgo.
Muere en 1981, en Nueva York.

Se educa en el St. Joseph College, en Estambul, donde su familia, originaria de Bakú (Cáucaso) se había establecido después de la Revolución Rusa. Llega a Estados Unidos en 1923 y cursa estudios en la National Academy of Design de Nueva York (1924-1930). Las primeras influencias que asimila y que encauzan su lenguaje hacia la abstracción fueron las de los constructivistas rusos, cuyas obras conoce hacia 1929, y más tarde, las de Mondrian y de Miró. En 1932 viaja a Europa y al regresar a

Estados Unidos trabaja para el Public Works of Art Project (Proyecto de obras de arte públicas), de 1936 a 1941, en la división de murales del Federal Art Project (Proyecto de arte federal) del WPA, bajo la supervisión de Burgoyne Diller, pintando numerosos murales. La obra que ejecuta para el proyecto de viviendas de Williamsburg es uno de los primeros murales abstractos realizados en Estados Unidos. Bolotowsky entra a formar parte del grupo The Ten en 1935 y al año siguiente contribuye a la creación de la asociación de American Abstract Artists. Los años 1927 a 1944 resultaron ser el período en que su obra experimenta mayores cambios y diversidad. Su primer estilo, figurativo y semiabstracto, con influencias de Klee, Braque y Arp, se va transformando paulatinamente en composiciones abstractas en que se entremezclan las formas biomórficas, que posteriormente se transforman en configuraciones, cada vez más austeras, de formas geométricas estrictas y colores puros, con un estilo claramente emparentado al de Mondrian, cuya obra descubre en 1933. Bolotowsky sigue desarrollando su lenguaje neoplasticista propio durante los quince años siguientes. La influencia de Mondrian sobre su estilo aumenta con la llegada del pintor holandés a Estados Unidos en 1940. La obra de Bolotowsky, de mediados de los años treinta y de los años cuarenta, también manifiesta algunos rasgos del Suprematismo de Malevich cuya estructura plana, precisión y escueto rigor formal impresionaban a Bolotowsky. Hacia finales de los años cuarenta empieza a experimentar con lienzos de formas insólitas: elipsis, trapezoides. Además de la pintura, Bolotowsky también se dedica a la enseñanza y en 1946 sustituye a Albers durante dos años en el Black Mountain College, en Carolina del Norte; de 1948 a 1957 imparte clases en la Universidad de Wyoming y más tarde en institutos y escuelas de arte de la zona de Nueva York. En los años cincuenta aplica su lenguaje peculiar en las columnas pintadas. Asimismo transfiere su versión personal de la abstracción geométrica, que contenía elementos del Neoplasticismo y del Constructivismo, en la forma tridimensional de sus esculturas posteriores a 1961.

Bonevardi, Marcelo

Nace en 1929 en Buenos Aires.

Bonevardi ingresa en 1948 en la Universidad de Córdoba, Argentina. Tras estudiar arquitectura durante un corto período, decide dedicarse a la pintura. En 1950 Bonevardi viaja a Italia donde trabaja por su cuenta durante un año. En 1956 es profesor (no titular) de Artes Plásticas del Departamento de Arquitectura de la Universidad Nacional de Córdoba. Dos años más tarde, Bonevardi llega a Nueva York con una beca de la John Simon Guggenheim Memorial Foundation y desde entonces ha trabajado en esta ciudad. En 1956, contempla por primera vez las cajas de Joseph Cornell y abandona su estilo pictórico y formal. Hacia 1963 va madurando su propio estilo. La obra de Bonevardi aúna elementos escultóricos pictóricos y arquitectónicos en unas composiciones en las que predominan los colores primarios.

Bonevardi elabora sus superficies, semejantes a los relieves, a base de líneas pintadas y concavidades esculpidas que contienen objetos geométricos de madera, lo que recuerda la obra de los constructivistas rusos y las construcciones de comienzos de los años veinte de Kurt Schwitters. Bonevardi ha participado en numerosas exposiciones en los Estados Unidos y en Iberoamérica. El Museo de Quebec y el Center for Inter-American Relations de Nueva York han ofrecido exposiciones individuales de este artista, en 1974 y 1980, respectivamente.
S. H.

Bortnyik, Alexander (Sandor)

Nace en 1893, en Marsvasarhely, Hungría.
Muere en 1976, en Budapest.

Se establece en Budapest en 1910 y hacia 1912 cursa estudios en la escuela particular que dirigían Josef Rippl-Ronai y Karol Kernstok. Expone su primer cuadro en el Salón Nacional de Budapest en 1916. Pertenece a un círculo de constructivistas que se agrupaban en torno a Moholy-Nagy y Kassak (a quienes conoce en 1916), Laszlo Peri y la revista *MA* (Hoy). Sus primeras obras presentaban un estilo cubo-futurista con temas relacionados con los ideales políticos de la revolución social que, al ser ardiente comunista, suscribía. En 1920, tras el derrocamiento del gobierno socialista de Hungría, Bortnyik se traslada a Viena y se une a Kassak, colaborando en la nueva versión de su revista *MA*. Permanece en la capital austríaca hasta que en 1922 se va a vivir durante tres años a

Weimar (donde entra en contacto con la Bauhaus) y en 1925 regresa a Budapest. En 1922 celebra una exposición en Der Sturm, en Berlín, y más adelante expone en otras galerías alemanas. Su obra de ese período denota influencias del Constructivismo Internacional, cuyo mejor exponente es su serie casi abstracta *Arquitectura de la pintura* (1921-1923). Su obra se expone en Estados Unidos a través de la Société Anonyme de Katherine Dreier. Al regresar a Budapest, Bortnyik se dedica activamente a la pintura, los diseños teatrales, el diseño gráfico, la crítica de arte y la enseñanza, fundando en 1928 una escuela particular llamada Mühely (Estudio), que funciona durante diez años y a la que se considera como la versión húngara de la Bauhaus. Después de la Segunda Guerra Mundial y hasta su muerte, sigue desempeñando un papel activo en la vida artística de Budapest como artista, crítico y profesor.

Buchheister, Carl

Nace en 1890 en Hannover.
Muere en 1964, en Hannover.

Si se exceptúa un período de seis meses en el que cursa estudios en la Academia de Artes Aplicadas de Berlín, en 1918, se puede decir que Buchheister es un autodidacta. En 1919 se dedica totalmente a la pintura. Abandona el marco académico de Berlín y regresa a Hannover, donde permanece el resto de su vida. En 1921 conoce a Kurt Schwitters cuyo trabajo, junto con el de Lissitzky, Van Doesburg, Kandinsky y Moholy-Nagy (con la Kestner-Gesellschaft) influye grandemente en el desarrollo de su obra. Su estilo, que en 1923 era

lírico abstracto, se hace geométrico abstracto en 1926, año en el que celebra su primera exposición individual en la galería Der Sturm de Berlín y en el que participa en la «Exposición internacional de arte moderno» organizada por Katherine Dreier en el Brooklyn Museum. Junto con Schwitters, Rudolf Jahns y César Domela funda Die Abstrakten-Hannover, una sección del Vereinigung der Expressionisten, Futuristen, Cubisten und Konstruktivisten, de índole internacional y radicada en Berlín.
También pertenece al Novembergruppe de Berlín y al grupo parisino Abstraction-Création. Cuando en 1933 los nazis prohiben el arte abstracto e incluyen sus obras en la exposición «Arte degenerado» en Berlín en 1937, Buchheister se retira del escenario público y trabaja totalmente solo, pintando paisajes y retratos. Participa en la Segunda Guerra Mundial y regresa a Hannover en 1945 donde sigue pintando, exponiendo y dando clases.
Sus primeras obras constructivistas de mediados de los años veinte manifiestan un equilibrio de formas y proporciones calculadas matemáticamente, en las que la rigidez del sistema se ve atenuado por diversas manipulaciones de planos de color y variaciones rítmicas de líneas. A partir de 1928 introduce en sus obras texturas más variadas, mediante el uso de materiales tridimensionales (a la manera de los constructivistas rusos, de Moholy-Nagy y de Schwitters) y la creación de relaciones espaciales de mayor complejidad, en las que intervienen a veces las diagonales.

Carrà, Carlo

Nace en 1881, en Alessandria, Italia.
Muere en 1966, en Milán.

Estudia decoración y trabaja en Milán de 1885 a 1899. En 1899 realiza su primer viaje a París donde trabaja como decorador en la Exposición Internacional de 1900. Posteriormente se traslada a Londres, donde entra en contacto con los círculos anarquistas italianos allí residentes. En 1901 regresa a Milán, donde continúa recibiendo encargos relacionados con la decoración. En 1904 y 1905 sigue las clases nocturnas del Castello Sforzesco y un año más tarde empieza a estudiar con Cesare Tallone en la Academia de Bellas Artes de Brera (1906-1908). Allí conoce Carrà a los pintores Aroldo Bonzagni, Romolo Romani y Umberto Boccioni. En 1910 conoce a Filippo Tomaso Marinetti, con el que, junto con Boccioni, forma un trío que sería activo impulsor del Movimiento Futurista, cuyo primer Manifiesto firman en 1910. Carrà realiza un segundo viaje a París en 1911, en el que conoce a Pablo Picasso y Georges Braque. A este seguirían dos viajes: uno en 1912, en el que participa en la Exposición Futurista de la Galería Bernheim-Jeune, y otro en 1914. Poco antes del estallido de la Primera Guerra Mundial regresa a Milán, desarrollando, entre 1915 y 1916, estrechos contactos con el grupo de Florencia y la nueva revista *Voce*. Después de 1914 se va separando paulatinamente de los principios futuristas, haciendo evolucionar su estilo pictórico desde las composiciones futuristas con fuerte impronta cubista a un estilo metafísico caracterizado por calculadas distorsiones.

En 1917 Carrà conoce a Giorgio de Chirico y a otros «metafísicos» como Savinio, Govoni y De Pisis. Influido por los nuevos alientos pictóricos y literarios patentes en la obra de éstos, pasa a convertirse en miembro activo de la Escuela Metafísica. En 1917 se incorpora al ejército; tras dos años de servicio militar regresa a Milán, engrosando las filas de *Valori Plastici*, revista publicada en Roma por Mario Broglio. A partir de 1920 su obra adquiere un carácter cada vez más figurativo que conserva hasta el final de sus días. Participa en numerosas exposiciones en Italia, entre ellas las retrospectivas de la Pinacoteca de Brera (1942) y de Castello Sforzesco (1962) llevadas a cabo en Milán.

Chashnik, Ilya Grigorevich

Nace en 1902, en Lyucite, Letonia.
Muere en 1929, en Leningrado.

A partir de 1903, vive en Vitebsk donde de 1917 a 1919 estudia arte con Yuri Pen. En 1919 empieza a asistir a clases en el Vkhutemas de Moscú en 1919 pero no tarda en regresar a Vitebsk, donde estudia en el Instituto de Arte Práctico con Chagall, que por entonces era director del Instituto. Se convierte en discípulo y seguidor de Malevich y de su estilo suprematista, cuando éste sustituye a Chagall como director del Instituto, en el invierno de 1919-1920. Es uno de los organizadores del grupo Posnovis (Seguidores del nuevo arte) encabezado por Malevich, cuyo nombre se transformó más tarde en Unovis (Afirmadores del nuevo arte). Todas las exposiciones Unovis contenían obras de Chashnik. Trabaja en estrecha colaboración con muchos artistas vanguardistas: Ermilov, Klucis, Lissitzky, Kidekel, Ermolaeva, Suetin. Cuando Malevich, obligado a marcharse de Vitebsk, se traslada a Petrogrado en 1922, Chashnik (junto con Suetin, Ermolaeva y Yudin) se une a él y desde 1924 colabora con él en el Ginkhuk de Petrogrado, en sus maquetas arquitectónicas suprematistas a la vez que va desarrollando sus propias ideas de arquitectura. También trabaja con Suetin en la Fábrica de Cerámica Estatal de Lomonosov, diseñando motivos para vajilla y ejecutando numerosos diseños de cerámica, textiles y portadas de libros. En 1923 se dedica a la investigación en el Museo de Cultura Pictórica y ese mismo año participa en la «Exposición de pintura de artistas de todas las tendencias de Petrogrado». En 1925 pasa a ser investigador adjunto del Instituto de Decoración y de 1925 a 1926 colabora con Suetin y el arquitecto Alexandr Nikolski. Las pinturas y acuarelas suprematistas de Chashnik, aunque denotan claras influencias de las obras suprematistas de Malevich, demuestran una forma personal de entender los principios suprematistas y, comparadas con la obra de Malevich, presentan mayor concentración de formas en el centro de la composición y una observación más estricta de la ordenación vertical-horizontal, convirtiéndose a veces en diseños abstractos.

Cruz Díez, Carlos

Nace en 1923 en Caracas, Venezuela.
Vive en París.

Estudia en la Escuela de Bellas Artes de Caracas (1940-45). Posteriormente trabaja como Director de Arte para la agencia publicitaria McCann-Erickson en Venezuela (1946-51) mientras hace ilustraciones para el periódico *El Nacional* de Caracas. En 1957 funda el Estudio de Artes Visuales, dedicado a las artes gráficas y al diseño industrial. Entre 1958 y 1960 pasó a compartir la dirección de la Escuela de Bellas Artes de Caracas y es profesor de diseño tipográfico de la Escuela de Periodismo de la Universidad Central de Venezuela. En 1960 se establece en París. Desde entonces ha sido incluido en numerosas exposiciones en Europa, Iberoamérica y los Estados Unidos. Sus obras, elaboradas a partir de simples formas geométricas, investigan los efectos ópticos de la luz y la interacción dinámica de la luz, el color y la forma.

Dekkers, Ad

Nace en 1938, en Nieuwport, Países Bajos.
Muere en 1974, en Gorcum, Países Bajos.

Cursa estudios de 1954 a 1958 en la Academia de Arte de Rotterdam. Recibe influencias de la obra de Ben Nicholson y de Mondian. Su estilo, con el que al principio representa objetos con gran precisión, se va transformando en estilo no objetivo con pinturas y relieves totalmente blancos, en los que experimenta con las interrelaciones de luz, forma y espacio. También le interesa la sistematización de la sensación tanto en el dibujo como en la escultura.

Delaunay, Robert

Nace en 1885, en París.
Muere en 1941, en Montpellier.

A los diecisiete años entra de aprendiz en un taller de diseñador de decorados en Belleville, en el que trabaja durante dos años. Después se entrega por completo a la pintura y expone sus primeros paisajes, pintados a la manera de los impresionistas, en el Salon des Indépendants de 1904. De 1905 a 1909 trabaja con el lenguaje neoimpresionista. Delaunay está profundamente influido por Seurat, pero también estudia la pintura de Cézanne y en 1907 «descubre» las leyes de contrastes simultáneos de los colores al leer el famoso libro de Chevreul (publicado en 1839). Su breve paso por el Cubismo (1909-1911) resulta patente en sus cuadros de St. Severin y de la Torre Eiffel. En 1910 contrae matrimonio con Sonia Terk, con quien colabora más tarde en varios proyectos de decoración. A su fase cubista «destructiva» sucede la fase «constructiva» de investigaciones sobre las relaciones cromáticas y espaciales de los contrastes de colores y su percepción en el tiempo —conceptos relacionados con la filosofía de Bergson y la noción de continuidad del movimiento a través del tiempo y del espacio. Todo esto se plasma en el estilo de sus primeros cuadros abstractos, que Apollinaire denominó «Orfismo». Estos cuadros abstractos de colores, que empiezan con las series de

Ventanas (1912) y de Discos: formas circulares (1913), constan de formas geométricas yuxtapuestas de colores, que infunden energía al lienzo a través de sus interferencias. El tema de la obra es el color, el ritmo, la luz y el movimiento —y sigue siendo el mismo durante toda su carrera que culmina con su serie Ritmo sin fin de 1930-1935.
Desde un principio, Delaunay desempeña un papel activo en la vanguardia francesa e internacional. Expone obras con el grupo Blaue Reiter en Munich, por invitación de Kandinsky (en 1911) y celebra una exposición individual en la galería Der Sturm de Berlín en 1913. Durante la Primera Guerra Mundial vive en España y en Portugal y regresa a París en 1921. Abandona por un tiempo el estilo abstracto, se interesa en el diseño de teatro y la decoración y pinta numerosos retratos. Hacia 1930 vuelve al lenguaje abstracto y realiza sus primeros relieves abstractos de yeso, y después experimenta con materiales como la caseína y el cemento. Durante los años treinta, participa junto con otros artistas y arquitectos, en varios proyectos de decoración como los de los pabellones de la Exposición Universal (1937) y la sala de escultura para el Salón de las Tullerías (1938).

Delaunay-Terk, Sonia

Nace en 1885, en Ucrania.
Muere en 1979, en París.

Gran colorista, pintora polifacética, diseñadora de talento y, por encima de todo, activa contribuyente en diversos campos del arte moderno durante el período más creativo de la Escuela de París, es también una íntima

colaboradora de su marido, Robert Delaunay. Empieza a estudiar pintura y dibujo en Karlsruhe (Alemania) en 1903 y en 1905 llega a París y se matricula en la Académie de la Palette donde conoce, entre otros, a Ozenfant y a Segonzac. Ahí se va familiarizando con el «fauvismo» y estudia la obra de Van Gogh y de Gauguin cuya influencia es patente en sus cuadros de aquella época. En 1910 contrae matrimonio con Robert Delaunay y al poco tiempo, bajo su influencia, abandona el estilo «fauvista»-expresionista figurativo a favor del abstracto, demostrando una inclinación particular por el color vibrante. En 1912 empieza a interesarse en el diseño, colaborando con Blaise Cendrars en el primer libro «simultáneo», La Prose du transsibérien et de la petite Jehanne de France y muestra su gran originalidad en el campo de las artes decorativas y aplicadas (diseños de textiles, carteles y trajes). De 1913 en adelante, su obra se caracteriza por sus formas geométricas y sus colores intensos. Los motivos de muchos de sus trabajos decorativos están relacionados con su pintura. Después de la muerte de Robert Delaunay en 1941 y hasta su regreso a París en 1945, al final de la Segunda Guerra Mundial, mantiene un estrecho contacto con Arp, Sophie Taeuber-Arp y A. Magnelli —el «Groupe de Grasse». Por aquella época modifica su paleta de colores vibrantes añadiéndole el negro. Cuando regresa a París expone con el grupo Art Concret y también contribuye a la fundación del Salon des Réalités Nouvelles. Sigue pintando y publicando obras gráficas hasta su muerte, desarrollando los temas iniciales de «ritmo coloreado» y «ritmo sin

fin», sintomáticos de sus preocupaciones sobre el movimiento, la luz y el color puro.

Dexel, Walter

Nace en 1890, en Munich.
Muere en 1973, en Braunschweig.

Empieza como historiador de arte en Munich, donde estudia de 1910 a 1914 con Heinrich Wölfflin. Después de obtener su licenciatura en Jena en 1916, asume el cargo de director suplente de la Jena Kunstverein. Hacia 1912 realiza sus primeras pinturas y entre 1919 y 1925 entabla contactos con la Bauhaus y los miembros de la vanguardia en Weimar; también mantiene relaciones con la galería Der Sturm en Berlín, donde a partir de 1918 expone sus obras. Conoce a Theo van Doesburg y organiza con él el Congreso dadaísta-constructivista de Weimar, en el otoño de 1922. Su arte gira en torno a los principios del Neoplasticismo y del Constructivismo, empleando formas geométricas y colores planos en composiciones ordenadas con rigor. Dexel también se interesa desde un principio en los diseños de escenarios y, durante toda la década de los veinte, ejecuta numerosos diseños editoriales y asimismo trabaja como asesor de publicidad para la ciudad de Frankfurt. Cuando su arte fue prohibido por los nazis en 1933, se dedica esencialmente a la enseñanza del arte y es profesor en Berlín de 1936 a 1942. De 1942 a 1955, dirige la colección Forma Histórica en Brauschweig. En 1961 vuelve a pintar y permanece en Berlín hasta su muerte.

Diller, Burgoyne

Nace en 1906, en Nueva York.
Muere en 1965, en Nueva York.

Diller es uno de los primeros artistas americanos completamente abstractos y un importante defensor del Neoplasticismo. Se educa en Michigan y cursa estudios en la Michigan State University, en East Lansing. Empieza a dibujar y a pintar en 1920 y mientras estudia en la universidad acude con frecuencia al Art Institute de Chicago para analizar las pinturas impresionistas y postimpresionistas; de entre ellas, las obras de Seurat y de Cézanne influyen particularmente en su desarrollo pictórico. Se traslada a Nueva York en 1928 y se matricula en la Art Students League en 1929; allí estudia durante cinco años con varios profesores: Jan Matulka, George Grosz, Hans Hofmann. Sus obras iniciales denotan una influencia evidente del Cubismo Analítico y Sintético, junto con rasgos de Expresionismo alemán y de Kandinsky cuya obra conocía principalmente a través de reproducciones de libros y revistas. Hacia 1933 Diller ya ha desarrollado su estilo abstracto, basado en el Neoplasticismo de Mondrian y de Van Doesburg y en el lenguaje figurativo de los suprematistas y constructivistas rusos, en particular Malevich y Lissitzky. Hacia el año 1934 realiza sus primeras construcciones de relieve, empleando materiales como la madera y el masonite para proyecciones en el espacio real (práctica que recuerda el estilo constructivista ruso). De 1935 a 1940 supervisa la división de murales del Federal Art Project (Proyecto de arte federal) del WPA para la zona de Nueva York, lo cual le permite encargar murales a Bolotowsky, David, Gorky, Matulka y Byron Browne, entre otros. Se hace miembro de la asociación American Abstract Artists desde sus principios, en 1937, y expone con dicha asociación hasta el año 1939. En 1945, después de la guerra, le nombran profesor auxiliar de diseño en el Brooklyn College (donde permanece hasta 1964) combinando esta actividad con la de su estudio de Atlantic Highlands, Nueva York.
En sus años de madurez, parece dividir sus cuadros en tres grupos: En el «Primer tema», los elementos de colores, en su mayoría rectangulares, están asentados en un fondo monocromático (blanco en las obras iniciales); en el «Segundo tema» (1943), los elementos de color puro están unidos entre sí por una estructura cuadriculada; y el «Tercer tema» (que inicia hacia 1945), se basa en una compleja matriz cuadriculada formada mediante cintas (señal evidente de la influencia de las últimas obras de Mondrian, «Boogie Woogie», de 1942 a 1944) de la que resultan composiciones de colores y elementos en mudanza continua.

van Doesburg, Theo

Nace en 1883, en Utrecht.
Muere en 1931, en Davos, Suiza.

Artista autodidacta, empieza a pintar en 1889 asimilando influencias, en sus primeras obras, de los maestros clásicos, el impresionismo, el «fauvismo», el expresionismo alemán y la obra de Kandinsky. En 1916 pinta sus primeros cuadros abstractos (producto de la transformación de paisajes y naturalezas muertas en abstracciones geométricas). En 1915 entabla correspondencia con Piet Mondrian y en 1917 funda con él, con los arquitectos J. J. P. Oud y Jan Wils y con el poeta Anton Kok la revista *De Stijl*, que se publica hasta 1932. A partir de 1912, se convierte en un prolífico crítico de arte, escritor y conferenciante, sobre temas de pintura, escultura, arquitectura, urbanismo, música, literatura, tipografía y artes aplicadas. Después de la Primera Guerra Mundial, se dedica activamente a la divulgación de los preceptos del grupo De Stijl, y viaja con frecuencia a Bélgica, Alemania e Italia. En 1921-1922, entabla estrechas relaciones con la Bauhaus y, durante el año 1922, atraído por las ideas y los ideales de los constructivistas rusos, y junto con Lissitzky y Richter, intenta establecer el Constructivismo como movimiento internacional predominante, primero en el congreso de artistas progresistas de Düsseldorf (mayo de 1922) y después en el Congreso de Weimar (septiembre de 1922). En 1932 se traslada a París para ayudar a organizar una exposición de arquitectura de De Stijl, en la galería de Léonce Rosenberg, L'Effort Moderne. Llevado por sus trabajos de arquitectura, Van Doesburg elabora, entre 1924 y 1925, su concepto de Elementalismo en la pintura —estilo que introducía la diagonal en las composicioens rectilíneas del Neoplasticismo, con objeto de facilitar la percepción temporal y dinámica de la composición. A consecuencia de ello Mondrian se retira del grupo De Stijl en 1925. Van Doesburg no tarda en aplicar los principios del Elementalismo en sus proyecto de reconstrucción del Café de l'Aubette, en Estrasburgo, proyecto que realiza entre 1926 y 1928 en colaboración con Jean Arp y Sophie Taeuber-Arp. Esta experiencia arquitectónica vuelve a influir en su obra pictórica, originando sus Contra-Construcciones. Con objeto de reafirmar su postura y doctrina ante los principios del arte geométrico y como reacción a la creación del grupo de artistas abstractos Cercle et Carré (1930), Van Doesburg funda, junto con Hélion, Carlsrund y Tuntundjian, la revista *Art Concret* (1930) en la que se destaca la importancia de las matemáticas y de las medidas como elementos concretos del arte.

Ermilov, Vasili Dimitrievich

Nace en 1894, en Jarkov.
Muere en 1968, en Jarkov.

De 1905 a 1909 estudia en la Escuela de Artes Decorativas y de 1910 a 1911, en la Escuela de Pintura de Jarkov. En 1913 trabaja con el pintor «fauvista» ruso Ilya Mashkov en el estudio de éste en Moscú. Realiza sus primeras composiciones cubo-futuristas en 1914 y, al empezar el año, participa activamente en las manifestaciones vanguardistas (como, por ejemplo, las charlas con Marinetti durante su estancia en Rusia). Tras la interrupción de sus actividades artísticas debido a la Primera Guerra Mundial, regresa a Jarkov en 1917 y dos años más tarde expone sus primeros lienzos suprematistas. Permanece el resto de su vida en Jarkov, que, gracias a él, fue el último baluarte del Constructivismo en la Unión Soviética, publicándose allí las últimas revistas de arte progresistas —*Vanguardia* y *Nueva generación*— con artículos de artistas como Malevich y Matiushin e información acerca de los acontecimientos en el arte occidental, la Bauhaus, etc. De 1918 a 1922, Ermilov se encarga del Taller de Decoración de la Ciudad y realiza carteles y otros instrumentos de propaganda como el tren «Ucrania roja». En 1922 le nombran profesor auxiliar del Technikum de Arte de Jarkov. Por aquellas fechas ya produce obras constructivistas y suele experimentar con materiales diversos (madera, metal, etc.) y texturas distintas, empleando a veces la diagonal para imprimir una calidad dinámica en la composición. Se dedica esencialmente a diseñar construcciones públicas (quioscos, tribunas, carteles de propaganda), tipografía y decorados de teatro. Durante el gobierno de Jruschov, al ser Ermilov uno de los pocos artistas vanguardistas que seguía activo en la Unión Soviética, le fue concedida una exposición antológica —en Jarkov en 1963.

Exter, Alexandra Alexandrova

Nace en 1882, cerca de Kiev.
Muere en 1949, en Fontenay-aux-Roses, Francia.

Alexandra Exter es uno de los elementos más importantes y activos de la vanguardia rusa. A través de sus contactos con occidente, ha contribuido a divulgar el Cubismo y el Futurismo en Rusia y a elaborar las ideas cubo-futuristas y constructivistas. En 1906 obtiene su licenciatura en la Escuela de Arte de Kiev y expone sus obras por vez primera en Moscú con el grupo Rosa Azul. En 1908 Exter

efectúa su primer viaje a París y, hasta 1914, se pasa parte del año en la capital francesa, viajando también profusamente por toda Europa y por Italia en particular. En París, estudia primero en la Académie de la Grande Chaumière y, en 1909, monta su propio estudio. Entabla amistad con Braque, Picasso, Apollinaire y Marinetti y durante la primavera de 1914 comparte un estudio con Ardengo Soffici. También visita con frecuencia la Academia Vasiliev donde Léger pronunciaba conferencias sobre el arte moderno. Cuando regresaba a Rusia visitaba Moscú y Kiev y de 1908 a 1914 participa en casi todas las grandes exposiciones de la vanguardia rusa: «Nuevas tendencias» (San Petersburgo, 1908), «Eslabón» (Kiev, 1908), el primer Salon Izdebski (Odessa y Kiev, 1909-1910), el segundo Salon Izdebski (San Petersburgo y Riga, 1910-1911), la Unión de Juventudes (Riga, 1910 y San Petersburgo, 1913-1914), el «Anillo» (Kiev, 1914), «No. 4» (Moscú, 1914) y también en todas las exposiciones de la Jota de Diamantes, de 1910 a 1916. En París expone en el Salon des Indépendants (1912) y en la Section d'Or (1922) y en Roma, en la «Esposizione libera futurista internazionale» de la Galleria Sprovieri (1914). Su obra de esa época manifiesta su asimilación de los principios cubistas y de algunos principios futuristas y su interés en la calidad decorativa del color y del ritmo, consiguiendo un lenguaje cubo-futurista muy personal.
Después de 1914, crea un estilo totalmente abstracto basado, en general, en el empleo de grandes planos de color. En 1916, empieza sus experimentos con diseños teatrales que prosigue hasta 1924.

Sus decorados y escenarios, basados en formas geométricas tridimensionales móviles acentuadas por el efecto dinámico de los focos, constituyen los mejores ejemplos de diseños de teatro constructivistas. De 1914 a 1924, Exter incrementa sus actividades vanguardistas, exponiendo sus obras en «Tranvía V» (Petrogrado, 1915), «Almacén» (Moscú, 1916) y en la supuestamente última exposición de pintura, «5×5=25» (Moscú, 1921). Pese a que se dedica a la enseñanza en el Vkhutemas de 1920 a 1922 y participa de modo activo en la elaboración de las ideas constructivistas y los experimentos pictóricos en «construcción», jamás apoyó la postura extremista de los constructivistas que abogaban por el rechazo de la pintura de caballete como modo de expresión artística. Sus obras de aquella época combinaban zonas de color planas con elementos lineales, investigando las distintas posibilidades estructurales para obtener una construcción dinámica.
De 1917 a 1918 en Odessa y de 1918 a 1921 en Kiev, da clases en su propio estudio y cuenta, entre sus discípulos, con Pavel Tchelichew, Isaak Rabinovich, Anatoli Petritsky quienes posteriormente se hicieron famosos por sus excepcionales diseños teatrales. El estudio de Exter también produjo diseños abstractos, con fines propagandistas y decorativos (como sus diseños para el primer aniversario de la Revolución y sus decorados para los pabellones de la Exposición de Agricultura Rusa de Moscú en 1923). En 1923 trabaja en su proyecto cinematográfico más conocido: el escenario y los decorados y trajes de la película de

ciencia-ficción de Yakov Protozanov, *Aelita*. Exter emigra a Francia en 1924 y sigue dedicándose de modo activo a los diseños y decorados de teatro.

Freundlich, Otto

Nace en 1878, en Pomerania, Alemania.
Muere en 1943, en Lublin, Polonia.

Cursa estudios de historia del arte con Wölfflin en Munich, y después se pasa a la escultura, que estudia en Munich, Florencia y París. En 1909 fija su residencia en París, en el «Bateau-Lavoir», donde están Picasso y Herbin; también conoce a Braque, a Gris y a Max Jacob. Vive en Colonia durante la Primera Guerra Mundial y en Berlin de 1918 a 1924 exponiendo sus obras en esta ciudad alemana, así como en Francia y en Amsterdam. Sus primeras pinturas no figurativas aparecen en 1919. En 1924 regresa a París después de su estancia en Alemania y entra a formar parte del grupo Cercle et Carré (1930) y de Abstraction-Création (1932-1935). Celebra su primera exposición individual en 1931, en la Galerie de la Renaissance, así como una exposición antológica en la Galerie Jeanne Bucher en París, en 1938. El estilo de su obra revela su asimilación de los preceptos cubistas y constructivistas. Al estallar la Segunda Guerra Mundial le detienen y le deportan a Polonia, donde muere en un campo de concentración.

Gabo, Naum (Naum Neemia Borisovich Pevsner)

Nace en 1890, en Briansk, Rusia.
Muere en 1977, en Waterbury, Connecticut

Tras su graduación en el Gimnasio de Kursk en 1910, estudia medicina en la Universidad de Munich, pero en 1912 se cambia al Politécnico de Munich para cursar estudios de ingeniería. Atraído por el arte, Gabo asiste a las conferencias de historia del arte de Wölfflin. En 1913 y 1914 viaja a París para visitar a su hermano mayor Anton Pevsner (para que no les confundieran cambia su apellido por Gabo). Durante su estancia en París conoce a Archipenko y estudia la pintura cubista. Al estallar la Primera Guerra Mundial, se va con su hermano menor Alexei a Copenhague y luego a Noruega, donde, en 1915, realiza sus primeras esculturas abiertas, compuestas por elementos planos ensamblados de manera tal que revelasen la estructura interna e integrasen de modo dinámico el espacio interior y el exterior (como por ejemplo *Cabeza*, 1920, Museum of Modern Art, Nueva York). Regresa a Moscú en 1917 donde interviene activamente en las manifestaciones y los debates vanguardistas. Su hermano Anton enseña en el Taller artístico superior, Vkhutemas, y Gabo trabaja en su estudio. En 1920, expresa sus criterios artísticos en el *Manifiesto realista* (que firma conjuntamente con su hermano Anton) publicado con ocasión de su exposición conjunta al aire libre, en el bulevar Tverskoi de Moscú. El manifiesto renuncia a las formas tradicionales de la escultura a favor de una construcción dinámica, basada en la interacción de los nuevos materiales, las formas elementales y el espacio, aunque defiende la creación propiamente artística contra los imperativos marcadamente utilitarios, preconizados por Tatlin y Rodchenko. Sus discrepancias con la izquierda artística llevan a Gabo a trasladarse a Berlín donde permanece hasta 1932, asociándose con el Novembergruppe y manteniendo contactos con la Bauhaus. Pronuncia conferencias en Alemania y Holanda y celebra exposiciones en Francia (en la Galerie Percier, París, 1924) y en Estados Unidos (en la Little Review Gallery, Nueva York, 1926). En 1927 él y Anton crean decorados constructivistas para el ballet de Diaghilev *La chatte*, introduciendo de este modo al público de Montecarlo, Londres, París y Berlín, en los nuevos principios y materiales utilizados para el diseño teatral. Gabo sigue dedicándose a sus construcciones espaciales, experimentando con nuevos materiales como el plástico transparente, el metal y el vidrio. Expone sus construcciones más recientes en una exposición individual que se celebra en la Kestner-Gesellschaft de Hannover, en 1930. En 1932 Gabo se marcha de Berlín y se traslada a París donde se integra en el grupo Abstraction-Création y en 1935 se establece en Londres. Allí participa en las actividades del grupo de Herbert Read, Design Unit One y en 1937 publica, junto con J. L. Martin y Ben Nicholson, una obra significativa, *Cercle: International Survey of Constructive Art* (Círculo: un estudio internacional acerca del arte constructivo). Permanece en Londres hasta 1946, fecha en la que se traslada a Estados Unidos, afincándose en Middlebury, Connecticut, aunque sigue pasando largas temporadas en Londres. Desde principios de los años veinte su trabajo se conocía muy bien en América, gracias a Katherine Dreier y su colección de obras en la Société Anonyme y más tarde, gracias a sus esculturas expuestas en el Museum of Modern Art.

Glarner, Fritz

Nace en 1889, en Zurich.
Muere en 1972, en Lugarno (Suiza).

Glarner pasa gran parte de su juventud en Francia y en Italia donde su familia se estableció en 1904. De 1914 a 1920 estudia en el Regio Istituto di Belle Arti de Nápoles. En 1923 se traslada a París, donde conoce los movimientos progresistas contemporáneos, frecuentando un círculo de artistas modernos que incluía a los Arp, los Delaunay, Hélion, Léger, Van Doesburg y Mondrian. Sus primeros cuadros revelan influencias impresionistas. Hacia finales de los años veinte y en los años treinta, su estilo se transforma paulatinamente en un género de composiciones abstractas centrado en las interrelaciones entre forma y espacio. Entre 1930 y 1931 Glarner vive unos meses (con su mujer americana) en Nueva York donde celebra una exposición individual y participa asimismo en la exposición internacional de arte abstracto de la Société Anonyme, en la Albright-Knox Gallery en Buffalo. Regresa a Europa en 1931 y se une al grupo de Abstraction-Création y al de Allianz (Asociación de los constructivistas suizos). Al estallar la Guerra Civil española, Glarner emigra a Nueva York donde participa, de 1938 a 1944, en las exposiciones anuales de los American Abstract Artists, trabajando a la vez de fotógrafo retratista para sustentarse. Su pintura madura hacia mediados de los años cuarenta, debido principalmente a la influencia de Mondrian con quien mantiene una gran amistad, tras la llegada del pintor holandés a Nueva York en 1940. También le unen lazos de amistad a artistas como Gabo, Moholy-Nagy y Duchamp. En sus años de madurez, Glarner explora las relaciones de las formas con el espacio y suele recurrir a elementos diagonales y planos solapados, de colores primarios, negros y variaciones de gris, para crear composiciones dinámicas y vibrantes a las que llama «pinturas relacionales».

Gontcharova, Natalia Sergeievna

Nace en 1881, en Ladizhino, provincia de Tula, Rusia.
Muere en 1962, en París.

Cursa sus estudios en el Instituto de Pintura, Escultura y Arquitectura de Moscú donde empieza a practicar la escultura con Pavel Trubetskoi, quien había sido discípulo de Rodin, abandonándola a favor de la pintura en 1900. Por aquellas fechas conoce al que iba a ser su compañero para el resto de su vida, Mikhaíl Larionov. Una vez terminados los estudios, expone por primera vez en el Círculo Literario y Artístico de Moscú, en 1904; entre 1905 y 1907 participa en las exposiciones de la Asociación de Artistas de Moscú y en 1906 incluyen su obra en la exposición rusa, organizada por

Diaghilev en el Salon d'Automne en París. Entre 1907 y 1910, Gontcharova participa en tres exposiciones del «Vellocino de oro», en la «Guirnalda» (Moscú, 1908) y en el «Eslabón» (Kiev, 1908). Colabora con Larionov y Lentulov en la organización de la primera exposición de la Jota de Diamantes (1910), expone en el primero y segundo Salon Izdebsky de Odessa (1909-1910 y 1910-1911), participa en la exposición del grupo Mundo del Arte así como en el de la Unión de Juventudes (1911-1912), en la exposición de Larionov «La cola del burro» (1912) y en la segunda exposición postimpresionista de las Grafton Galleries en Londres (1912). Por mediación de Kandinsky, expone con el Blaue Reiter en Munich y entre 1912 y 1914 colabora con los escritores futuristas Velimir Klebnikov y Alexei Kruchenyk en la realización de varios folletos futuristas para los que realiza una serie de ilustraciones de estilo rayonista y cubo-futurista. Gontcharova participa en varias actividades y debates de la vanguardia cubo-futurista, promoviendo el patrimonio nacional —iconos y pintura popular— como única fuente adecuada para el desarrollo de un nuevo lenguaje nacional, alzándose con virulencia contra el Cubismo y el arte occidental. En 1913 organiza, junto con Larionov, la exposición «Blanco» y firma, con él y otros más, el «Manifiesto de los rayonistas y futuristas», publicado en el almanaque *La cola del burro y el objetivo*. Ese mismo año, Gontcharova envía sus obras al primer salón de otoño alemán, en la galería berlinesa Der Sturm y celebra una importante exposición individual (con 760 obras) que se inaugura en Moscú en 1914, y de

la que posteriormente se mostró una selección en San Petersburgo. Participa en la exposición de Larionov «No. 4», en Moscú en 1914, y ese mismo año se celebra una exposición conjunta de su obra y la de Larionov en la Galerie Paul Guillaume en París. Gontcharova también se dedicó a los decorados de teatro, diseñando el escenario de la producción parisina *Le coq d'or*, realizada por Diaghilev (en 1914) y el de las producciones del Teatro Tairov Karmenii en Moscú. De Moscú se marcha a Suiza en 1915, por invitación de Diaghilev, quien le encarga el diseño de decorados y trajes para sus Ballets Rusos, y en 1917 se afinca definitivamente en París. Sigue pintado pero se dedica esencialmente al diseño de decorados de teatro, y expone poco.

Gontcharova realiza sus obras pictóricas más importantes entre 1908 y 1914, época en la que pintaba según varios estilos: el Neoprimitivismo (de 1908 a 1910), caracterizado por formas llanas de colores intensos y contornos pronunciados que evocaban los iconos y las imágenes de la artesanía popular; el Cubo-Futurismo (de 1910 a 1912) que originó algunas de sus obras más logradas; unas originales interpenetraciones llenas de velocidad, movimiento, imaginería de máquinas y mundo urbano; y por último el Rayonismo, del que surgieron sus pinturas casi totalmente abstractas (de 1913 a 1914).

Gorin, Jean

Nace en 1899, en Saint-Emilion-de-Bain, Francia.
Vive en Francia.

De 1916 a 1917 acude a la Académie de la Grande Chaumière de París, dos años después se traslada a Nantes donde cursa estudios en l'École des Beaux-Arts. Hacia 1922 empieza a pintar sus primeros cuadros, que revelan, hasta aproximadamente 1924, influencias de Albert Gleizes. De 1925 en adelante construye un lenguaje abstracto en el que incidieron de forma creciente los preceptos de De Stijl. También por esas fechas empezó sus primeras esculturas. Mantiene correspondencia con Mondrian y Vantongerloo y en 1927 visita a Mondrian en París. En 1928 Gorin realiza sus primeros interiores neoplasticistas en Nantes y en Nort-sur-Erdre. Al año siguiente ejecuta sus primeras construcciones de relieves murales con colores primarios de formas geométricas. Gorin expone con el grupo Vouloir (fundado por Del Marle en Lille), el grupo Cercle et Carré en París (1930), Abstraction-Création (1932-1936) y el Salon des Réalités Nouvelles (de 1946 en adelante). En 1953 es uno de los firmantes del manifiesto del grupo Espace, fundado por Del Marle. Entre las principales exposiciones de sus obras, cabe señalar la retrospectiva que le dedicó el Musée des Beaux-Arts en Nantes (1965) y otra exposición antológica del Centre National d'Art Contemporain en París (1969).

Graeser, Camille

Nace en 1892, en Ginebra, Suiza.
Muere en 1980, en Suiza.

De 1913 a 1915 estudia en la Escuela de Artes Aplicadas de Stuttgart y después trabaja en esa misma ciudad, en un estudio de arquitectura (donde se hizo cargo por un tiempo de la Urbanización Weissenhof de Sttugart diseñada por Mies van der Rohe). Graeser regresa a Suiza en 1933 y se interesa en el arte constructivista. Sus obras participan en exposiciones internacionales a partir de 1925 aproximadamente: Landesgewerbe Museum, Stuttgart (1926); Kunsthalle, Basilea (1938); Réalités Nouvelles, París (1948, 1950); Kunstmuseum de Winterthur (1958); Galería Metropolitana de Arte, Tokio (1959); «Art abstrait constructif international», Galerie Denise René, París (1961); Kunstverein de Ulm (1964) y otros más.

Greene, Balcomb

Nace en 1904 en Milville, Nueva York.
Vive en Montauk Point, Nueva York.

Greene se matricula en la Universidad de Syracuse, Nueva York, obteniendo su B. A. en Filosofía en 1926. Ese mismo año se casa con la pintora y escultora Gertrude Glass. Por esta época se interesa en la creación literaria y en la literatura inglesa, que enseña en el Darmouth College de Hanover, New Hampshire, de 1928 a 1931. En 1931 Greene y su esposa viven en París, donde él dibuja en las sesiones informales de la Académie de la Grande Chaumière. En 1923, al regresar a los Estados Unidos, Greene decide dedicarse a la pintura. Durante los años treinta, estudia la figura e investiga los problemas que entraña la representación de un espacio tridimensional, aunque sus cuadros de este período son sobre todo abstracciones geométricas compuestas de enormes planos lisos brillantemente coloreados. En 1935 Greene es elegido Presidente del Sindicato de Artistas de Nueva York y publica su revista, *Art Front*. Trabaja en la división de murales del WPA Federal Art Project de 1936 a 1939. En 1937 Greene se convierte en el primer Presidente de la organización American Abstract Artists, cargo que vuelve a ostentar en 1939 y 1941. Junto con artistas como Carl Holty, Harry Holtzman, Ibram Lassaw, Charles Shaw y Warren Wheelock, Greene edita la revista de este grupo, cuya portada diseña en 1938.

En 1942 Greene dimite de la presidencia de American Abstract Artists y se matricula en la Universidad de Nueva York, en la que obtiene un M.A. en Historia del Arte al año siguiente. En 1942 Greene se traslada a Pittsburgh para enseñar Estética e Historia del Arte en el Carnegie Institute of Technology, donde permanece hasta 1959, si exceptuamos las frecuentes visitas que realiza a Nueva York. Desde principios de los años cuarenta Greene se ha visto cada vez más atraído por la figuración. Sin embargo, las obras figurativas de mediados de los cuarenta y posteriores reflejan su interés en la estructuración pictórica abstracta; aunque rebosan luz y movimiento, la precisión de su ejecución recuerda las abstracciones geométricas del Greene de los años treinta y principios de los cuarenta.
S. H.

Greene, Gertrude

Nace en 1904, en Nueva York.
Muere en 1956, en Nueva York.

Artista autodidacta, si se exceptúa un período de dos años (1924-1926) de estudios académicos cursados en la Leonardo da Vinci School en Nueva York, con el escultor Cesare Stea. En 1931 pasa un año en París (con su marido, el pintor Balcomb Greene) y se familiariza con los conceptos del Suprematismo, el Neoplasticismo, el Constructivismo y el biomorfismo de los surrealistas, difundidos por el grupo Abstraction-Création. Es uno de los miembros fundadores de la asociación American Abstract Artists (1937) y una amiga de confianza de abstraccionistas geométricos como Bolotowsky, Byron Browne, G. L. K. Morris. Sus primeras obras son figurativas y tridimensionales; poco a poco su estilo expresionista-cubista evoluciona hacia un estilo de construcciones en relieve cada vez más geométricas. A principios de los años treinta empieza a trabajar con metal y madera, investigando las relaciones entre las formas y su supuesta evolución en el espacio. Entre las influencias que incidieron en su estilo personal, dominan la de las obras de Brancusi, de inspiración africana, así como las ideas de Gabo y Mondrian. Gertrude Greene se siente particularmente impresionada por la exposición del Museum of Modern Art de Nueva York en 1936 «Cubismo y arte abstracto» que incluía lienzos suprematistas de Malevich así como obras constructivistas de Rodchenko y Lissitzky. En 1937 su estilo experimenta un cambio, al ir combinando formas geométricas con formas libres y evolucionando hacia configuraciones con motivos cúbicos, que sigue empleando hasta 1492 y que consistían en rectángulos y cuadrados planos unidos a proyecciones diagonales. A partir de 1942 Greene simplifica sus estructuras y crea espacios de menor profundidad; esta evolución es paralela a sus experimentos en collages, iniciados hacia 1939. La influencia de Mondrian sigue dominando su obra, viéndose incrementado su interés por las ideas y las soluciones pictóricas del pintor holandés a raíz de la llegada de éste último a Nueva York en 1940.

En 1942 Greene se traslada a Pittsburgh, y pasa el resto de su vida trabajando entre su estudio de esa ciudad y Nueva York. Poco a poco va abandonando sus construcciones para dedicarse a la investigación de sus composiciones arquitectónicas sobre lienzo.

Gris, Juan

Nace en Madrid en 1887.
Muere en París en 1927.

José Victoriano González, uno de los más importantes representantes del Cubismo, adopta en 1904 el seudónimo de Juan Gris. Empieza estudiando en la madrileña Escuela de Artes y Oficios (1902) y más tarde es alumno de José María Moreno Carbonero, publicando de cuando en cuando ilustraciones en libros y revistas. Por aquella época está influido por el Art Nouveau y el Jugendstil. En 1906 se traslada a París donde trabaja hasta 1910 haciendo ilustraciones para publicaciones como *Le Charivari, L'Assiete au Beurre* y *Le Cri de Paris*. Al igual que Pablo Picasso, se instala en el Bateau Lavoir de Montmartre, donde conoce a los pioneros del Cubismo y a los miembros de la vanguardia literaria. Guillaume Apollinaire, Max Jacob, André Salmon, Georges Braque, Paul Reverdy, Maurice Raynal y Daniel Henry Kahnweiler su futuro marchante. Los primeros cuadros que de aquella época se conservan son aproximadamente de 1911 y dan testimonio de su peculiar asimilación del Cubismo. En 1912, se le incluye en el *Salon des Indépendents* y en la exposición de la *Section d'Or*. Desarrolla con gran inventiva la técnica cubista del collage, de lo que deja testimonio en sus *papiers-collés* de 1914-15. Las obras realizadas entre 1913 y 1915 hacen gala de una vigorosa textura. Hacia 1916 empieza su fase arquitectónica (que dura hasta 1919) en la que sus composiciones contienen menos formas fragmentadas y más planos al tiempo que estructura formas más amplias de agudos contornos en un formato de indiscutible verticalidad. A veces la regularidad geométrica de sus lienzos queda atenuada por la utilización de unas curvas que surcan libremente el lienzo. Gris continúa con este estilo hasta su prematura muerte acaecida en 1927 y realiza numerosos cuadros, dibujos, ilustraciones de libros y diseños para ballet y teatro. Sus obras han sido incluidas en las principales exposiciones cubistas, y han protagonizado importantes retrospectivas, siendo la más reciente de todas ellas la celebrada en Madrid en septiembre de 1985.

Held, Al

Nace en 1928, en Nueva York.
Vive en Nueva Kork.

Se matricula en 1948 en la Art Students League donde asiste a los cursos de G. I. Bill, tras haber servido en la marina de los Estados Unidos durante dos años. Por esas fechas pinta obras figurativas de contenido social y político. En 1949, se va a París a estudiar dibujo en la Académie de la Grande Chaumière. También estudia escultura con Zadkine. Durante su estancia en París, ve por primera vez las pinturas de Pollock. Held pretende incorporar a sus obras las ideas de Pollock y las formas geométricas de Mondrian. En 1951 celebra su primera exposición en la Gallery Eight, organizada por los estudiantes americanos en París. Después de esta exposición decide que no le satisfacen los cuadros expuestos (sólo queda uno de la exposición) y dejó de pintar durante un año. Cuando en 1953 regresa a Nueva York, empieza a pintar con modelos, demostrando mayor interés después por formas más estructuradas. En 1956 es uno de los fundadores de la Brata Gallery en la calle 10.ª, junto con otros artistas, entre ellos Bladen y Sugarman. Miembro de la New York School of Painting, rompe con las ideas del expresionismo abstracto mediante su simplificación geométrica de las formas. Held, que estuvo vinculado a los pintores coloristas, nunca elimina la textura. En los años 1950 emplea pastas espesas para infundir más fuerza a sus cuadros. A principios de los años sesenta, empieza a lijar las superficies de pintura. Durante el verano de 1959, examina detenidamente la exposición del Museum of Modern Art «La nueva pintura americana» y decide que necesita hacer más nítidas las formas y los contornos de sus pinturas.

Algunas de sus obras figuran en la exposición «Pintura sistémica» del Guggenheim Museum. Held basa sus cuadros en las letras del abecedario, como *La gran N* (1965), del Museum of Modern Art, donde la «N» que es casi imperceptible en este cuadro de tres metros, está apenas sugerida en los bordes superior e inferior del lienzo —recurso que le permite ampliar este cuadro a su máxima escala—. A partir de 1967 y por un período de doce años, Held sólo pinta cuadros en blanco y negro. Declara que cuelga sus cuadros de color muy bajos para relacionarlos con el suelo y que cobren así gravedad, mientras que sus pinturas en blanco y negro no tienen gravedad; las formas, por su parte, se relacionan entre sí, generando su propia fuerza de gravedad y su propio espacio que presenta numerosos niveles de lectura para el espectador.

Held ha vuelto de nuevo a la pintura en color: sus formas y espacio ya no son ambiguos y el espectador se ve atraído a su espacio. Aunque su estilo haya podido cambiar a lo largo de los años, sigue manteniendo un carácter monumental.

Hélion, Jean

Nace en 1904 en Coutrne (Orne), Francia.
Vive en París.

En 1920 Helion ingresa en el Institute Industriel du Nord de Lille para estudiar química, estudios que abandona al año siguiente para iniciarse en París en la arquitectura. A principios de los años veinte pinta mientras trabaja como delineante. En 1925 el coleccionista Georges Bine queda impresionado por su obra y el artista no tarda en dedicarse por completo a la pintura. En 1927 conoce a Joaquín Torres García y colabora en *L'Acte*, una revista de vida efímera fundada por Hélion y otros.

Hélion expone por primera vez en 1928 en el Salon des Indépendants. Poco después conoce a Jean Arp, Anton Pevsner y Piet Mondrian. Su obra deja de ser figurativa hacia 1929. En 1930 funda con Theo van Doesburg y otros la asociación de aristas y la revista *Art concret*, a la que al año siguiente sucedería el grupo *Abstraction-Création*. En 1931 Hélion viaja por Europa y la Unión Soviética; en Berlín conoce a Naum Gabo y en Moscú a Vladimir Tatlin y Kasimir Malevich. Tras su regreso a París, Hélion conoce a Max Ernst, Tristan Tzara y Marcel Duchamp. Su primera exposición individual se celebra en la parisina Galería Pierre en 1932. Ese mismo año Hélion hace su primera visita a Nueva York, donde a finales de 1933 celebra otra exposición individual en la Galería John Becker. Después de su regreso a Europa tras un segundo viaje a los Estados Unidos, conoce en 1934 a Joan Miró, Jacques Lipchitz y Ben Nicholson.

De 1932 a 1935 Hélion realiza una serie de lienzos abstractos a gran escala compuestos de cuadrados entrelazados, rectángulos y líneas. En 1936 Hélion se establece en los Estados Unidos, dividiendo su tiempo entre Virginia y Nueva York. Ese año expone individualmente en la Galería de los «Cahiers d'Art» de París y en la Galería Valentine de Nueva York.

El artista viaja a París en 1938 con ocasión de su exposición individual en la Galería Pierre, entablando amistad con Yves Tanguy, Paul Eluard y Matta. Las formas geométricas de sus cuadros se hacen gradualmente más fluidas y complejas.

Hélion se alista en 1940 en el ejército francés, y poco después es hecho prisionero. En 1942 se fuga del campo de concentración y el mismo año consigue llegar a Virginia. Su libro *No me cogerán* se publica en 1943, el mismo año en el que expone individualmente en Chicago y Nueva York. En 1946 Hélion regresa a París. A lo largo de las décadas de los cincuenta y los sesenta su obra se expone tanto en Europa como en Norteamérica. Durante los años setenta expone casi exclusivamente en Francia. En 1984-85 se celebra una retrospectiva de los cuadros y obras sobre papel realizados entre 1928 y 1983 en la Statische Galerie im Lenbanchhaus, Munich, el Musée d'Art Moderne de la Ville de Paris y la Fundación Gulbenkian de Lisboa.

S. H.

Herbin, Auguste

Nace en 1882 en Quiévy-à-la-Motte, Francia
Muere en 1960 en París.

Se traslada a París en 1901 y en 1904 entabla amistad con el marchante Wilhelm Uhde con quien en 1907 viaja a Córcega y a Hamburgo. Sus primeras obras son de estilo impresionista y más tarde de estilo «fauvista». En 1909 alquila un estudio en el «Bateau-Lavoir» y se hace amigo de Picasso, Braque y Gris. Su obra atraviesa un período cubista. Hacia

1917 surgen sus primeros cuadros de abstracciones geométricas y entre 1923 y 1925 mantiene un estilo figurativo para después regresar al lenguaje geométrico. Su estilo geométrico se basa en la investigación de las relaciones entre formas elementales y colores puros, así como en las analogías de sonidos, letras y colores que constituyen su «vocabulario plástico». Hacia 1920 Herbin forma parte del círculo de artistas que gravitaba en torno a la galería de Léonce Rosenberg, L'Effort Moderne, y que incluía a Léger, Gris, Mondrian y Van Doesburg. Es uno de los fundadores (junto con Vantongerloo) del grupo Abstraction-Création en 1931 y, de 1947 a 1955, es miembro del comité de dirección del Salon des Réalités Nouvelles. A partir de 1946 expone en la Galerie Denise René en París y en vida suya se celebró una exposición antológica en el Palais des Beaux-Arts en Bruselas, en 1956, y otra en la Galerie Simone Heller en París, en 1959. Estas exposiciones fueron seguidas por retrospectivas póstumas en la Kunsthalle de Berna y en el Stedelijk Museum de Amsterdam (en 1963), así como en la Kestner-Gesellschaft en Hannover (en 1967). Herbin es también autor de *L'Art non-figuratif non-objectif*, publicado en 1949, en que expone su sistema de colores.

Huszar, Vilmos

Nace en 1884, en Budapest.
Muere en 1960, en Hierden, Países Bajos.

Cursa estudios de arte en Munich alrededor de 1900 en el Taller Hollosy y después de 1900, en la Escuela de Artes Decorativas de Budapest. Se traslada a Holanda en 1905 y se establece en Voorburg. En 1917 es cofundador del grupo De Stijl con Mondrian, Van Doesburg y otros más y diseña la portada de la revista *De Stijl*. Desempeña un papel activo en la aplicación de los principios de De Stijl en los proyectos de arquitectura interior, mobiliario y diseños de vidrieras de colores. En 1923 colabora con Rietveld en la decoración de la Exposición de arte del gran Berlín. Abandona el grupo De Stijl en 1923 y se dedica al diseño gráfico y a la pintura figurativa.

Sus obras de Stijl presentaban una estructura menos rígida que las de Mondrian y Van Doesburg y solían incorporar rombos, triángulos y formas trapezoidales, desviando del cuadriculado horizontal-vertical estricto. La figura humana también aparece como el motivo original de sus composiciones abstractas.

Itten, Johannes

Nace en 1888, en Südern-Linden, Suiza.
Muere en 1967, en Zurich.

Dotado tanto para el arte como para la ciencia, Itten empieza a cursar estudios de pedagogía en Berne-Hofwil de 1904 a 1908; en 1909 estudia (durante un trimestre) en l'École des Beaux-Arts de Ginebra y de 1910 a 1912 estudia matemáticas y ciencias naturales en la Universidad de Berna. Visita Munich y París y se familiariza con el arte del grupo del Blaue Reiter y del Cubismo. De 1913 a 1916 estudia en la Academia de Arte de Stuttgart donde es alumno de Adolf Hölzel, teórico de arte. Ahí conoce a Oskar Schlemmer y a Willi Baumeister con quienes compartía muchas ideas respecto al arte. En 1915 pinta sus primeros cuadros no figurativos. Su interés en la enseñanza del arte le lleva a organizar en Viena, en 1916, una escuela de arte; en 1919, por invitación de Gropius, Itten entra a formar parte del profesorado de la Bauhaus trasladándose a Weimar, donde desarrolla su famoso «Vorkurs» (curso básico), obligatorio para todos los estudiantes de primer año y que introducía los problemas de formas, la construcción del cuadro como organización bidimensional de elementos y la teoría del color. También se interesa por la música y estudia las posibilidades de transponer las estructuras musicales en términos visuales. Itten permanece en la Bauhaus hasta 1923, marchándose posteriormente a Suiza y, de 1926 a 1931, dirige su propia escuela en Berlín. Más adelante es profesor en la Escuela de Diseño Textil de Krefeld (1932), en Amsterdam (1938) y en la Escuela de Artes Aplicadas de Zurich (1938). Es nombrado director del Colegio de Diseño Textil en Zurich en 1943, y ocupa ese cargo hasta su muerte.

Jensen, Alfred

Nace en 1903, en Guatemala.
Muere en 1981, en New Jersey.

Se educa en Guatemala y en Dinamarca. En 1924 recibe una beca de la San Diego Fine Arts School; decide después ir a Munich a estudiar con Hans Hofmann. Al dejar las clases de Hofmann en 1927, Saidie Adler May, compañera y mecenas, le ofrece ayuda financiera. En 1929, Jensen se matricula en la Académie Scandinave de París. Estudia pintura con Othon Friesz y Charles Dufresne y escultura con Charles Despiau. Viaja a África y a España donde hace copias de obras en el Prado. A través de la colección de Mrs. May que contenía obras de artistas como Miró, Matisse y Giacometti, Jensen estudia a maestros modernos franceses. Al final de los años treinta visita a André Masson y se percata del interés de Auguste Herbin por la teoría del color de Goethe. En los años cuarenta, influenciado por Gabo, Jensen ensaya la escultura constructivista. En 1951, tras la muerte de Saidie May, Jensen se establece en Nueva York. En ese momento pinta paisajes, figuras y naturalezas muertas, con un estilo expresionista abstracto. En 1952 Jensen celebra su primera exposición individual en la John Heller Gallery de Nueva York. Las obras ahí expuestas exploraban la teoría del color de Goethe. En la segunda mitad de los años cincuenta, Jensen participa en numerosas exposiciones neoyorquinas incluyendo las de la Stable Gallery. Jensen empieza a pintar murales combinando colores prismáticos y tableros. También empieza a aparecer la caligrafía en su obra. Después de leer libros de física, jeroglíficos y astronomía, incorpora motivos relacionados con estos temas en sus pinturas. La filosofía oriental, los calendarios peruanos, los sistemas numéricos antiguos y las decoraciones islámicas influyeron también en su obra. Jensen emplea estructuras cuadriculadas para armonizar su trabajo. Debido al tratamiento de las superficies y a la repetición de los dibujos, sus obras están llenas de misticismo, y consiguen efectos hipnóticos e ilusionistas.

Judd, Donald

Nace en 1928, en Excelsior Springs, Missouri.
Vive en Nueva York y en Texas.

En 1953 cursa estudios en la Columbia University en Nueva York, licenciándose en filosofía. Al tiempo que estudia en la facultad, también da clases en la Art Students League de Nueva York. En 1962 se gradúa en historia del arte en la Columbia University donde estudió con Rudolf Wittkower y Meyer Schapiro. Judd escribe críticas y crónicas para varias revistas entre las cuales figuran *Arts*, *Art News* y *Art in America*. En su artículo «El objeto específico», importante escrito realizado a principios de los años sesenta expone la finalidad de su arte. Es uno de los fundadores del movimiento de arte minimalista. A finales de los años cincuenta y principios de los sesenta inicia su carrera de pintor; muchas de sus obras de ese período son construcciones de pintura, madera contrachapada y metal. Judd encuentra la bidimensionalidad de la pintura demasiado limitada, y se pasa a la escultura. En 1965 viaja a Suecia con una beca del Instituto Sueco y obtiene otra beca de artista invitado en Dartmouth College durante el verano de 1966. En 1967 da un seminario de escultura en la Yale University. En 1962-1963, sus esculturas son directas y están estructuradas como los cuadros de algunos artistas de la New York School, tales como Kenneth Noland. Sus primeras esculturas sin soporte tenían forma de cajas, algunas de metal y otras pintadas con pigmentos industriales. Estas esculturas a veces tenían dos caras de plexiglás que revelaban sus superficies internas. Algunas iban apoyadas en el suelo mientras otras formaban series de pilas a lo largo de la pared, destacando principalmente el color y la forma. Judd celebra una exposición individual en el Whitney Museum de Nueva York en 1968. También diseña piezas relacionadas con el espacio en el que iban a ser expuestas. En la exposición internacional del Guggenheim en 1971, introduce oblicuamente en una argolla grande de hierro galvanizado otra, ligeramente más pequeña e inclinada, haciéndole eco a la estructura del Museo. Sus esculturas al aire libre, que constan de grandes formas geométricas, están compuestas de modo que reflejen el paisaje circundante. Judd crea un diseño y luego éste es realizado por artesanos especializados. Quiere que todas sus obras se perciban de inmediato, como una estructura global, de un solo vistazo. Su arte está basado en proporciones auténticas y en la repetición de elementos geométricos estructurados en serie.

Kandinsky, Vasily

Nace en 1866, en Moscú.
Muere en 1944, en París.

Pasa su infancia en Moscú y Odessa. Empieza a estudiar economía y derecho en la Universidad de Moscú (1886-1892) donde asume el cargo de auxiliar en la Facultad de Derecho en 1883. A los tres años deja la carrera de derecho, renunciando a un puesto de profesor en la Universidad de Dorpat (Estonia) y se traslada a Munich para estudiar pintura. De 1897 a 1899 estudia en la Escuela de Anton d'Azbé y conoce a Jawlensky, Von Werefkin y otros artistas rusos. En 1900 es discípulo de Franz von Stuck en la Academia de Munich. Ese mismo año, expone por primera vez con la Asociación de Artistas de Moscú y desde entonces, y hasta 1908, participa en sus exposiciones anuales. Es cofundador de la sociedad Phalanx de Munich que organizaba exposiciones, y luego de la Escuela Phalanx, en donde enseña pintura y dibujo, contando entre sus alumnos con Gabrielle Münter. Mantiene contactos con Rusia, participando en exposiciones y haciendo de corresponsal de arte para las revistas *World of Art* y *Apollon*. De 1903 a 1906 viaja mucho por Europa, volviendo a Rusia con regularidad. Vive en París desde principios de 1906 hasta junio de 1907, participando en varias exposiciones en esta ciudad y en Alemania, y marcha después a Berlín donde permanece hasta mediados de 1908. En 1909 es confundador de la Neue Künstlervereininigung y a continuación se establece en Murnau, donde vive hasta que estalla la Primera Guerra Mundial. Participa decisivamente en la creación del influyente grupo Blaue Reiter en 1911 y edita, junto con Franz Marc, el *Blaue Reiter Almanach*, publicado en mayo de 1912. En dicho almanaque expone sus teorías acerca del arte abstracto y figurativo, consolidando las ideas formuladas en su primer ensayo teórico *De lo espiritual en el arte*, ensayo que empezó en 1910, y del que había publicado extractos en diciembre de 1911, en el Congreso de artistas rusos de San Petersburgo al tiempo que era editado en Munich por Piper. Durante los años pasados en Alemania, Kandinsky sigue muy presente en la vida artística rusa, participando en los Salones Izdebski (1909 y 1910) en Odessa, en la primera exposición de la Jota de Diamantes (1910) en Moscú, en la «Exposición permanente de arte contemporáneo» (1913) y en la Exposición de arte gráfica (1913) celebradas ambas en San Petersburgo. También mantiene correspondencia con varios miembros de la vanguardia rusa —Larionov, Gontcharova, a quienes invita a participar en la segunda exposición del Blaue Reiter.
Al estallar la Primera Guerra Mundial, Kandinsky deja Munich y se marcha a Suiza, y en diciembre de 1914 regresa a Rusia, donde permanece hasta finales de 1921 (exceptuando el período que pasa en Estocolmo, de diciembre de 1915 a marzo de 1916). A partir de 1918 se dedica activamente a la reorganización de la vida cultural y artística de Rusia, siendo miembro del comisariado popular IZO Narkompros, profesor de la Universidad de Moscú y del Vkhutemas (a partir de 1920), proyectista para una red de museos provinciales de arte contemporáneo, organizador, entre otros, del Museo de Cultura Artística de Moscú, autor del programa inicial del Inkhuk (1920), miembro del Comité fundador de la Academia (RAkhN, 1921) y jefe de su sección de física y psicología. Mantiene estrechos contactos con Rodchenko, Stepanova y otros cuantos miembros del Inkhuk y del Vkhutemas. Entre 1918 y 1921 expuso obras en varias exposiciones en Moscú, Petrogrado y Vitebsk. A finales de 1921, cuando fue rechazado su programa para el Inkhuk y el imperativo constructivista del arte utilitario se volvió la filosofía dominante, Kandinsky deja Rusia y sale para Alemania donde acepta un puesto de profesor en la Bauhaus de

Weimar. La experiencia, tanto teórica como pedagógica, adquirida en Rusia, le proporciona la base para sus actividades durante los años que pasa en dicha escuela. Kandinsky es uno de los artistas incluidos en la «Primera exposición de arte ruso», celebrada en la Galerie van Diemen de Berlín, en 1922. En 1926 se publica su segunda obra teórica significativa, *Punto y línea sobre el plano*. Kandinsky se traslada con la Bauhaus a Dessau y a Berlín y al cerrarse ésta (en 1933) se establece en París, donde entra a formar parte de Cercle et Carré (1930) y Abstraction-Création (1934-1935). A raíz de sus contactos con la vanguardia rusa, la obra de Kandinsky experimenta un cambio significativo, tendiendo hacia formas más geométricas y composiciones de mayor austeridad, tendencia que persiste durante sus años en la Bauhaus. Más adelante en París, inicia un nuevo período en el que introduce en sus obras formas biomórficas y en el que su composición se hace menos rígida.

Kassak, Lajos

Nace en 1887, en Ersekjvar, Hungría.

Muere en 1967, en Budapest.

De 1899 a 1907 es aprendiz de artesano y empieza a pintar y a dibujar. Llega a París en 1909 y allí conoce a Apollinaire, Blaise Cendrars, Picasso y Modigliani, y se interesa en el Cubismo. En 1915, de vuelta a Budapest, empieza a publicar una revista de vanguardia, *MA* (Hoy) que durante once años fue un foro importante para los movimientos vanguardistas europeos, haciendo especial hincapié en las ideas constructivistas. En 1921 celebra su primera exposición individual en Viena y en 1922 otra en la galería Der Sturm de Berlín. Ese mismo año publica, en colaboración con Moholy-Nagy, un *Libro de nuevos artistas* en Viena. En 1960 su obra es objeto de una importante exposición en París.

Kelly, Ellsworth

Nace en 1923, en Newburgh, Nueva York.

Vive en Nueva York.

De 1946 a 1948 cursa estudios en la Boston Museum School. Se marcha después a Francia en el marco del programa de cooperación americana donde conoce las obras de Matisse y de Arp que tienen gran influencia sobre él, así como el estilo geométrico austero de los miembros del grupo Nouvelles Réalités. Viaja mucho por toda Francia y Europa, conociendo a importantes artistas europeos y viendo colecciones particulares. En 1954 regresa a Nueva York donde desde entonces vive y trabaja. De 1945 hasta los últimos años de la década aproximadamente, pinta sobre todo retratos, abstracciones de la figura humana, y hace dibujos de plantas. En 1949 produce su primer cuadro abstracto y, al poco tiempo, aprende la técnica del «dibujo automático» propia de los surrealistas. Realiza sus primeros objetos en relieve en el otoño de ese mismo año y en 1950 sus primeros objetos recortados, seguidos por numerosos collages y dibujos. En abril de 1951 celebra su primera exposición individual de pinturas y relieves en la Galerie Arnaud de París.

Al final del otoño de 1951, realiza sus primeros cuadros de tablas monocromas, en los colores que le inspiraban los paisajes mediterráneos de sus estancias veraniegas. Desde entonces el estilo de sus obras se define por formas de bordes nítidos y abstractas, caracterizadas por su superficie plana y su economía de colores. Kelly consigue en sus obras de madurez un lenguaje muy depurado y reducido que se compone de formas adyacentes, rectilíneas o curvilíneas, con nítidos contornos y fuertes contrastes de color, en formatos de absoluta sencillez. La similitud de formas de las zonas adyacentes acentúa la dinámica de interferencias e interacción entre los colores. Kelly ha ido desarrollando progresivamente formas geométricas de grandes formatos —extensiones planas de color intenso y saturado, generalmente en series—. Desde finales de los años cincuenta se dedica también a la escultura y celebra su primera exposición de escultura en 1959 en la galería Betty Parsons, en Nueva York. Kelly sigue matizando cada aspecto de su obra, tanto en pintura como en escultura, concentrándose siempre en lo plano, en la sencillez de la elaboración, la nitidez de formas, la precisión de proporciones, así como en la sutileza material. Sus obras son siempre geométricas, frontales, planas y delgadas; suelen ir montadas en la pared, ya que él las considera como piezas murales, ya sean lienzos o metales. En los últimos veinticinco años se han celebrado numerosas exposiciones de su obra, tanto en Estados Unidos como en Europa, entre las que cabe citar una retrospectiva en el Museum of Modern Art de Nueva York en 1973, una importante exposición individual en el Stedelijk Museum de Amsterdam en 1979 y otra en el Centre Pompidou de París en 1981.

Klee, Paul

Nace en 1879, en Münchenbuchsee, Berne.

Muere en 1940, en Locarno.

Cursa estudios de arte en la Academia de Munich, en el estudio de Franz von Stuck, donde conoce a su condiscípulo Kandinsky. Entre 1901 y 1902 viaja por vez primera a Italia y en 1905 a París. En 1906 expone diez aguafuertes en la exposición de la «Sezession» de Munich. Entre 1910 y 1912 participa en exposiciones en Berna, Zurich, Winterthur y Basilea y en las dos manifestaciones «Der Blaue Reiter» en Munich. En 1911 conoce a Luis Moillet y a August Macke, con quienes viaja a Túnez en 1914. Por esas fechas empieza a pintar acuarelas. En 1915 entabla amistad con Rilke en 1915. De 1916 a 1918 hace el servicio militar después de lo cual regresa a Munich.

En 1920, por invitación de Gropius, entra a formar parte de la Bauhaus en Weimar, y tres años más tarde se inicia en la obra de Schwitters y la de Lissitzky en Hannover. También descubre las obras rusas de Kandinsky, quien se incorpora al profesorado de la Bauhaus en 1922. En 1924, funda, junto con Kandinsky, Feninger y Jawlensky el grupo Los Cuatro Azules y tuvo su primera exposición en los Estados Unidos. En 1925 se traslada a Dessau con la Bauhaus y participa, ese mismo año, en la primera exposición del grupo surrealista en París. Klee viaja a Egipto en 1928, esta experiencia le inspira una serie de pinturas con divisiones geométricas y una organización estricta de la composición. En 1931 deja la Bauhaus e ingresa en la Academia de Arte de Düsseldorf, emigrando dos años después a Berna. En 1935 se celebra una retrospectiva de su obra en Bonn y en Basilea; en 1935 su obra figura en la exposición de «Arte degenerado» organizada en Munich por los nazis. En 1939 se celebra una exposición de más de doscientas obras suyas en el Kunsthaus de Zurich.

Kliun, Ivan Vasilievich (Kliunkov)

Nace en 1873, cerca de Kiev. Muere en 1942, en Moscú.

Estudia arte en Moscú y Kiev y, a principios de siglo, se traslada a Moscú donde frecuenta los estudios de Fedor Rerberg e Ilya Mashkov. En 1907 conoce a Malevich. En 1910 empieza a relacionarse con la Unión de Juventudes, participando más adelante en su última exposición (San Petersburgo, invierno de 1913-1914); Ese mismo año funda, junto con otros, el Salón de Moscú. En 1913 estrecha sus contactos con Malevich, Matiushin y Krutchionikh y empieza a realizar sus relieves pintados cubo-futuristas tridimensionales así como su escultura espacial, que sigue practicando hasta 1916. En 1915 empieza a trabajar en el estilo suprematista y se incorpora al grupo Supremus (1916) que se fundó para publicar una revista. De 1915 a 1916 sus obras figuran en las principales exposiciones vanguardistas: «Tranvía V: primera exposición de pintura futurista»,

Petrogrado (1915); «0.10: última exposición futurista», Petrogrado (1915); «Almacén», Moscú (1916); Jota de Diamantes, Moscú (1916). Al final de la Revolución es nombrado Director de la Oficina Central de Exposiciones del Narkompros y, de 1918 a 1921, enseña pintura en los Svomas y luego en el Vkutemas de Moscú; en 1921 pasa a ser miembro del Inkhuk. En 1919 sus obras figuran en la quinta y la décima Exposición Estatal, en Moscú, así como en la exposición de arte ruso de la Galerie van Diemen de Berlín en 1922. En 1923 Kliun diseña una serie de publicaciones futuristas y al año siguiente entra a formar parte de la Asociación de las Cuatro Artes que reunía a los artistas de tendencia figurativa. Por aquella época su obra experimenta un cambio y Kliun pasa del lenguaje suprematista a un estilo figurativo que presenta afinidades con el Purismo de Ozenfant y Le Corbusier.

Kudriashev, Ivan Alexeievich

Nace en 1896 en Kaluga, Rusia. Muere en 1972, en Moscú.

De 1913 a 1917 cursa estudios en la Escuela de Pintura, Escultura y Arquitectura de Moscú. Después de la Revolución estudia con Malevich en los Talleres Libres de Arte Estatal. Conoce a Kliun, Gabo y Pevsner. En 1919 se traslada a Orenburg para fundar una rama de los Svomas y mantiene correspondencia con Malevich, organizando en 1920 la sección de Unovis de Orenburg cuya misión era la de difundir las ideas suprematistas. El proyecto más notable de Kudriashev fueron sus diseños suprematistas para los

decorados del Primer Teatro Soviético de Orenburg (1920). En 1921 viajó a Smolensk (como inspector del tren de evacuación de niños hambrientos) y conoció allí a dos seguidores polacos de Malevich: Katarzyna Kobro y Wladyslaw Strzemeinski. Al regresar a Moscú continúa trabajando como diseñador. En 1922 Kudriashev es uno de los artistas que exponen en la Erste Russische Kunstausstellung, en la Galerie van Diemen de Berlín y, de 1925 a 1928, participa en las exposiciones de la OST (Sociedad de Artistas de Caballete), dejando de exponer después de 1928.

Kupka, Frantisek

Nace en 1871, en Opocno, Bohemia. Muere en 1957, en Puteaux, Francia.

Estudia en la Academia de Praga (1889-1892) y en la Academia de Bellas Artes de Viena (1892-1894). Hacia 1893-1894 se interesa en la filosofía oriental. Se establece definitivamente en París en 1896 y durante una temporada asiste a clases en la Académie Julian en 1897 y empieza a trabajar como ilustrador. En 1906 se instala en Puteaux y en 1911-1912 participa en las reuniones del grupo cubista de Puteaux con Duchamp-Villon, Villon, Gleizes, Metzinger, La Fresnaye, Le Fauconnier, Léger, etc., interesándose enormemente en los temas debatidos: el arte de Cézanne y Seurat, las proporciones divinas, la sección áurea, Bergson, la teoría no Euclidiana y la cuarta dimensión, las teorías sobre la relación entre música y pintura, las nuevas ideas respecto a la representación del movimiento y

la dinámica de los colores. Su trabajo, de figurativo pasa a ser abstracto. Empieza a trabajar en la serie de la Fuga Amorfa que exploraba la analogía entre el carácter abstracto de la pintura y la música, inspirado en el principio de orquestación de una fuga. Sus primeras pinturas abstractas, *Planos por colores*, fueron expuestas en el Salon d'Automne de 1911 y en el Salon d'Automne de 1912, presenta dos obras totalmente abstractas: *Amorfa: fuga en dos colores* y *Amorfa: cromática cálida*, basadas en motivos formales simplificados, que se organizan en configuraciones cósmicas y rotativas y exploran la interacción entre los colores y la refracción de la luz, así como la dinámica cromática y lineal de los fenómenos naturales. En 1912 se retira del grupo de Puteaux y en 1913 sus obras abstractas se identifican brevemente con el Orfismo. Kupka combate en la Primera Guerra Mundial. En 1921 celebra su primera exposición individual en la Galerie Povolosky en París, y en 1924, la Galerie La Boëtie le organiza una exposición antológica.

La obra de Kupka gira esencialmente en torno a dos temas: las formas dinámicas circulares (principalmente en sus obras anteriores a 1920) y los planos verticales de colores en acción, empleados esporádicamente en sus obras anteriores a 1920 pero que después se generalizan. En 1930 deja de pintar por un tiempo. En 1931 se une al grupo Abstraction-Création y durante los años treinta y cuarenta celebra numerosas exposiciones en Francia, Praga y Nueva York. La pintura de su última época se caracteriza por sus formas geométricas austeras, en composiciones de configuración sencilla. En 1975 el Guggenheim Museum de Nueva York le dedica una importante retrospectiva.

Larionov, Mikhail Fedorovich

Nace en 1881, en Tiraspol, Rusia. Muere en 1964, en Fontenay-aux-Roses, Francia.

Cursa estudios en el Instituto de Pintura, Escultura y Arquitectura de Moscú de 1898 a 1908. Allí conoce a la que iba a ser su compañera durante toda su vida, Natalia Gontcharova. Sus primeras obras muestran influencias impresionistas. En 1906 empieza a exponer, participando en las exposiciones del Mundo del Arte, San Petersburgo, de la Unión de Artistas Rusos, Moscú, de la Asociación de Artistas de Moscú y de la sección rusa del Salon d'Automne en París (a cargo de Diaghilev) —en cuya ocasión visita París por vez primera—. Entre 1907 y 1914, cuando estalla la guerra y es movilizado, Larionov era uno de los miembros más activos de la vanguardia, que organizaba exposiciones y debates sobre arte contemporáneo, y colabora con poetas en la publicación de libros y almanaques futuristas y contribuía a las principales manifestaciones de la vanguardia, tanto en Rusia como en Europa.
En 1907-1908 su obra está representada en la exposición «Guirnalda-Stephanos» de Moscú, en la «Guirnalda» de San Petersburgo y el «Eslabón» de Kiev.
De 1907 a 1910 colabora también con el fundador y redactor de la revista de arte *El vellocino de oro* —el coleccionista Nikolai

Ryabushinsky— y contribuye a organizar las tres exposiciones del «Vellocino de oro» (1908-1909). A partir de 1907 Larionov elabora un estilo nuevo —el Neoprimitivismo— que surge a raíz de su interés en el arte popular, los grabados de madera, los iconos y el arte infantil. Practica este estilo hasta 1912 y produce obras cuya peculiaridad reside en unas formas de contornos toscos, colores fuertes y planos y unos temas triviales, como la vida de las gentes de provincias, soldados y escenas de cuarteles (realizados durante su servicio militar en 1908), las estaciones del año, naturalezas muertas, etc. En este período sus obras figuran en las exposiciones de la Unión de Juventudes en San Petersburgo (1910, 1911, 1912), los dos Salones Izdebski, organizados en Odessa (1909-1910 y 1910-1911) y la exposición inaugural del grupo Jota de Diamantes, Moscú (1910) a cuya organización contribuye junto con Gontcharova y Aristarch Lentulov. En 1911 Larionov y Gontcharova rompen con la Jota de Diamantes, a raíz de las disensiones que surgen en el grupo respecto a sus objetivos artísticos y su consiguiente escisión en una facción rusa y otra francesa. Larionov forma el grupo Cola del burro que celebra una exposición (marzo de 1912) con obras de Larionov, Gontcharova, Malevich y Tatlin. En 1912 Roger Fry incluye las obras de Larionov en su segunda exposición postimpresionista de las Grafton Galleries de Londres, y en 1913 su trabajo se expone en el Salón de Otoño alemán, en la galería berlinesa Der Sturm.
Hacia finales de 1912, Larionov empieza a trabajar en nuevo estilo, el Rayonismo, que muestra al

público por primera vez en su exposición «Blanco» en abril de 1913 en Moscú, acompañada de un almanaque, *La Cola del burro y el objetivo*, que incluía el texto «Rayonistas y futuristas: un manifiesto» (firmado por otros diez artistas) —primera explicación teórica del Rayonismo. Hacia 1913-1914 sus pinturas rayonistas de madurez —obras enteramente abstractas, de líneas de colores que se entrecruzan y crean interferencias dinámicas, caracterizadas en general por una superficie de gruesa textura—. También aplica su estilo rayonista en las ilustraciones que hace para libros de Klebnikov y Krutchenykh entre 1912-1913 en su mayoría. Durante el año de 1914, Larionov organiza en Moscú la exposición «No. 4» y en junio celebra una exposición conjunta (con Gontcharova) en la Galerie Paul Guillaume en París. Movilizado en 1914, es licenciado en 1915 por motivos de salud y sale para Suiza (con Gontcharova) invitado por Diaghilev, y en 1917 se establece en París. Sus actividades se centran en los decorados teatrales para las producciones de Diaghilev como *Le renard* de Stravinski (1922), aunque también se dedica a ilustrar algunos libros. Celebra numerosas exposiciones en Francia, Alemania, Bélgica, Inglaterra e Italia aunque pintaba poco.

van der Leck, Bart

Nace en 1876, en Utrecht. Muere en 1958, en Blaricum, Países Bajos.

Estudia en la Escuela Estatal de Artes Decorativas y la Academia de Amsterdam. Trabaja como

ilustrador, pintor, diseñador y arquitecto de interior. En 1905 conoce al arquitecto H. P. Berlage. Hacia 1912 el estilo figurativo de sus principios cambia al empezar a estilizar las formas y al emplear áreas planas de color. Van der Leck va cambiando progresivamente su estilo en un lenguaje abstracto, basado en formas geométricas puras. En 1916 se traslada a Laren donde conoce a Mondrian, Van Doesburg, Huszar y al Dr. M. H. J. Schoenmakers. Junto con Mondrian, Van Doesburg y Huszar, participa en la fundación del grupo De Stijl, en 1917, y pertenece a dicho grupo hasta mediados de 1918. Van der Leck pinta obras no objetivas, compuestas de formas rectangulares con colores primarios sobre fondo blanco, e introduce a menudo en la estructura composicional un elemento diagonal (orientando sus rectángulos según un eje diagonal o empleando formas trapezoidales). Al salirse del grupo De Stijl vuelve a pintar cuadros abstractos derivados de los temas que observa y también de temas de estilo realista. En junio de 1918 se traslada de Laren a Blaricum, donde se dedica activamente a la decoración de interiores, mobiliario y alfombras.

Le Corbusier (Charles-Edouard Jeanneret-Gris)

Nace en 1887 en La Chaux-de-Fonds, Suiza. Muere en 1965, en Cap-Martin, Francia.

Hacia 1900 estudia grabado en la Escuela de Arte de La-Chaux-de-Fonds con el pintor L'Eplattenier, interesándose por las estilizaciones Art Nouveau. En 1905 crea sus primeros proyectos arquitectónicos y en 1907 viajó a Italia del norte, Toscana, Rávena, Budapest y Viena donde trabaja durante seis meses con Josef Hoffmann, instigador de la «Sezession» vienesa. Viaja a París por vez primera en 1908 y en 1910 le conceden una beca de la Escuela de Arte de La Chaux-de-Fonds para estudiar el movimiento de artes y oficios en Alemania, país en donde permanece hasta mediados del año 1911, visitando Berlín y Dresden. En 1911 viaja mucho por Europa, los Balcanes, Grecia e Italia. En 1912 expone en el Salon d'Automne de París, una serie de acuarelas del período 1907-1912. En ese mismo año se hace cargo de las clases de arquitectura y mobiliario en la «Nueva sección» de la Escuela de Arte de La Chaux-de-Fonds y, a continuación, pasa a ser director de sus «Ateliers d'arts réunis» (en 1914). En 1917 se afinca en París y trabaja en el estudio del arquitecto Auguste Perret, donde conoce a Amédée Ozenfant. En 1918 empieza a pintar y ese mismo año expone con Ozenfant, al tiempo que publica el manifiesto del Purismo, *Après le Cubisme*. En 1920, junto con Ozenfant y Paul Dermée, funda una revista llamada *L'Esprit nouveau*. Prosigue sus actividades de arquitecto y pintor y, en 1923, celebra una exposición en la galería de Léonce Rosenberg, L'Effort Moderne. El estilo de su pintura está originado en las formas del Cubismo Sintético que se fueron transformando en formas geométricas de contornos nítidos y en 1928 empezó su período de «objetos de reacción poética». Más adelante, en 1930, aparece la figura humana en sus composiciones y ese mismo año se

une al grupo *Cercle et Carré*. Continúa pintando y ejecutando murales durante toda su activa carrera de arquitecto.

Léger, Fernand

Nace en 1881, en Argentan, Francia.
Muere en 1955, en Gif-sur-Yvette, Francia.

Léger, figura importante del Cubismo, pasa su infancia en Normandía y de 1897 a 1902 trabaja para arquitectos en Caen y en París. Cursa estudios en París en l'École des Arts Décoratifs, la Académie Julian y los estudios de Jean-Léon Jérôme y Gabriel Ferrier. Establece definitivamente su residencia en París y en 1910 ya conocía a Braque, Picasso, Matisse y a los escritores Apollinaire, Max Jacob, Maurice Raynal y André Salmon. También entabla amistad con los Delaunay y los artistas cubistas de la Section d'Or. Su primer estilo cubista de los años 1909 a 1911 mostraba influencias de Cézanne, Braque y Picasso. Expone sus obras en la galería de Daniel-Henri Kahnweiler y con el grupo de la Section d'Or, en la Galerie la Boétie en París, en 1912, así como en el Primer Salón de Otoño alemán, en la galería berlinesa Der Sturm, en 1913. Su lenguaje cubista original de los años 1912-1914 contiene formas, a modo de conos truncados de volúmenes muy acusados que sugieren un movimiento mecánico debido a la reiteración de formas que exploran los contrastes entre plano y volumen, rectas y curvas, colores intensos y blanco y negro. Las composiciones abstractas que consigue Léger están ejemplificadas en su serie «Contraste de formas»

(1912-1913). Después de servir en el ejército durante la guerra, vuelve a la pintura en 1918, centrándose en los temas urbanos y utilizando formas tubulares y de maquinaria. A principios de los años veinte se adhiere al Purismo de Le Corbusier y Ozenfant. Colabora en realizaciones cinematográficas (con Blaise Cendrars) diseñando los trajes y los decorados de los Ballets Suédois y produce asimismo su película experimental *Ballet mécanique* (1924). También le encargan decorados para la «Exposition des arts décoratifs» de París (1925), el pabellón de Le Corbusier l'Esprit Nouveau, etc. Léger llegó a ser un profesor influyente, al fundar en 1924 con Amédée Ozenfant la Académie Moderne (que duró hasta 1931). También dio clase en la Académie de l'Art Contemporain (1933-1939) y en el Atelier Fernand Léger (1946-1955). Realiza varios viajes a Estados Unidos: 1931, 1935-1936, 1938-1939 y permanece allí unos cuantos años desde 1940 a 1945. Su estilo, entre los años treinta y cuarenta, oscilaba entre lo abstracto y lo figurativo, investigando en las diferencias de escala (entre pintura de caballete y murales), en busca de un lenguaje dinámico de carácter monumental, y empleando a menudo el recurso de esquemas planos, con colores intensos, marcadas estructuras y contornos lineales. Cuando regresa a Francia en 1946 se dedica esencialmente a la realización de encargos de decoración, murales y vidrieras de color para iglesias y edificios públicos, así como a la realización de decorados de teatro.

van Leusden, Willem

Nace en 1886, en Utrecht.
Muere en 1974, en Maarssen, Países Bajos.

Durante un breve período, Van Leusden se relaciona con el grupo De Stijl y con Van Doesburg, con quien expone en París en 1923 en la galería de Léonce Rosenberg L'Effort Moderne, en el marco de la exposición de arquitectura de De Stijl. Ese mismo año su obra es incluida en la sección del Novembergruppe de la Grosse Berliner Kunstausstellung. Posteriormente, su obra experimenta influencias del arte de Lissitzky y de otros constructivistas.

LeWitt, Sol

Nace en 1928 en Hartford, Connecticut.
Vive en Nueva York.

Cursa estudios en la universidad de Syracuse de 1945 a 1949. En 1953, tras haber servido dos años en el ejército en Japón y Corea, donde estudió los santuarios, templos y jardines, se traslada a Nueva York e ingresa en la Escuela de caricaturistas e ilustradores (hoy en día la School of Visual Arts). En 1962-1963 sus cuadros se transforman en relieves, basados en el ángulo recto y la construcción elemental de cuadrados menguantes, acoplados a una barra central. Sus obras tridimensionales iniciales, expuestas en la iglesia St. Mark's de Nueva York en 1963, revelan influencias del grupo De Stijl, del Constructivismo y de la Bauhaus. Al año siguiente, participa en una exposición colectiva en la Kaymar

Gallery, con relieves geométricos, formas cúbicas y estructuras murales que llevaban ya una marca original por sus formas cuadradas y cúbicas. En 1965 realiza sus primeras piezas modulares, a base de formas cúbicas abiertas que acaba integrando en sus obras seriales. En mayo de ese mismo año, LeWitt celebra su primera exposición individual en la Daniels Gallery de Nueva York donde expone sus construcciones pintadas, y en 1966 realiza una exposición en la Park Place Gallery neoyorquina, así como en la Dwan Gallery donde presenta módulos bajo forma serial. Entre 1967 y 1970 fue incluida su obra en las principales muestras colectivas del arte minimalista, tales como «Estructuras primarias» en el Jewish Museum de Nueva York (1966); «Arte Minimal» en el Gemeentemuseum de La Haya (1968) y «Arte de lo real» en el Museum of Modern Art de Nueva York (1968). LeWitt da clases en varias escuelas de arte: Cooper Union (1967-1968), School of Visual Arts (1969-1970), N. Y. U. (1970-1971). En 1967 y 1969 publica sus importantes opiniones sobre el arte conceptual. En 1968 asienta los principios básicos de sus novedosos dibujos murales: «líneas en cuatro direcciones —vertical, horizontal y 2 diagonales». LeWitt expone por primera vez la obra resultante en la galería Paula Cooper de Nueva York. Continúa explorando esta premisa en múltiples y variadas series, tanto en blanco y negro como en color, profusamente expuesta dentro y fuera de Estados Unidos. Sus obras han sido incluidas en las más importantes exposiciones colectivas de arte conceptual: «Cuando la actitud se vuelve forma», Kunsthalle, Berna (1969); «Konzeption/Conception»,

Städtische Museum, Leverkusen, Alemania Federal (1969); «Información», Museum of Modern Art, Nueva York (1970) y el Museum of Modern Art le dedicó en 1978 una muestra antológica. Junto con Lucy Lippard, crítico de arte, funda el grupo Printed Matter, con objeto de publicar y distribuir libros de artistas.
El componente básico de su obra es el cuadriculado geométrico, logrado mediante la manipulación de la unidad modular. Este vocabulario básico brinda múltiples posibilidades de infinita complejidad.

Lissitzky, El (Lazar Markovich)

Nace en 1890, en Polschinok cerca de Smolienk, Rusia.
Muere en 1941, en Moscú.

Lissitzky es uno de los protagonistas de la vanguardia constructivista rusa. Empieza su carrera estudiando arquitectura en a Technische Hochschule de Darmstadt en Alemania (1909-1914). En 1912 y 1913 se marcha durante el verano a París (donde conoce a Zadkine) y visita Italia: Venecia, Pisa y Rávena. Al estallar la guerra regresa a Rusia. De 1915 a 1917 estudia en el Instituto Politécnico de Riga. Ferviente defensor de la revolución pasa a ser miembro de la IZO Narkompros en 1918. En mayo de 1919 y por invitación de Chagall, se incorpora al profesorado de la Escuela de Arte de Vitebsk como profesor de artes gráficas y arquitectura. Al integrarse Malevich en la Escuela de Arte de Vitebsk, se adhiere al Suprematismo de Malevich y en 1919-1920, bajo la influencia de

éste último, crea su propio lenguaje, los llamados «Prouns» (sigla para designar «los proyectos para la afirmación de lo nuevo») —composiciones abstractas con formas geométricas llanas y tridimensionales de colores planos que crean interacciones espaciales y dinámicas dentro de un espacio neutro—. Lissitzky los consideraba como una etapa intermedia entre la pintura y la arquitectura, al participar de hecho de los principios suprematistas y constructivistas —que había de desarrollar más aún en su obra de los años veinte—, que incluía también la ilustración, la tipografía, el diseño de arquitectura interior y los montajes de exposiciones, proyectos arquitectónicos, decorados para festivales y manifestaciones revolucionarias, carteles y estructuras como el Podio de Lenin. Durante los años veinte, y debido a sus frecuentes viajes a Europa, actúa de nexo entre los constructivistas rusos y los artistas vanguardistas occidentales, asumiendo un papel clave en la difusión de las ideas constructivistas rusas en el occidente.
En 1921 es nombrado profesor del Vkhutemas y en 1922 funda en Berlín, junto con su compatriota, el escritor Ilya Ehrenburg, la importante revista *Veshch/Gegenstand/Objet.* Lissitzky participa en la «Primera exposición de arte ruso» en la Galerie van Diemen de Berlín (1922) y diseña la portada del catálogo. Mantiene contactos con el grupo De Stijl (a través de Van Doesburg), con el grupo Dadá (a través de Schwitters) y con la Bauhaus en Weimar. Toma parte activa en el Congreso de artistas progresistas, de Düsseldorf (1922) y en el Congreso dadaísta-constructivista de Weimar

(1922). Extiende el concepto de sus «Prouns» a la arquitectura y al medio ambiente, con la «Sala Proun» que diseñó para la Grosse Berliner Kunstausstellung en 1923, el ámbito de exposición (Raum der Abstrakten) en la Kunstausstellung internacional de Dresde en 1926, el pabellón soviético de la exposición Pressa en Colonia (1928), el Kabinett der Abstrakten (1927-1928) en el Landesmuseum de Hannover y otros tantos ámbitos de exposición entre 1927 y 1930 en Rusia y Alemania. Lissitzky también se dedica activamente a la ilustración de libros, siendo sus obras más famosas la *Historia de los 2 cuadrados* (1922) y *Para la voz* de Maiakovski (1923); realiza dos carpetas de litografías, *Proun* y *Victoria frente al sol* (1920-1923) con la Kestnergesellschaft de Hannover; colabora con Mies van der Rohe en la revista *G* (1923) y con Schwitters en *Merz* (1924); en 1925 edita con Jean Arp *Los ismos del arte (Die Kunstismen)*, una breve recopilación de los movimientos de vanguardia del siglo veinte. A partir de 1925, vive principalmente en Moscú y de 1925 a 1930 enseña la arquitectura interior y diseño de mobiliario en el Departamento de madera y metal del Vkhutemas de Moscú. Fiel seguidor de los constructivistas, preconizó con ellos el concepto del utilitarismo del arte y diseñó varios proyectos arquitectónicos y de arquitectura interior, para bloques de viviendas comunales. En los años 1930 ensaya experimentos fotográficos y de fotomontajes que suele integrar en sus diseños tipográficos, siendo éste uno de sus principales campos de actividad, junto con el diseño de exposiciones, hasta su muerte. También fue autor de un importante tratado de arquitectura soviética, *Rusia: la reconstrucción de la arquitectura en la Unión Soviética*, publicado en Viena en 1930.

McLaughlin, John

Nace en 1898, en Sharon, Massachusetts.
Muere en 1976, en Dana Point, California.

Autodidacta; empieza a pintar en 1938 y a partir de 1946 se dedica exclusivamente a su arte. Sus fuentes de inspiración proceden del budismo zen (en el que se interesó enormemente cuando, a partir de 1935, vivió unos años en Oriente, estudiando japonés y ocupándose de los grabados japoneses), el Neoplasticismo de Mondrian y la obra de Malevich. Su estilo abstracto aparece hacia 1946, a consecuencia de su afán por generar formas tan sencillas que permitan expresar la unidad de la experiencia humana, respecto a las relaciones existentes en la naturaleza. Para poder lograr formas tan neutras, McLaughlin reduce su paleta a los colores primarios y sus formas a rectángulos (exceptuando escasas pinturas de círculos en 1948 y 1952, y de cuadriculados en 1949). Sus formas coloreadas (de bordes nítidos), por sus relaciones cambiantes, crean un espacio variable en el que se percibe temporalmente el campo espacial. También elimina toda huella de pincel. Su estética reductiva culmina en los primeros años setenta, con obras basadas en puros contrastes de blanco y negro.

Malevich, Kasimir Severinovich

Nace en 1878, cerca de Kiev.
Muere en 1935, en Leningrado.

Malevich es uno de los principales protagonistas de la vanguardia rusa y fundador del primer movimiento realmente no objetivo, el Suprematismo. Empieza sus estudios en la Escuela de Dibujo de Kiev (1895-1896), la Escuela de Pintura, Escultura y Arquitectura de Moscú (1904-1905) y con el pintor Fedor Rerberg (1905-1910). Hacia 1910 se une a Larionov y Gontcharova y participa con ellos en la exposición inaugural de la Jota de Diamantes (1910), en la de «La cola del burro» (1912) y en la del «Blanco» (1913). De 1911 en adelante también forma parte del grupo radicado en San Petersburgo, Unión de Juventudes, colaborando en sus exposiciones en 1911 y 1914. Sus obras iniciales están influidas por Cézanne, Matisse, Derain y Picasso y posteriormente entra en una fase neoprimitivista con un estilo profundamente inspirado en los iconos rusos y en el arte popular. Entre 1912 y 1915 desarrolla su estilo cubo-futurista, recurriendo a la reiteración de las formas, conos y cilindros truncados —en el que denota haber analizado profundamente el Cubismo francés y el Futurismo italiano—. En la etapa final de esta fase surgen sus cuadros «alógicos» como *Un inglés en Moscú* (1914, Museo Stedelijk, Amsterdam) que combina objetos yuxtapuestos de modo irracional, con elementos de collage y objetos ordinarios, aplicados en la superficie, y el contraste entre formas planas y formas con volumen. En 1913, diseña los trajes y el escenario para la ópera futurista *Victoria frente al sol*, con libreto del poeta Alexei Krutchenykh y música de Mijaíl Matiushin. Los trajes, compuestos por formas geométricas, y los diseños casi abstractos de los telones de fondo, también basados en formas geométricas, constituyen el ejemplo más radical en lo que se refiere a innovación de diseños teatrales por aquellas fechas. En 1914 conoce al futurista italiano Filippo Tommaso Marinetti que estaba visitando Rusia. En 1915 participa en dos importantes exposiciones vanguardistas de Petrogrado, «Tranvía V: la primera exposición futurista de pintura» y «La última exposición futurista de pintura: 0.10» en donde Malevich lanza el Suprematismo —un lenguaje no objetivo que consiste en formas geométricas de colores puros, colocadas en configuraciones dinámicas sobre fondo blanco. Sus obras iban acompañadas de un manifiesto y un pequeño folleto, «Del Cubismo y el Futurismo al Suprematismo: el nuevo realismo en la pintura», que exponía la evolución de la forma abstracta y que fue su primer ensayo teórico magistral (revisado y reeditado en tres ocasiones). En 1916 participa en la exposición «Almacén» en Moscú y entre 1916 y 1917 forma el grupo de defensores del Suprematismo, Supremus, que contaba entre sus miembros con Popova, Rozanova, Kliun, Pestel y Udaltsova y que había de preparar la revista *Supremus* (que no llegó a realizarse). Después de la Revolución, interviene activamente como miembro de la sección IZO Narkompros y de la Oficina Internacional y también como profesor de los Talleres Libres de Moscú (Svomas, a partir del otoño de 1918). En 1919 escribe su importante ensayo *De los nuevos sistemas en el arte* y diseña decorados y trajes para la obra de Maiakovski sobre la revolución *Misterio bufo*, realizada por Meyerhold en Petrogrado. Por invitación de Chagall, por entonces jefe del Instituto de Arte de Vitebsk, en el otoño de 1919 entra como profesor en esa institución y en el invierno de 1919-1920 sustituye a Chagall como director. Por esas fechas celebra una exposición individual en Moscú, con 153 obras —la «Decimosexta exposición estatal: K. S. Malevich, su camino del Impresionismo al Suprematismo»—. Mientras residía en Vitebsk en 1920, funda un grupo de seguidores, los Unovis del cual formaban parte Lissitzky, Chashnik, Suetin. Tras la expulsión de los Unovis de Vitebsk en 1922, se traslada a Petrogrado (seguido por algunos de sus estudiantes) y entra a formar parte del profesorado de la rehabilitada Academia de las Artes y del Ginkhuk (una rama del Inkhuk encabezada por Tatlin), como director del Departamento formal y técnico de la Sección de cultura pictórica (1923-1926). Malevich es uno de los participantes en la «Primera exposición de arte ruso» en la Galerie van Diemen de Berlín, en 1922.

A partir de 1919 y durante todo el período que pasa en el Ginkhuk, los intereses de Malevich se centran en la investigación teórica y en el diseño de proyectos de arquitectura y urbanismo que realiza mediante dibujos y maquetas arquitectónicas conocidos con el nombre de Planits y Architektons. En 1927 celebra una exposición individual en Varsovia y viaja asimismo a Berlín, donde su obra es incluida en la «Exposición de arte del gran Berlín». Visita la Bauhaus que publica sus ensayos teóricos en un número de su colección de libros: *El mundo no objetivo* (1927). Malevich regresa a Rusia dejando en Alemania las obras que había presentado en Berlín y que posteriormente entrarían a formar parte de la colección del Museo Stedelijk de Amsterdam. En 1929 celebra una exposición individual en la galería Tretiakov de Moscú, pero por esas fechas sus obras se habían vuelto figurativas en su mayor parte; muchas trataban de temas campesinos de los años diez. Malevich continúa trabajando en este sentido figurativo hasta su muerte (1935).

Mangold, Robert

Nace en 1937, en North Tonawanda, Nueva York.
Vive en Washingtonville, Nueva York.

De 1956 a 1959 estudia en el Instituto de Arte de Cleveland y de 1960 a 1962 en la Yale University. Sus primeras obras aparecen en exposiciones como «Hard-Edge Painting» en la Fischbach Gallery de Nueva York (1962-1963) y en la del Guggenheim Museum de Nueva York «Systemic Painting» (1966). Su obra, caracterizada por una gran austeridad de medios, con extensas superficies de pintura monocroma seccionadas por elementos lineales, es una de las contribuciones más notables de los artistas minimalistas. Mangold inicia esta reducción radical en su pintura a mediados de los años sesenta cuando sustituye las formas biomórficas de sus primeras obras por formas geométricas elementales, de contornos marcados. Estas constituyen la esencia de su trabajo posterior, que explora

texturas de superficie (sobre masonita) y lienzos recortados para destacar la calidad de «objeto» de las pinturas. Hacia 1966 introduce curvas y círculos que con el cuadrado pasan a ser sus formas geométricas predilectas. En 1968-1969 estudia la serialidad en pintura, fascinado por la complejidad de los cambios en las relaciones estructurales entre los componentes de la obra, logrados mediante divisiones y sustracciones y la multiplicación resultante de las posibilidades expresivas. El concepto serial le lleva a investigar las sutiles variaciones que se producen en los cambios secuenciales en las relaciones entre el trazo de la línea y la superficie-color. Hacia 1971 Mangold empieza su serie de pinturas «Círculo cuadrado deformado» y desde entonces sigue dedicándose al estudio de estas dos formas básicas. Su obra ha sido expuesta profusamente desde 1964, tanto en Estados Unidos como en varios países europeos —Alemania Federal, Suiza, Italia, Inglaterra, Francia.

Mansurov, Pavel

Nace en 1896, en San Petersburgo.
Muere en 1984, en Francia.

Empieza a cursar estudios en 1909 en la Escuela Stieglitz de San Petersburgo y después en la escuela de la Sociedad de Fomento de las Artes. Hace el servicio militar entre 1915 y 1917, diseñando equipos aéreos para el Ministerio del Aire en San Petersburgo. Después de la Revolución de Octubre trabaja por un tiempo con Lunacharski en el Comisariado Popular de Instrucción. También establece contactos con Tatlin, Malevich y

Matiushin. Hacia 1917 crea sus primeros dibujos y pinturas abstractas. En 1919 participa en la «Primera exposición estatal libre de obras de arte» en Petrogrado que contiene obras representativas de todas las tendencias artísticas, tanto de izquierdas como de derechas. Mansurov es uno de los organizadores del Inkhuk (Ginkhuk) de Petrogrado en 1922, junto con Malevich, Matiushin, Nikolai Punin, Tatlin y otros más y pasa a ser director de la sección experimental. En 1922 participa en la «Primera exposición de arte ruso» en la Galerie von Diemen de Berlín y, en 1923, su obra es incluida en la «Exposición de pintura de artistas de Petrogrado de todas las tendencias». Mansurov define su postura teórica respecto al arte en dos declaraciones, publicadas en 1923 en la revista *Zhin iskusstva* (Vida del arte). En 1924 participa en la XIV Bienal de Venecia y en 1927 en la exposición de la Academia de las Artes de Leningrado, conmemorativa del décimo aniversario de la Revolución de Octubre.
En 1928 abandona la Unión Soviética y sale para Italia donde, en 1929, celebra una exposición en el teatro de los hermanos Bragaglia, «Bragaglia fuori Comercio» en Roma. Ese mismo año emigra a París y sigue trabajando en el estilo abstracto de años anteriores, centrado en su interés por la línea y la forma y en una gran economía compositiva. Mansurov estudió en particular las posibilidades que brindaban el formato vertical (generalmente en un soporte de madera) y los planos monocromáticos organizados con un número limitado de líneas.

del Marle, Félix

Nace en 1889, en Pont-sur-Sambre, Francia.
Muere en 1952, en París.

Del Marle llega a París por vez primera en 1911 y se siente influido por el Cubismo y el Futurismo. A través de sus estudios con Severini (1913) acaba familiarizándose con este último estilo. En 1920 conoce a Frantisek Kupka quien le inicia en la «pintura pura». Dos años después conoce a Mondrian y Van Doesburg y permanece afiliado a De Stijl durante un breve período, descubriendo en sus formas geométricas nuevas posibilidades artísticas. En 1924 se establece en Lille y funda la revista *Vouloir*, subtitulada «Organe constructif de littérature et d'art moderne» que, en 1927, pasa a ser «Mensuelle d'esthétique néoplastique», para la propagación de las ideas de De Stijl y las ideas constructivistas rusas, y que contó con colaboraciones de Mondrian, Van Doesburg, Vantongerloo y otros. En 1926 emprende varios proyectos con objeto de aplicar los principios neoplasticistas al diseño de muebles, la arquitectura interior y la arquitectura. En 1928 organiza la exposición «Stuca» en Lille, destinada a presentar las realizaciones del Neoplasticismo en los campos teóricos y prácticos, con obras de Gorin, Domela y Vantongerloo. El lenguaje inicial de Del Marle, progresivamente geométrico, se convierte en los años treinta en un estilo abstracto, de inspiraciones constructivistas. Después de la Segunda Guerra Mundial participa con regularidad en el Salon des Indépendants y el Salon des Réalités Nouvelles de París. Celebra una gran exposición de su obra en 1949 en la Galerie

Colette Allendy y empieza a conocerse su pintura en Inglaterra y en Estados Unidos. En 1950 funda el grupo Espace con André Bloch. En 1982 la galería neoyorquina Carus le dedica una exposición.

Martin, Agnes

Nace en 1912, en Maklin, Saskatchewan.

Vive en Glasteo, Nuevo México.

Llega a Estados Unidos en 1932 y cursa estudios en varias universidades americanas, licenciándose en la Columbia University, Nueva York. Desde principios de los años cuarenta hasta mediados de los años cincuenta, vive en Oregon y Nuevo México, dando clases en el Eastern Oregon College y en la Universidad de Nuevo México. Regresa a Nueva York en 1957 y permanece allí diez años y en 1967 se traslada a Cuba, Nuevo México.
Sus composiciones, aparentemente austeras, están basadas en estructuras de cuadriculados sistémicos, cuyas variaciones múltiples exploran las irregularidades de las líneas y la diferenciación de tamaños de los elementos lineales básicos, organizados en configuraciones modulares. Estas composiciones de ordenación minuciosa, con pequeñísimas divisiones en la superficie, le brindan al espectador un amplio espectro de lecturas posibles y de reacciones diversas. Su estilo peculiar se cristaliza hacia 1957 y después de un período de pinturas de paisajes y figuras así como de composiciones surrealistas de los años cuarenta y cincuenta Martin demuestra un interés creciente por la regularidad

de ciertas formas, sus simetrías y los ritmos constantes que sostienen las relaciones naturales y la armonía universal. A partir de 1961 el sistema de líneas verticales y horizontales pasa a ser su único modo de expresión y, desde entonces, ha ido refinando y perfeccionando su sintaxis. Sus obras materializan la estructura holística, en la que las partes están subordinadas al módulo mayor, expresando espacios infinitos (puesto que las marcas del cuadriculado no llegan a los bordes del soporte, y la superficie flota como un velo).

Martin, Mary

Nace en 1907, en Folkestone, Inglaterra.

Muere en 1969, en Londres.

Cursa estudios en el Goldsmith's College of Art and Design (Escuela de arte y diseño de orfebrería) de la Universidad de Londres y en el Royal College of Art de 1925 a 1932. En 1949 pinta sus primeros cuadros abstractos y en 1951 realiza sus primeros relieves abstracto-geométricos de madera pintada. De ahí en adelante se dedica esencialmente a los relieves y lleva a cabo una serie de encargos, así como un mural para la Universidad de Stirling. También escribe textos críticos para revistas de arte, entre otras la de Joost Baljeu *Structure*. En 1964 celebra una exposición individual en la Molton and Lords Gallery de Londres. En 1969 le conceden (junto a Richard Hamilton) el primer premio de la exposición John Moores en Liverpool. Sus obras figuran en la colección de la Tate Gallery de Londres y en la Fundación Calouste Gulbenkian de Lisboa.

Metzinger, Jean

Nace en 1883 en Nantes, Francia. Muere en París en 1956.

A los veinte años, Metzinger se traslada a París para abrirse camino en la pintura. Uno de sus primeros amigos parisinos es Robert Delaunay. Hacia 1908 conoce al escritor Max Jacob, que le presenta a Apollinaire y su círculo, en el que están Georges Braque y Pablo Picasso. Desde entonces hasta 1923 aproximadamente, Picasso va a tener una influencia decisiva sobre Metzinger. En 1910 Metzinger expone por primera vez en el Salon des Indépendents. En 1910 y 1911 publica varios artículos sobre pintura contemporánea y con posterioridad lleva a cabo contribuciones periódicas a la literatura sobre arte moderno. Metzinger fue el primero en hacer notar, en letra impresa, que Picasso y Braque habían desechado la perspectiva tradicional mezclando múltiples dimensiones de un objeto en una sola imagen; su artículo sobre esta cuestión aparece en *Pan* en 1910. En 1911, con Robert Delaunay, Albert Gleizes y Fernand Léger, Metzinger participa en la controvertida Sala 41 del Salon des Indépendents, la primera exposición en la que el grupo de pintores cubistas se presentó formalmente como tal. Ese mismo año su obra aparece en el parisino Salon d'Automne. En 1912 Metzinger colabora con Gleizes en *Du Cubisme*, en el que se proponían los fundamentos teóricos del Cubismo. Ese mismo año participa en la fundación de la *Section d'Or* y expone en la Galería de la Boetie de París con otros miembros del grupo, entre ellos Gleizes, Juan Gris, Roger de la Fresnaye, Alexander Archipenko,

Louis Marcoussis y Léger. En 1913 Metzinger vuelve a exponer en el Salon d'Automne y después sigue haciéndolo en los principales salones parisinos. Este mismo año toma parte en una exposición en la galería de Der Sturm en Berlín y comparte una muestra con Gleizes y Léger en la Galería Berthe Weill de París. En 1916 Metzinger expone con Marcel Duchamp, Jean Crotti y Gleizes en la galería neoyorquina Montross. Después de combatir en la Primera Guerra Mundial, Metzinger vuelve en 1919 a París, donde reside hasta el final de sus días. Entre sus exposiciones individuales están las realizadas en las Galerías Leicester de Londres en 1930, la de la Galería Hannover, también en la capital británica en 1932 y la de 1953, celebrada en The Arts Club de Chicago.
S. H.

Moholy-Nagy, László

Nace en 1893, en Bacsbarsod, Hungría.

Muere en 1946, en Chicago.

Empezó por estudiar derecho en Budapest; realizó sus primeros dibujos hacia 1915, en un estilo impregnado por el expresionismo alemán. Se compromete con la avanzadilla literaria y musical y en 1917 colabora con Kassak en la fundación del grupo vanguardista MA (Hoy) y de su revista radical para la difusión del arte moderno (hasta 1925). En 1919 marcha a Viena donde entonces se editaba MA, y en 1920 se traslada a Berlín. Se relaciona con el movimiento Dadá (conoce a Schwitters) y también con la galería Der Sturm de Herwarth Walden, que le dedicó en 1922 una exposición individual. Durante su estancia en Berlín crece su interés por las ideas y la obra no objetiva de Malevich y de Lissitzky, a la sazón relevante propagador de las ideas constructivistas rusas en Occidente. Comienza a integrar en su propio estilo los principios suprematistas y constructivistas. Su obra abarca la pintura, la escultura, el diseño gráfico, la fotografía, el fotomontaje y los experimentos con luz y película, en consonancia con su fascinación por la máquina y su estética. En 1923 Gropius le invita a formar parte del profesorado de la Bauhaus, en Weimar, donde permanece hasta la dimisión de Gropius en 1928. Su enseñanza influyó poderosamente en la orientación constructivista de la Bauhaus. Vive en Berlín hasta 1933, diseñando decorados para la Ópera Estatal, anuncios publicitarios y documentales. En 1934 deja Alemania, trasladándose a Amsterdam, y, en 1935, a Londres: se dedica exclusivamente al montaje de exposiciones y a la realización de documentales y obras tridimensionales, sus «moduladores espaciales», que investigaban la interacción de la luz y los materiales transparentes (plástico). En 1937 se traslada a Chicago, donde dirige la Nueva Bauhaus, y, al año siguiente, funda su propia escuela de diseño. Reparte su tiempo entre la enseñanza, la redacción de escritos teóricos (Visión y movimiento, 1946) y su propia obra creativa. En 1941 se adhiere al grupo de American Abstract Artists.

Mondrian, Piet

Nace en 1872, en Amersfoort, Holanda.
Muere en 1944, en Nueva York.

Empieza a pintar bajo la dirección de su tío. De 1892 a 1894 cursa estudios en la Academia de Bellas Artes de Amsterdam. Pinta paisajes naturalistas hasta aproximadamente 1908, en que empieza a asimilar los logros del Postimpresionismo y del Simbolismo (y en particular las estilizaciones lineales de Jan Toorop). De 1908 a 1910 vive en Domburg, y simplifica sus medios de expresión y aclara su paleta. Su interés por el arte moderno francés le lleva en 1911 a París, donde permanece hasta mediados de 1914. Entre 1912 y 1914 integra en su propio lenguaje los hallazgos del Cubismo francés, resultando de ello un estilo personal que termina por transformarse en una expresión no objetiva, basada en el cuadriculado vertical-horizontal y una paleta reducida al mínimo. Vive en Holanda, del verano de 1914 al año 1919 (residiendo en Laren a partir de 1915); conoce a Theo van Doesburg y a Bart van der Leck con quienes en 1918 funda la revista De Stijl. Su estilo se hace cada vez más abstracto, caracterizándose por el empleo de planos rectangulares en una gama limitada de colores primarios y de una estructura cuadriculada, vertical-horizontal, negra o gris. Dicha estructura composicional representaba la esencia del «nuevo plasticismo en la pintura»: un lenguaje neoplástico que pretendía ser una teoría que estructurase no sólo la composición pictórica, sino también un modus vivendi para el hombre nuevo y el nuevo orden, cuyos principios encontrarían su mejor forma de expresión en la arquitectura y el medio ambiente. En 1919 regresa a París y en 1920 se publica su primer ensayo teórico sobre el nuevo estilo, Le néoplasticisme; el editor es el marchante Léonce Rosenberg cuya galería, L'Effort Moderne, estuvo relacionada por un tiempo con el grupo De Stijl. La paleta de Mondrian se va haciendo más clara, las líneas negras que conformaban la red más gruesas, y el cuadriculado menos regular. Hacia 1922 inicia su «período clásico», recurriendo a un lenguaje reductivo basado en el empleo de planos de color limitado al azul, amarillo y rojo, ordenados en composiciones centrífugas, con la ayuda de planos blancos utilizados de modo asimétrico y de líneas negras verticales y horizontales. En 1925 Mondrian abandona el grupo De Stijl a causa de su desacuerdo filosófico con Van Doesburg y su teoría elementalista, que abogaba por la introducción de una diagonal en las composiciones pictóricas para lograr elementos de dinamismo y percepción temporal. La obra de Mondrian se exhibe en los Estados Unidos en la exposición de la Société Anonyme de Katherine Dreier en el Brooklyn Museum, en 1926, y en la exposición «Cubismo y arte abstracto» del Museum of Modern Art de Nueva York, en 1936. Vive en París hasta 1938 y es miembro del grupo Abstraction-Création. En 1938 se traslada a Londres (Hampstead), se relaciona con el grupo que giraba en torno a Herbert Read y la publicación Circle (Gabo, Nicholson) y en el otoño de 1940 emigra a Nueva York, donde celebra su primera exposición individual en 1942, en la Dudensing Gallery; se le dedica una exposición antológica póstuma en el Museum of Modern Art de Nueva York, en 1945. Tras su llegada a Nueva York, el estilo de Mondrian evoluciona con la eliminación de las líneas negras y la aparición de pequeñas formas geométricas y rectilíneas, en colores encendidos y colocados en tiras, mientras el campo composicional se utiliza mediante la interacción entre formas y colores, contrastando con el fondo blanco. Su obra influyó de forma trascendental en el lenguaje de la abstracción geométrica de la joven generación de pintores americanos como Bolotowsky, Holtzman, Glarner, Diller y Charmion von Wiegand.

Morris, George L. K.

Nace en 1905, en Nueva York.
Muere en 1975, en Stockbridge, Massachusetts.

Estudia en la Yale University (1924-1928), la Art Students League en Nueva York (otoño de 1928 y de 1929) y la Académie Moderne de Paris (primavera de 1929 y de 1930), donde, con sus maestros Léger y Ozenfant, asimila los conceptos cubistas. Manifestó un particular interés por la obra de Picasso, Gris, Léger y, más adelante, por la de Mondrian. Mientras estudiaba con Léger, conoce a Arp, Mondrian, Hélion y otros miembros del movimiento abstracto. La obra y la enseñanza de Léger incidieron notablemente en la evolución de Morris en los años que van de 1929 a 1935; reproduce el orden estructural del Cubismo, con un vocabulario formal simplificado que conlleva elementos de primitivismo. Otros artistas europeos —Matisse, Delaunay, Gris y Hélion— son también sensibles a esa fase de la evolución estilística de Morris. En

1935 ha elaborado un estilo personal y empieza su primera escultura. Su obra se hace enteramente abstracta, dominada de formas geométricas anulares (si bien al mismo tiempo experimenta con las formas biomórficas de Miró y de Arp). Posteriormente integra elementos geométricos en formas biomórficas y, entre 1938 y 1942, realiza obras que incorporan cuadriculados lineales, reveladoras de influencias de Stuart Davis, Ben Nicholson y Mondrian, además de la de Léger. Entre 1942 y 1945, su estilo evoluciona, adoptando una figuración más explícita. Además de su obra artística, Morris ejerce la crítica, actúa como portavoz del arte abstracto americano y es cofundador en 1937 de la Asociación American Abstract Artists. Durante los años treinta y cuarenta mantiene estrechos contactos con los modernistas europeos, con los que colabora en la revista de arte abstracto *Plastique* (1937), apoyando la causa de la abstracción geométrica y de las tradiciones constructivistas. Participa en la redacción y financiación de *Partisan Review* (1937-1943). Durante los años cuarenta y cincuenta su acción es determinante para la popularización del arte americano. Celebra su primera exposición individual en 1944, en la Downtown Gallery. A lo largo de los años sesenta, y hasta su muerte, ha permanecido fiel a los objetivos que se fijara en los años treinta. Le han sido dedicadas exposiciones antológicas en la Corcoran Gallery of Art, Washington D. C. en 1965 y en las galerías Hirschl and Adler en Nueva York, en 1971.

Moss, Marlow

Nace en 1890, en Richmond, Surrey, Inglaterra.
Muere en 1958, en Penzance, Cornualles, Inglaterra.

Antes de dedicarse al arte, estudió música y ballet. Después cursó estudios en la Escuela de Arte de Slade de Londres; en 1919 dejó los estudios y se traslada a Cornwall, en 1926 regresa a Londres y se dedica a pintar. En 1927 marcha a París donde permanece hasta 1939. Allí conoce a Mondrian (en 1929) con el que mantiene contacto hasta que en 1938 el pintor holandés marcha a Inglaterra. También es discípula de Léger y Ozenfant. Sus contactos con Mondrian la llevan a adherirse a la teoría del Neoplasticismo, y, en 1929, pinta sus primeras composiciones neoplasticistas. En 1931 es cofundadora de *Abstraction-Création* y, en 1940, regresa a Inglaterra (pasando primero por Holanda) y se instala definitivamente en Cornwall. En 1940 comienza a interesarse por las obras tridimensionales y construye relieves de metal y madera. En 1946 visita París y participa en el Salon des Réalités Nouvelles. En 1953 y 1958 celebra exposiciones individuales en la Hannover Gallery de Londres, y su obra se incluye después de su muerte en exposiciones en el Stedelijk Museum, Amsterdam (1962) y el Ayuntamiento de Middleburg (1972); también le dedica la galería Gimpel & Hannover de Zurich una exposición antológica en 1974.

Negret, Edgar

Nace en 1920 en Popayán, Colombia.
Vive en Bogotá.

Negret estudia en la Escuela de Bellas Artes de Cali, Colombia, de 1938 a 1943. En 1949 viaja a Nueva York y trabaja en el Sculpture Center, donde comienza a utilizar metales y a experimentar con la técnica del montaje. En 1951-52 Negret vive en París; allí visita los estudios de varios artistas, entre ellos Constantin Brancusi y Jean Tinghely. Pasa el año siguiente en España trabajando con el escultor Jorge Oteiza. La obra arquitectónica de Antoni Gaudí en Barcelona y Mallorca le inspira para crear sus series escultóricas *Homenaje a Gaudí*. En 1954 el artista vuelve a Francia donde, a lo largo del año siguiente, lleva a cabo estudios para futuros trabajos.
En 1955 Negret vuelve a Nueva York y enseña escultura en la New School for Social Research. Tres años más tarde la UNESCO le concede una beca que le permite estudiar arte indoamericano y viajar por el oeste de los Estados Unidos. Durante este período, Negret desarrolla la madurez estilística de su arte escultórico abstracto, atornillando láminas de aluminio y aplicando entonces pintura industrial roja, negra o blanca, con lo que se resalta la apariencia mecánica del objeto. En 1936 el artista vuelve a Bogotá siendo nombrado Director del Departamento de Escultura de la Escuela de Bellas Artes de la Universidad de los Andes.
En 1969 el Stedelijk Museum de Amsterdam presenta una exposición individual dedicada a la obra de Negret. En 1971 tiene lugar una retrospectiva suya en el Museo de Arte Moderno de Nueva York, y tres años más tarde el artista celebra una exposición individual en The Corcoran Gallery of Art, Washington D. C.
S. H.

Nicholson, Ben

Nace en 1894, en Denham, Inglaterra.
Muere en 1982, en Inglaterra.

Autodidacta si exceptuamos su breve paso por la Slade School de Londres (1911-1912). Al dejar la escuela viajó mucho y se dedica a estudiar diversos aspectos del arte moderno. Dedica especial interés a las obras de Cézanne, Rousseau y los cubistas, quienes influyeron de modo determinante en la evolución de su propio arte. Durante los años veinte su obra presenta cierta variedad estilística, debido a su exploración de distintas expresiones modernistas, en particular las del Cubismo y del Primitivismo; sin embargo muestra una tendencia constante hacia las formas geométricas y un interés en la calidad de texturas y la superficie pictórica. Sus primeros cuadros abstractos aparecen en 1924 y sus primeros relieves geométricos abstractos, entre 1933 y 1934. Durante los años treinta y de resultas de la aproximación a los modernistas parisinos como Mondrian, Miró y Calder, así como la artista inglesa Barbara Hepworth (su futura mujer), el estilo de Nicholson evoluciona hacia un lenguaje rigurosamente depurado y totalmente abstracto, ejemplificado en sus célebres relieves blancos (tallados y pintados). A partir de 1924 es miembro de la Sociedad 7 y 5, de la Unidad Uno (1933-1935) y del grupo parisino *Abstraction-Création* (1933-1935).

Su obra se expone en la Bloomsbury Gallery (1931), la Sociedad 7 y 5 (1934) y la Lefevre Gallery de Londres (1933, 1935, 1939). Durante los años treinta vive en Hampstead, manteniendo estrechos contactos con Henry Moore, Herbert Read, Naum Gabo y Mondrian. En 1937, en colaboración con Gabo y el arquitecto J. L. Martin, publica un importante texto, *Circle: International Survey of Constructive Art* (Círculo: un estudio internacional acerca del arte constructivo). Al estallar la Segunda Guerra Mundial se traslada a St. Ives, Cornwall, donde vive hasta 1958; su estilo evoluciona a causa del nuevo entorno, con pinturas de paisajes y naturalezas muertas en un lenguaje menos abstracto; posteriormente, al final de los años cincuenta, vuelve a pintar relieves tallados. De 1958 a 1971 vive en Suiza y por último de nuevo en Hampstead. Se le dedicó una exposición retrospectiva en la Bienal de Venecia de 1954 y en la Tate Gallery de Londres en 1955.

Noland, Kenneth

Nace en 1924, en Asheville, Carolina del Norte.
Vive en Nueva York.

Estudia arte (y música) en el Black Mountain College de 1946 a 1948, bajo la dirección sobre todo de Ilya Bolotowsky pero también, durante breves períodos, de Albers (1947), John Cage y Peter Grippe (verano de 1948). A través de Bolotowsky se inicia en la tradición de la abstracción geométrica y, en particular, en la obra de Mondrian. También le interesa la pintura de Paul Klee. Albers le introduce en sus teorías sobre el color y en los principios de la Bauhaus. En 1948-1949 vive en París, donde estudia con el escultor Ossip Zadkine. Analiza durante aquel período la obra de Matisse, Miró y Picasso, cuyas influencias empiezan a manifiestarse en su obra. En 1949 celebra su primera exposición individual en París, con cuadros influidos por Klee. En el verano de 1949 regresa a los Estados Unidos, se establece en Washington D. C. y estudia pedagogía artística en el Institute of Contemporary Arts, donde enseña pintura desde entonces, hasta el año 1951; de 1951 a 1960 da cursos de dibujo figurativo y diseño elemental en la Universidad Católica de Washington.
En 1950 conoce a Helen Frankenthaler y en 1952 hace amistad con Morris Louis; la obra de estos pintores tuvo gran impacto en la evolución estilística de Noland. En 1953, por mediación de Clement Greenburg (a quien había conocido en 1950), contempla por vez primera las obras en las Frankenthaler utilizaba la técnica de tinte, técnica que Noland empieza a utilizar junto con Louis, al regresar a Washington. Comienza a producir obras abstractas en las que se repite el mismo motivo por toda la superficie al estilo de Pollock, Frankenthaler, Kooning y Clyfford Still, y experimenta asimismo con formas, imágenes y métodos de aplicación (alternando la densa factura propia del expresionismo abstracto con la de tintura o aguada). Hacia 1956 pinta cuadros centrados y configura el círculo como imagen central. De 1957 a 1958 su obra se va haciendo cada vez más geométrica, de contornos marcados («hard-edge»), caracterizándose por el empleo sistemático de motivos centrados: discos, rombos, formas en cruz.

Sus lienzos en forma de círculos concéntricos aparecen por primera vez en la exposición individual que French and Co. le dedicó en 1959. A los anillos concéntricos coloreados sucedieron sus «ojos de tigre», descentrados y elípticos, y luego, hacia 1963, los motivos en forma de espiga, colgados del borde superior del lienzo, que, al perder simetría, dejan paso a los lienzos en forma de rombo, con bandas diagonales. En 1964-1965 atenúa esta forma de rombo, reduciendo el número de tiras de color e introduciendo colores neutros.
Al final de los años sesenta desarrolla el motivo a base de rayas horizontales. También empieza a hacer esculturas que muestra por vez primera en la exposición anual del Whitney Museum de Nueva York en 1971. Hacia 1971 empieza su serie de pinturas verticales a cuadros («plaid»), con formas y colores superpuestos, que más tarde realizaría en formato horizontal. En 1975 empieza a pintar en lienzos recortados en formas irregulares («shaped canvas»), experimentando con nuevos colores y técnicas. Su obra revela una preocupación constante por el problema del color, las relaciones entre los distintos colores y tonalidades y el carácter plano de la superficie pictórica. Su obra ha sido expuesta en numerosas ocasiones dentro y fuera de Estados Unidos.

Novros, David

Nace en 1941, en Los Angeles.
Vive en Nueva York.

En 1963 se gradúa por la Universidad de Carolina del Sur. Viaja después por Europa y en 1964 se instala en Nueva York. Celebra su primera exposición, junto con el escultor Mark de Suvero, en la Park Place Gallery en Nueva York, en 1965, y al año siguiente su obra es incluida en la importante exposición de «Systemic Painting» en el Guggenheim Museum de Nueva York. Desde entonces su obra ha sido expuesta cada año en innumerables exposiciones en los Estados Unidos, Alemania, Italia e Inglaterra. Sus obras iniciales —compuestas muchas de ellas por unidades múltiples— son lienzos recortados («shaped canvases») en formas geométricas, cuya ordenación composicional solía implicar un movimiento diagonal. Más tarde introduce sus formas en «L», basadas en relaciones vertical-horizontales y en espectros cromáticos más variados. Aunque su aspecto era básicamente el de objetos, estas obras mantenían su identidad bidimensional. Ya fueran paneles de fibra de vidrio, lienzos en forma de «L» o rectangulares, siempre definía una relación con el espacio rectangular del plano mural en el que van montadas. Las composiciones se fundan sobre divisiones geométricas y el juego entre sutiles combinaciones de colores luminosos. También ha sido uno de los pocos pintores modernos de primera fila que han hecho murales (por ejemplo, el del Auditorio Gooch del Centro de Ciencias de la Salud de la Universidad de Texas, Dallas, en 1977).

Pasmore, Víctor

Nace en 1908, en Chelsham, Surrey, Inglaterra.
Vive en Malta.

Se traslada a Londres en 1927; trabaja durante diez años para el Local Government Service, asistiendo a los cursos nocturnos de la Escuela Central de Artes y Oficios L.C.C. de Londres (1927-1931). En 1937, junto con Claude Rogers y William Coldstream, abre un estudio dedicado a la enseñanza, la School of Drawing and Painting (Escuela de Dibujo y Pintura) en Euston Road (conocida bajo el nombre de Euston Rd. School), que se cerró tras el estallido de la Segunda Guerra Mundial. A partir de 1938, se dedica exclusivamente a la pintura, siguiendo la tradición paisajística de los impresionistas franceses e ingleses. Aunque adopta un estilo abstracto nada más descubrir en Londres el «Fauvismo», el Cubismo y los albores de la abstracción europea, sólo empezó a practicarlo con constancia a partir de 1947. Al comienzo de los años cincuenta, desarrolla bajo la influencia de Ben Nicholson varias ideas para collage que luego transformaría en conceptos en relieve, a raíz de la lectura del libro de Charles Biederman (que descubrió en 1951), *Art as the Evolution of Visual Knowledge* (El arte como evolución del conocimiento visual) que consideraba la pintura como algo obsoleto y veía su único futuro en el desarrollo del relieve. A partir del año 1954 realiza también construcciones tridimensionales abiertas, compuestas de elementos planos en formas geométricas a menudo referidas a espacios arquitectónicos. Sus contactos con la arquitectura se intensifican cuando en 1955 es designado diseñador de arquitectura y ambiente para el proyecto de la Ciudad Nueva de Peterlee. También realiza pinturas y construcciones murales en varios edificios públicos. De 1954 a 1961 se dedica también a la enseñanza, al ser nombrado profesor de pintura en la Universidad de Durham. Hacia 1960 vuelve a la pintura, dividiendo sus energías entre ésta y las construcciones en relieve. En 1960 es presentada una antológica de su obra en el pabellón británico de la Bienal de Venecia, que después viajaría a París, Amsterdam y Bruselas. Entre otras muchas exposiciones suyas citemos la importante retrospectiva de la Tate Gallery de Londres, en 1965, y otra en 1971, en el Arts Club de Chicago.

Peri, Laszlo

Nace en 1899 en Budapest, Hungría.
Muere en Londres en 1967.

Peri, que se formó inicialmente como albañil, conoce su bautismo de fuego artístico al incorporarse en 1917 a la publicación vanguardista húngara *MA*. Un año más tarde empieza a dibujar a la manera expresionista, que seguiría cultivando hasta 1920. Tras una breve estancia en Viena en 1919 (donde a la sazón se publicaba *MA*), se traslada a París, pero es expulsado de Francia debido a sus opiniones políticas; en 1920 se instala en Berlín. Allí intima con Laszlo Moholy-Nagy, y se une al movimiento constructivista, creando composiciones geométricas, abstractas y lineales, evolucionando finalmente hacia las construcciones espaciales, de inspiración arquitectónica (cuadros, grabados y obras tridimensionales), que muestran afinidades con la obra de su compatriota Lajos Kassak, el fundador de *MA*. Una de las características de su obra más avanzada de este período consiste en la utilización del lienzo preparado. Sus obras se exponen en la galería berlinesa Der Sturm, cuya revista las reproduce. De 1924 a 1928 estudia y practica la arquitectura, trabajando para el Ayuntamiento de Berlín. Durante ese período deja de lado pintura y escultura, que no volverá a reanudar hasta 1928 una vez se hace patente la falta de resultados de su interludio arquitectónico. Entretanto se dice que viajó a Rusia y trabajó en Moscú. A partir de 1928 sus esculturas son sobre todo figurativas, asumiendo un lenguaje emparentado con el realismo socialista. También trabaja en Berlín como caricaturista de un periódico comunista, pero, debido a sus simpatías izquierdistas, en 1933 es expulsado de Alemania. Entonces emigra a Londres, donde vivió hasta su muerte, realizando esculturas figurativas a pequeña escala y relieves a gran escala.

Pevsner, Anton

Nace en 1886, en Orel, Rusia.
Muere en 1962, en París.

Hermano mayor del escultor Naum Gabo, Pevsner cursa estudios de pintura en la Escuela de Bellas Artes de Kiev de 1902 a 1909 y después un año en la Academia de Bellas Artes de San Petersburgo. Durante sus estudios en Kiev, sus obras manifiestan influencias de Vrubel y Levitan. En 1910 Pevsner visita una serie de antiguos monumentos rusos y en 1911 se traslada a París, donde permanece hasta que estalla la Primera Guerra Mundial. Durante su estancia en París, conoce a muchos artistas de vanguardia y entabla amistad con Archipenko y Modigliani. Durante el año 1913, empieza a incorporar en sus obras elementos de Cubismo con matices futuristas. En 1914 regresa a Rusia, trabajando en Moscú entre 1914 y 1915 y estudiando las obras de la colección de Shchukin, y particularmente las de Matisse. En 1915 se reúne con sus hermanos, Naum Gabo y Alexei Pevsner, en Noruega, donde permanece hasta abril de 1917, fecha en que regresa a Rusia y se establece en Moscú. En 1918 Pevsner empieza a dar clases en los Talleres de Arte Estatales Libres (Svomas) primero y en el Vkhutemas después. En 1920 firma con Gabo el *Manifiesto realista*, publicado con ocasión de su exposición conjunta al aire libre, en el bulevar Tverskoi de Moscú, en la que muestra sus investigaciones pictóricas bidimensionales sobre los aspectos estructurales de la composición. En 1922 participa en la «Primera Exposición Artística Rusa» en la Galerie van Diemen de Berlín. En 1923 abandona Moscú para marchar a Alemania, instalándose definitivamente en París más tarde. Comienza sus estudios sobre esculturas de plástico en los años veinte, investigando técnicas de materiales transparentes y translúcidos. Sin embargo, sólo en 1924 su obra empieza a desviarse claramente de los planteamientos pictóricos, y las superficies planas, si bien continúa planteándose en términos de una organización plana de las formas. A partir de 1927 se dedica sobre todo a trabajar el metal, explorando las diversas posibilidades de texturas de superficie y haciendo predominar los vacíos sobre las masas. Fue uno de los fundadores del grupo *Abstraction-Création* en 1931 y del *Salon des Réalités Nouvelles* en 1946.

Picasso, Pablo (Ruiz)

Nace en 1881, en Málaga, España. Muere en 1973, en Mougins, Francia.

Aprende a dibujar con su padre, que era pintor y profesor de arte. Cursa estudios en la Escuela Provincial de Bellas Artes de Barcelona y se incorpora al grupo de artistas bohemios de Barcelona. En 1900 hace su primer viaje a París donde se establece definitivamente en 1904. Las obras de su «período azul» (1901-1904) se caracterizan por su aire melancólico y la predominancia de la tonalidad azul. Entre 1904 y 1905 conoce a Apollinaire, Gris, Derain, Léger, Rousseau, Vlaminck y a Gertrude y Leo Stein. Inicia su «período rosa» pintando sobre todo temas líricos de circo. En 1906 se interesa por la escultura ibérica integrando sus características a su propio lenguaje; ese año conoce también a Matisse. En 1907 pinta su obra fundamental y determinante, *Les demoiselles d'Avignon*; descubre la escultura africana en el Musée de l'Homme del Trocadero y conoce al marchante Daniel-Henry Kahnweiler y a Braque. De su colaboración con Braque nace el Cubismo, que alcanzaría su fase analítica plena en 1910. En 1912 creó la primera construcción en que utiliza claramente el relieve, *Guitarra*, y sus primeros collages. Los últimos meses de 1912 marcan la transición al Cubismo

Sintético, que a partir de 1915 evolucionará culminando con los cuadros de los *Tres músicos* en 1921. Su llamado período clásico abarca el inicio de los años veinte; a partir de mediados de este decenio, se une a los surrealistas, cuyos ecos recoge en su obra, hasta mediados de los años treinta. En 1937 pinta su monumental *Guernica* en respuesta al bombardeo de esa ciudad durante la Guerra Civil española.

Continúa pintando y esculpiendo durante el resto de su vida y, al final de los años sesenta, realiza también una abundante serie de dibujos, aguafuertes y litografías. Su obra ha sido objeto de innumerables exposiciones en Europa y Estados Unidos. Su trascendental importancia en la historia del arte, en la que figura como uno de los artistas que más han contribuido al desarrollo de los movimientos del siglo veinte, le ha convertido también en uno de los maestros más discutidos. El catálogo de la exposición retrospectiva de Picasso, celebrada en el Museum of Modern Art de Nueva York en 1980, contiene una amplia documentación de su vida y obra.

Popova, Liubov Sergeievna

Nació en 1889, en Ivanovskoie, cerca de Moscú.
Murió en 1924, en Moscú.

Se educa en el Gimnasio Femenino de Yalta y en 1907-1908 en el Gimnasio Arsenieva de Moscú. Popova estudia arte en Moscú con Estanislav Zhukovski y el impresionista Konstantin Yuon.

Entre 1908 y 1911 viaja mucho por Europa y Rusia, visitando Kiev (donde vio la obra de Vrubel), Italia (donde le impresionó particularmente el arte del primer renacimiento, Giotto en especial) y numerosas ciudades rusas famosas por sus monumentos artísticos y arquitectónicos, como Novgorod, Pskov, Rostov, Súzdal y Yaroslav. Pasa el invierno de 1912 a 1913 en París, donde aprende pintura junto con Udaltsova, en el estudio de La Palette, bajo la dirección de Le Fauconnier y Metzinger. Durante su estancia en París conoce a Zadkine y Archipenko y va descubriendo las ideas futuristas. Viaja de nuevo a Italia y Francia durante el verano de 1914. En Moscú frecuenta en algún momento, entre 1913 y 1915, el estudio de enseñanza, La Torre, que fundara Tatlin, donde trabaja con Alexander Vesnin. Sus obras de 1912-1915 evidencian su asimilación del análisis cubista de las formas y la preocupación futurista por la dinámica del color y el movimiento. A partir de mediados del año 1914, sus obras manifiestan influencias de Tatlin y de Boccioni. Hacia 1915 Popova desarrolla un lenguaje abstracto, basado en el empleo de planos de color solapados que se interfieren dinámicamente. Al mismo tiempo empieza a explorar la técnica del collage y a crear relieves tridimensionales (de los cuales sólo quedan tres) y algunas composiciones de planos coloreados, inspirados en el Cubismo. Popova participa de modo activo en importantes exposiciones vanguardistas: en 1914 sus pinturas cubistas son incluidas en la exposición de la Jota de Diamantes (Moscú); también participa en la exposición «Tranvía V» (Petrogrado, 1915), en la «Ultima Exposición Futurista de

Pintura: 0.10» (Petrogrado, 1915) y en «El Almacén» (Moscú, 1916) donde expone por vez primera sus relieves. Sus primeros cuadros no objetivos se incluyen en la exposición de la Jota de Diamantes de 1916 en Moscú. Por aquellas fechas Popova trabaja en estrecha colaboración con Malevich y se deja influir por sus composiciones suprematistas; forma parte del grupo que éste organiza para preparar la publicación de la revista «Supremus» (que nunca llegó a editarse). Entre 1917 y 1918 pinta una serie de lienzos, denominados «Arquitectónica Pictórica», que constaban de grandes planos geométricos de colores encendidos y homogéneos, colocados en diversos ángulos y caracterizados por su marcada estructura arquitectónica, realzada por el elemento lineal que surgía de los contornos precisos de los planos de color, prefigurando con ello su futuro interés por la función de la línea como resorte dinámico. En 1918-1919 Popova exhibe sus composiciones en Moscú, en la Quinta Exposición Estatal, «Del Impresionismo al Arte No Objetivo» y en la Décima Exposición Estatal, «Creación No Objetiva y Suprematismo». En 1918 se incorpora al profesorado del Svomas, el entonces Vkhutemas de Moscú, y a partir de 1920 es miembro activo del Inkhuk, participando en todos los debates acerca de la nueva filosofía artística y el aprendizaje práctico de los futuros artistas. Contribuye a definir los conceptos teóricos del Constructivismo y preconiza enérgicamente la estrecha colaboración de los artistas con la industria y la producción de objetos utilitarios, es decir el Productivismo. Participa en la «Ultima exposición de Pintura 5×5=25», celebrada en 1921 en

Moscú, y también en la «Primera Exposición de Arte Ruso» en la Galerie von Diemen de Berlín, en 1922. Lleva a la prácticas las novedosas concepciones constructivistas en sus diseños de decorados teatrales para las producciones de Vsevolod Meyerhold *El cornudo magnánimo* de Fernand Crommelynck (1922) y *Tierra alborotada* de Sergei Tretiakov (1923). Siguiendo la pauta constructivista de un «arte para la vida» se dedica al diseño textil y de ropa, trabajando en Moscú con Varvara Stepanova para la Primera Fábrica Estatal de Estampados Textiles. Le fue dedicada una exposición antológica póstuma en Moscú, en 1924.

Puni, Ivan Albertovich

Nació en 1892, en Kokkola, Finlandia.

Murió en 1956, en París.

Siguiendo los consejos del pintor realista ruso, Ilya Repin, empieza a estudiar pintura y, en 1909, al terminar sus estudios en el Colegio Militar de San Petersburgo (en el que estuvo de 1900 a 1908), abre estudio en dicha ciudad. En 1911-1912, atraído por el arte francés, hace su primer viaje a París donde estudia en la Académie Julian y convive con el pintor ruso, Yuri Annenkov. El «Fauvismo» y el Cubismo le impresionan; en 1912 viaja a Italia y, al regresar a San Petersburgo, forja estrechos contactos con la vanguardia a través de su amigo Nikolai Kulbin. Empieza a participar en las exposiciones de la Unión de Juventudes en San Petersburgo. En 1913 contrae matrimonio con la artista Xenia Boguslavskaia y su taller se convierte en un centro de

actividad literaria y artística de la vanguardia. En 1914 viaja de nuevo a París, donde expone en el Salon des Indépendants. Cuando estalla la Primera Guerra Mundial regresa a San Petersburgo donde desempeña un papel determinante en la organización de las exposiciones: «Tranvía V: Primera Exposición Futurista de Pintura» y la «Ultima Exposición Futurista de Pintura: 0.10» (ambas en San Petersburgo, en 1915). Con ocasión de la exposición «0.10», publica un manifiesto suprematista junto con Malevich, Boguslavskaia, Kliun y Menkov. Por entonces encontramos ya en la producción de Puni sus primeras obras tridimensionales que exploran los principios cubistas de composición y las posibilidades del collage en cuanto a textura y espacio. En 1916 Puni produce sus primeras obras abstractas tridimensionales, elementos planos estructurados según los principios suprematistas de Malevich de interacción dinámica mutua de las formas. En 1918 realiza varios trabajos de decoración propagandística para las celebraciones del 1º de mayo y del aniversario de la Revolución. En enero de 1919 viaja de Petrogrado a Vitebsk, invitado por Chagall, para dar clases en el Instituto de Arte, pero regresa a Petrogrado en otoño y, al empeorar allí la situación económica, huye a Finlandia. Emigra a Berlín en el otoño de 1920, donde conoce a miembros de la vanguardia internacional: Richter, Eggeling, Van Doesburg, Belling y sus compatriotas rusos. También entra en contacto con la galería de Herwart Walden, Der Sturm, donde en febrero de 1921 celebra una exposición individual. En 1922 expone sus obras en la «Primera Exposición de Arte Ruso» en la Galerie Van Diemen de Berlín y en

la «Primera Exposición Internacional de Arte» de Düsseldorf. En 1924 se establece en París, donde siguió pintando y trabajando como artista y crítico de arte.

Riley, Bridget

Nace en 1931, en Londres.

Vive en Londres.

Figura capital del movimiento «Op Art» británico de los años sesenta, Riley cursa estudios en Londres en la Goldsmith's School of Art (1949-1952) y en el Royal College of Art (1952-55). En 1958-1959 da clases de arte a niños y, en 1959-1960, conferencias, en el curso elemental de la Loughborough School of Art. Trabaja ocasionalmente como ilustradora y diseñadora de cubiertas de libros para la agencia publicitaria J. Walter Thompson, de 1959 a 1964, y también da clases en la Escuela de Arte de Hornsey y después en la de Croydon. En 1963 le es otorgado un premio en la Exposición John Moores en Liverpool, así como el premio AICA otorgado por la crítica.

El arte de Riley se inspira en los efectos dinámicos de la pintura de Seurat, así como en la experiencia sensorial de los futuristas, que estudió en Milán en 1959, interesándole particularmente las teorías de Boccioni, respecto a la interacción de luz y forma. Sus primeras pinturas totalmente abstractas aparecen en 1961 y se centran sobre todo en los contrastes de blanco y negro. Al mismo tiempo tiene acceso a las investigaciones ópticas de Victor Vasarely y a los experimentos del Groupe de Recherche d'Art Visuel en Francia. Su estilo personal se

manifiesta por vez primera en su segunda exposición individual, en la Gallery One de Londres, en 1963. Sus contrastes puros a base de blanco y negro se van luego modificando, con la aportación de gradaciones tonales (en gris) y sutiles variaciones de color (a partir de 1968 aproximadamente). Todas sus obras presentan una estructuración pictórica basada en la multiplicación rítmica, la progresión serial, la repetición y el contrapunto. Su obra ha sido expuesta en numerosas ocasiones en Europa, Estados Unidos y Canadá.

Rivera, Diego

Nace en 1886, en Guanajuato, México.

Muere en 1957, en México D. F.

Rivera, artista iberoamericano de extraordinaria importancia, ingresa en 1896 en la Academia de San Carlos de México D. F. estudiando bajo la dirección de Félix Parra, José María Velasco y Santiago Rebull; también se apasiona por los grabados de Posada. En 1907, gracias a una beca del Gobernador de Veracruz, realiza un viaje a Europa, y allí residirá hasta 1921 (salvo una breve estancia en su país en 1910). Los primeros años de su periplo europeo transcurren en España, estudiando el Realismo y el Impresionismo. En 1909 se establece en París, donde sigue, con especial interés, la obra de Paul Cézanne, Henri Rousseau, Paul Gauguin, Amedeo Modigliani y Pablo Picasso. Estas influencias se incorporarán a su nuevo lenguaje plástico, caracterizado por la simplificación de formas, la expresividad del color y los matices decorativos. Entre 1913 y

1917 atraviesa una fase cubista, en la que crea numerosas y originales obras. Tras la Primera Guerra Mundial abandona la vanguardia y a sugerencias de su compatriota David Siqueiros y del crítico francés Elie Faure, realiza un viaje a Italia. Allí quedará sumamente impresionado por la pintura al fresco italiana, y a partir de su regreso a México en 1921 se dedica a pintar murales figurativos (por encargo de varias instituciones gubernamentales). A lo largo de toda su vida continuará otorgando al mural una dedicación preferente, aunque también produjera, entre 1934 y 1940, numerosos óleos, acuarelas, dibujos y grabados. En 1921 Rivera se unió al Partido Comunista Mexicano, siendo invitado por Moscú como huésped oficial de la Rusia Soviética en 1927-28.

Rodchenko, Alexandr Mikhailovich

Nace en 1891, San Petersburgo. Muere en 1956, Moscú.

Estudia arte en la Escuela de Arte de Kazan de 1910 a 1914. Allí conoce a la artista Varvara Stepanova, con quien después contrae matrimonio. Una vez obtenida en Kazan su licenciatura, estudia algún tiempo en la Escuela de Artes Aplicadas Stroganov de Moscú. Su estilo inicial está influido por el Art Nouveau, Beardsley y el grupo World of Art. En 1915-1916, entra en contacto con los artistas vanguardistas de Moscú, Malevich, Tatlin, Popova, y en 1916 participa en la exposición de «El Almacén» organizada por Tatlin en Moscú. Entre sus obras de aquel período destaca una serie de dibujos, a regla y compás, que

revelan la originalidad de su pensamiento y anticipan en cierto modo su interés por la línea como vehículo expresivo, que llevaría a sus límites en sus construcciones colgantes, lineales y tridimensionales (1920). Entre las influencias que contribuyen a fraguar su estilo en sus investigaciones pictóricas, figuran las obras suprematistas de Malevich y Rozanova, los contra-relieves de Tatlin e incluso, posiblemente, las teorías de Kandinsky. En 1917 Rodchenko colaboró con Georges Yakulov y Tatlin en la decoración del Café Pittoresque de Moscú, para el que diseña unas estructuras compuestas de elementos planos, superpuestos y entrecruzados. Después de la Revolución entra a formar parte, en 1918, de la sección IZO del Narkompros y participa en la organización de la nueva vida artística y pedagógica de Moscú. Ese mismo año y, en réplica a la germinal obra de Malevich, *Blanco sobre blanco*, pinta su cuadro *Negro sobre negro* exhibido en Moscú en 1919 en la Décima Exposición Estatal, «Creación no objetiva y Suprematismo». Hacia 1918 empieza a elaborar construcciones tridimensionales. En 1920 es uno de los miembros fundadores del Inkhuk, en cuyo filosofía artística influye decisivamente; también es profesor durante diez años en el Vkhutemas/Vkhutein. En marzo de 1921 funda junto con Gan y Stepanova el «Primer Grupo de Trabajo de los Constructivistas», que da origen a la acuñación oficial del término «Constructivismo». Ese mismo año participa en Moscú en la exposición «5×5=25», presentando tres cuadros en colores primarios uniformes y puros: rojo, amarillo y azul. Posteriormente abandona la

pintura de caballete orientándose hacia otras actividades más conformes a los principios del arte utilitario: diseño de carteles, libros y textiles, decorados cinematográficos y teatrales, fotografía y fotomontaje. En 1920 conoce a Maiakovski y de 1923 a 1925, colaboró con la revista de arte de izquierdas *LEF*, para la que realiza excelentes diseños tipográficos y fotografías y escribe numerosos artículos. Entre sus diseños funcionales figura el proyecto para el Club de Trabajadores de 1925, expuesto en el pabellón soviético de la «Exposition Internationale des Arts Décoratifs et Industries Modernes» de París. Volvió a la pintura en los años treinta.

Roszak, Theodore

Nace en 1907, en Poznan, Polonia. Muere en 1981, Nueva York.

Llega a Estados Unidos en 1909. Cursa estudios en el Art Institute de Chicago, de 1922 a 1926 y de 1927 a 1929 y en la National Academy of Design de Nueva York, en 1926. Entre 1929 y 1931, gracias a una beca, estudia y viaja por Europa, donde descubre el arte abstracto y en particular la tendencia constructivista. Aunque reside sobre todo en Checoslovaquia, visita también París donde se familiariza con la obra de Picaso, Miró y De Chirico, cuyos estilos incidieron poderosamente en sus cuadros. Durante su estancia en Checoslovaquia, mantiene contactos con los constructivistas checos iniciándose asimismo en los novedosos conceptos de la Bauhaus, en cuya filosofía profundiza gracias a la lectura de

La nueva visión, escrito por Moholy-Nagy, de la Bauhaus, del que había comprado un ejemplar de la primera edición inglesa antes de regresar a Estados Unidos. A su vuelta, Roszak continuó pintando bajo la influencia de artistas europeos, al tiempo que experimenta con la escultura, primero en yeso y arcilla y después en metal. Sus primeras obras tridimensionales son composiciones asimétricas de planos y elementos lineales, interseccionados que demuestran su interés por la estética maquinística de la Bauhaus, y su excepcional dominio técnico del medio. Después de las piezas sin soporte pasa a los relieves murales de colores brillantes, trabajados con herramientas tanto manuales como eléctricas. Su fascinación por la máquina le lleva a convertirla en uno de los temas centrales de la nueva iconografía de sus construcciones pintadas, realizadas entre 1936 y 1945, en las que introduce un elemento lúdico, evocando rasgos de Miró y Arp, e incluso de Schlemmer. En 1938 Roszak conoce a Moholy-Nagy y empieza a enseñar composición y diseño en la escuela fundada por Moholy, el Design Laboratory, en Nueva York, destinado a fomentar las teorías e ideales de la Bauhaus. Fue el primer artista americano en asimilar los principios constructivistas y la estética maquinística de la Bauhaus, integrándolos en un lenguaje personal y coherente. Hacia mediados de los años cuarenta su estilo abstracto da paso a formas orgánicas, de carácter expresionista. De 1940 a 1956 fue profesor del Sarah Lawrence College y de 1970 a 1972, de la Columbia University.

Rozanova, Olga Vladimirovna

Nace en 1886, en Malenki, provincia de Vladímir.
Muere en 1918, en Moscú.

Se educa en la Escuela de Arte Bolshakov y en el Instituto de Arte Stroganov de Moscú. En 1911 se traslada a San Petersburgo, donde cursa estudios en la Escuela de Arte Zvantseva (1912-1913). Entre 1911 y 1914 ingresa en la Unión de Juventudes, de la que es miembro activo y en cuyas exposiciones participa. De 1912 a 1916 ilustra varias publicaciones de los poetas futuristas Velimir Klebnikov y Alexei Kruchenykh (con quien contrajo matrimonio en 1916): *Juego en el infierno* (1913), *Vamos a gruñir* (1914), *Futuristas: Parnaso rugiente* (1914), *El libro transracional* (1916). Colabora también con Kruchenykh en la realización de dos carpetas, *Guerra* y *Guerra universal* (ambas de 1916), para las que realizó collages no objetivos con papeles de colores, de formas geométricas recortadas y pegadas, flotando sobre un fondo monocromo cuya estructura recordaba los cuadros suprematistas de Malevich. A partir de 1916 su obra revela la influencia dominante de Malevich, mientras que el estilo anterior de su pintura venía condicionado por los hallazgos del Cubismo y del Futurismo. Entre 1915 y 1916 participa en las principales exposiciones vanguardistas: «Tranvía V: Primera Exposición Futurista de Pintura» y «Última exposición Futurista de Pintura: 0.10» (ambas en Petrogrado, 1915), «El Almacén» y la exposición de la Jota de Diamantes (ambas en Moscú, 1916). Se une al grupo Supremus de Malevich

(1916) y es secretaria de redacción de su revista (que nunca llegaría a publicarse). Después de la Revolución ingresa en el Proletkult y en la sección IZO del Narkompros, cuya Subsección de Artes Aplicadas dirige con Rodchenko; también desempeña un papel determinante en la constitución de secciones provinciales del Svomas, y se dedica activamente al diseño de tejidos y de artes aplicadas. En 1919 se organiza en Moscú una exposición antológica póstuma de su obra presente también el mismo año y en la misma ciudad en la Décima Exposición Estatal, «Creación no objetiva y Suprematismo», y en la «Primera Exposición de Arte Ruso» de la Galerie Van Diemen de Berlín, en 1922.

Sander, Ludwig

Nace en 1906, en Nueva York.
Muere en 1975, en Nueva York.

Comenzó a pintar en 1925 y dos años después ingresa en la Art Students League, donde estudia con Alexander Archipenko. Ese mismo año viaja a Alemania y Suiza; en 1931 pasa una temporada en París, donde trata al escultor Reuben Nakian y otros artistas americanos, y también en Munich, donde estudia con Hans Hofmann. De allí viaja a Italia y a París, antes de volver a los Estados Unidos. Sirve en el ejército de 1942 a 1945, y al regresar a Nueva York, en 1945, estrecha lazos con los artistas de la Escuela de Nueva York, entre sus amigos más íntimos están Nakian y Arshile Gorky. En 1946 estudia historia del arte en la Universidad de Nueva York y en 1950 funda junto con otros el *Club*, una asociación

de artistas neoyorquinos que contaba entre sus miembros a De Kooning, Franz Kline, Ad Reinhardt y Conrad Marca-Relli, entre otros, manteniendo una especial amistad con De Kooning y Kline. Pese a sus estrechos vínculos con los expresionistas abstractos, su propio trabajo se mantuvo en la tradición de De Stijl y Mondrian. Sus obras se caracterizan por una rígida estructura lineal de verticales y horizontales que dividen un campo, restringido o monocromo, en secciones geométricas.

Schoonhoven, Jan

Nace en 1914 en Delft.
Vive en Delft.

Estudia de 1932 a 1936 en la Real Academia de Bellas Artes de La Haya. Durante los años cuarenta y cincuenta realiza sobre todo gouaches, pinturas al pastel y dibujos a lápiz sobre papel. Su estilo manifiesta influencias de Paul Klee. En 1957 crea sus primeros relieves en papel maché. Sus obras —tanto los cuadros como los relieves— asumen esquemas complejos, aunque un tanto rígidos, de formas lineales y geométricas, utilizadas de manera repetitiva. De 1957 a 1959, fue miembro del grupo Nederlandse Informele, en cuya fundación interviene. Sus primeros relieves blancos los crea en torno a 1960, año en que participa en la organización del Gruppe Nul (Grupo Cero) —que funcionaría hasta 1965— junto con Armando, Henderikse y Henk Peeters. Se concentra después en los relieves blancos, caracterizados por una estructura cuadriculada y regular,

que a través de la reiteración uniforme de líneas verticales y horizontales, daba origen a composiciones tridimensionales que ofrecían el aspecto de elementos modulares y seriales. La obra de Schoonhoven ha sido frecuentemente expuesta en Alemania, Holanda, Inglaterra, Italia, Suiza y los Estados Unidos.

Schwitters, Kurt

Nace en 1887, en Hannover.
Muere en 1948, en Ambleside, Inglaterra.

Estudia en la Kunstgewerbeschule de Hannover, de 1908 a 1909, y en la Academia de Arte de Dresden, de 1909 a 1914. De 1917 a 1918, trabaja como delineante industrial en una fundición cerca de Hannover. Se inicia en la abstracción y realiza sus primeros collages (Merz-zeichnungen) a finales de 1918; esta técnica se convertiría en la misma esencia de su lenguaje personal, objeto de exploraciones y modificaciones a lo largo de toda su vida. Ese mismo año entabla amistad con Hans Arp y Raoul Hausmann. Sus primeros cuadros Merz aparecen en 1919, año en que también tiene lugar su primera exposición en la galería Der Sturm de Berlín (junto con Klee y Molzahn) y la primera edición de sus poemas en prosa, *Anna Blume*, en la revista *Der Sturm*.

Sus cuadros Merz, composiciones de «collage-ensamblaje», son estructuras de objetos cotidianos, trozos de papel y madera. Aplica los principios Merz a otros campos de expresión artística, como sus estructuras tridimensionales, Merzbau, que inició en 1923 en Hannover. Ese mismo año funda la revista *Merz* que seguiría publicándose hasta 1932. También se dedica a la tipografía y la publicidad, así como al diseño gráfico y la poesía fonética. Es miembro de los grupos parisinos *Cercle et Carré* (1930) y *Abstraction-Création* (1932). Alrededor de 1922 empezaron a interesarle las ideas del grupo De Stijl y las de los constructivistas; a partir de entonces sus collages son composiciones más rigurosas dotadas de formas geométricas regulares. Desde 1937 hasta 1940 Schwitters vivió en Noruega, donde comenzó su segundo Merzbau (destruido en 1951), y en 1940 se trasladó a Inglaterra.

Servranckx, Victor

Nace en 1897, en Dieghem, Bélgica.
Muere en 1965, en Elewijt, Bélgica.

Estudia en la Academia de Bellas Artes de Bruselas de 1912 a 1917. Celebra su primera exposición individual en Bruselas, en 1917, y entre 1924 y 1927 expone regularmente en el Salon des Indépendants de París. En 1925 participa en la «Exposition Internationale des Arts Décoratifs» de París, en la que le es otorgada una medalla de oro; también expone ese mismo año con el Novembergruppe de Berlín. Su obra fue incluida en la Exposición Internacional de Arte Abstracto, organizada por la Société Anonyme de Katherine Dreier, en el Brooklyn Museum, en 1926. Se dedicó activamente al diseño de mobiliario moderno y colaboró con la galería de Léonce Rosenberg, L'Effort Moderne, en París. En 1935 ejecutó murales para la Exposición de Bruselas. En 1947 el

Palais des Beaux-Arts de Bruselas organizó en su honor una exposición antológica. Desde los años veinte, su obra se caracteriza por sus formas geométricas planas, de colores encendidos, puros y sin modulación, estructurados en composiciones complejas, que recuerdan la obra de Léger y Ozenfant.

Sheeler, Charles

Nace en 1883, en Filadelfia.
Muere en 1965, en Dobbs Ferry, Nueva York.

Charles Sheeler, pintor y fotógrafo, cursa estudios en la School of Industrial Art de Filadelfia y en la Pennsylvania Academy of Fine Arts, bajo la dirección de William Merritt Chase. En Filadelfia, Sheeler contempla las colecciones de Joseph Widener y de John G. Johnson. Durante el verano de 1904 y el de 1905, Sheeler viaja a Inglaterra con Chase y su clase a estudiar los maestros clásicos. Comienza a dedicarse a la fotografía en 1912 para financiar su pintura, empleando una técnica de claridad y precisión de enfoque, con lo que revela su interés en la textura y el diseño. Llega a ser un fotógrafo de renombre y en 1918 se le encarga que fotografíe la colección de escultura africana de Marius de Zaya. También fotografía la fábrica Ford, la catedral de Chartres y, entre 1942 y 1945, obras de la colección del Metropolitan Museum of Art de Nueva York. En 1921 colabora con Strand en la realización de una película de vanguardia llamada *Mannahatta*.
Su estilo inicial, entre 1906 y 1910, refleja la influencia de Chase con su tendencia a las vigorosas

pinceladas y la armonía tonal. Después de su viaje a Europa en 1909, se hace evidente en su obra la influencia directa de Cézanne, los fauvistas y los cubistas. Sheeler concilió el Cubismo y la fotografía en un estilo bien definido y sin prejuicios: sus pinturas de maquinaria y de arquitectura industrial proceden de su afición a los diseños geométricos. Le interesa la estructura de los objetos y los esquemas que les subyacen. Nunca llega la abstracción de sus cuadros al punto de que resulten irreconocibles. A principios de los años veinte, emplea una técnica de aislamiento, pintando los objetos en un espacio sin fondo. A mediados de los años veinte y hasta 1945 aproximadamente, Sheeler pinta en un modo más realista, presentando sus obras una relación directa con la fotografía. Sus cuadros de este período, que entran en la categoría del Precisionismo o Realismo Cubista, armonizan la geometría del Cubismo con el contexto cotidiano. A mediados de los años cuarenta sus cuadros se hacen más abstractos: las masas de color se definen mediante líneas. La temática de Sheeler era ya más difícil de percibir, pues los objetos quedaban aún más simplificados en términos geométricos. En los años cincuenta prescinde de la línea para definir el contorno, y los objetos se superponen mutuamente sugiriendo así el método fotográfico de doble exposición. El modo puramente objetivo y mecánico en que trata el tema influyó directamente en el enfoque de algunas variantes del arte «pop» y, más tarde, en el del arte minimalista.

Smith, Tony

Nace en 1912 en South Orange, New Jersey.
Muere en Nueva York, en 1980.

Tras asistir a los cursos de la Universidad de Georgetown en Washington D. C., Smith trabaja entre 1933 y 1936 en una fábrica de utillaje industrial y como delineante mientras sigue cursos nocturnos de pintura en la neoyorquina Art Students League. En 1937-38 adquiere nociones de arquitectura en la New Bauhaus de Chicago, y posteriormente trabaja como aprendiz para Frank Lloyd Wright durante dos años, prestando su ayuda en los proyectos como delineante y supervisor. Aunque carecía de formación académica como arquitecto, Smith diseña numerosas residencias y proyectos para monumentos entre 1940 y 1960. A lo largo de estos años su interés por la pintura y la escultura se acrecienta, y está en estrecho contacto con lós miembros de la New York School. Desde 1946 hasta 1980 enseña sucesivamente en las facultades de la Universidad de Nueva York, el Pratt Institute, la Copper Union School of Art and Architecture de Nueva York, el Bennington College de Bennington, Vermont y el Hunter College de Nueva York.
A finales de los años cincuenta Smith empieza a dedicarse a la escultura. Al igual que los artistas minimalistas de su círculo, Smith trabaja con sólidas figuras geométricas y materiales industriales. Su utilización de formas modulares, a menudo monumentales, refleja su formación de arquitecto y su interés en una estructura abstracta y arquitectónica. En 1961 un grave accidente automovilístico hace que

la actividad de Smith decaiga sensiblemente, y a este hecho puede atribuirse el que se haya dedicado a la elaboración de maquetas escultóricas destinadas a ser construidas a gran escala. La primera de estas maquetas fue expuesta en 1964 en el Wadsworth Ateneum de Hartford, Connecticut. Desde entonces, Smith ha participado en numerosas exposiciones colectivas y su obra ha sido objeto en 1971 de una exposición individual organizada por el Museum of Modern Art de Nueva York. En 1966 ha recibido premios de la Fundación Longview y el National Council for the Arts, y en 1968 la John Simon Guggenheim Foundation le ha otorgado una beca. A lo largo de su vida, Smith a llevado a cabo numerosos encargos y obras públicas. En 1979 ha sido elegido para la American Academy and Institute of Arts and Letters.
S. H.

Soto, Jesús Rafael

Nace en 1923, en Ciudad Bolívar, Venezuela.

Vive en París.

Tras trabajar como artista comercial, Soto asiste entre 1924 y 1947 a los cursos de la Escuela de Artes Plásticas de Caracas. Después de contemplar en reproducciones la obra de Picasso y Braque, en 1943 empieza a exponer en el Salón Oficial del Arte Venezolano de Caracas. Soto trabaja de 1947 a 1950 como director de la Escuela de Artes Plásticas de Maracaibo, Venezuela. Su primera exposición individual se celebra en 1949 en el Taller Libre de Arte de Caracas. En 1950 Soto se instala en París y su primera exposición tiene lugar al año siguiente en el *Salon des*

Réalités Nouvelles. Durante este período crece su interés por la obra de Piet Mondrian y Kasimir Malevich. La galería parisina Denise René ofrece en 1956 una exposición individual de las obras de Soto. Dos años más tarde participa en la *Exposition Internationale* de Bruselas y realiza una escultura para la Escuela de Arquitectura de Caracas. El Museo de Bellas Artes de Caracas le concede en 1960 el Premio Nacional de Pintura. En 1965 expone individualmente por primera vez en los Estados Unidos, en la galería Kootz de Nueva York. En 1967 participa en la Expo 67 de Montreal y en 1968 comienza un encargo de dos murales y una escultura para la Universidad de Rennes en Francia. Ese mismo año tendrá lugar una importante retrospectiva de su obra en el Stedelijk Museum de Amsterdam, seguida en 1969 por otra en el Musée d'Art Moderne de la Ville de Paris. En 1970 proyecta un entorno para el edificio de la UNESCO en París, y en 1972 se expone una amplia retrospectiva de su obra en el Museo de Arte Moderno de Bogotá. En 1973, se inaugura en Ciudad Bolívar el Museo de Arte Moderno Jesús Soto, proyectado por Carlos Raúl Villanueva, y el artista colabora en la creación de un entorno cinético para la nueva fábrica Renault en París. El Solomon R. Guggenheim Museum ha presentado una exposición de su obra en 1974-75.
S. H.

Spencer, Niles

Nace en 1893, en Pawtucket, Rhode Island.

Muere en 1952, en Dingman's Ferry, Pennsylvania.

Cursa estudios en la Rhode Island School of Design de 1913 a 1915.

Durante el verano pinta con un compañero de estudios, Charles Woodbury, en Ogunquit, Maine. Sus primeras obras demuestran ya su comprensión de la forma y el color. Conoce en aquellos veranos a Yasuo Kuniyoshi, Katherine Schmidt, Bernard Karfiol, Marsden Hartley, Louis Bouché y Robert Laurent. Marcha a Nueva York en 1914, estudiando durante algún tiempo con Kenneth Hays Miller en la Art Students League. Disgustado por las técnicas y las fórmulas de Miller, se matricula en la Ferrer School donde durante un breve período estudia con George Bellows y Robert Henri. Posteriormente vuelve a cursar estudios en la Rhode Island School of Design, siendo también profesor en un curso nocturno. En 1916 se traslada a Nueva York.
En 1921 hace su primer viaje a Europa, donde tiene ocasión de conocer en París el arte de los cubistas, interesándole particularmente Juan Gris y Georges Braque. Su reacción frente al Cubismo no tarda en evidenciarse en los esquemas estructurales de sus obras. De Francia viaja a Italia, deteniéndose a su regreso en Aix-en-Provence, donde le impresiona la obra de Cézanne. En 1923 regresa a Nueva York y es invitado a hacerse socio del Whitney Studio Club, en el que expone cada año hasta que cerró sus puertas en 1930. En 1925 celebra su primera exposición individual en Nueva York, en la Daniel Gallery. Su segunda individual tuvo lugar en esa misma galería en 1928. Ese año viaja de nuevo a Europa. Spencer fue un miembro del grupo Precisionista que representaba los temas americanos, como la vida industrial y urbana, bajo el aspecto de formas y esquemas geométricos simplificados.

Storrs, John

Nace en 1885, en Chicago.

Muere en 1956, en Mer, Loir-et-Cher, Francia.

Hijo de un rico arquitecto y promotor de urbanizaciones, Storrs estudia arte en Alemania con Arthur Bück; en la Académie Julian de París, en 1906; en la Académie Franklin de París, en 1907; en la Academy of Fine Arts de Chicago y en el Art Institute of Chicago, de 1908 a 1909; en la Escuela del Museum of Fine Arts de Boston (con Bela Pratt), de 1909 a 1910; en la Academy of Fine Arts de Pennsylvania, con Thomas Anshutz y Charles Grafly, de 1910 a 1911; en la Académie Colorossi de París, con Paul Bartlett y Jean-Antoine Injalbert y en la Académie de la Grande Chaumière de París, de 1911 a 1912; con Auguste Rodin, de 1912 a 1914 y por último en la Académie Julian de París de nuevo, en 1919. Por entonces Storrs era un artista académico que copiaba el arte clásico. Expone en el Salon d'Automne en 1913 y en 1920. Después de la muerte de Rodin en 1917, realiza su primera obra abstracta y celebra su primera exposición individual en las Folsom Galleries de Nueva York, en 1920. Probablemente se deja influir por el *Manifiesto Técnico de Escultura Futurista*, publicado por Boccioni en 1912, que preconizaba una escultura de tratamiento geométrico, en cuanto a volumen y forma. Su obra recibe la influencia de Lipchitz y Maillol y también, evidentemente, de las formas geométricas y fraccionadas del Cubismo. Le interesan asimismo la escultura de estilo egipcio, precolombino y medieval. Storrs recibió numerosos encargos a finales de los años veinte y en los años treinta, entre otros un monumento a Wilbur Wright para el Grupo Aero de Francia, en 1924, y en 1929 una estatua de aluminio de Ceres, de una altura de diez metros, para el edificio de la cámara de comercio, el Board of Trade, de Chicago. Las altas esculturas metálicas de Storrs recuerdan a los rascacielos estadounidenses. En el período comprendido desde finales de la década de los años veinte a finales de los treinta, de acuerdo con la última voluntad de su padre, Storr pasa medio año en Chicago y el otro medio en su chateau francés. Su estilo cambia de nuevo durante aquella época: abandona las formas arquitectónicas de gran altura, sus obras se hacen más pequeñas, sencillas y puras, a base de formas que evocan el mundo de las máquinas y la tecnología, vinculándose con este estilo al de los precisionistas. En 1931, Storrs empieza a pintar; celebra sus primeras exposiciones de pintura en las Chester Johnson Galleries de Chicago. Sus cuadros de los años treinta van cobrando una esencia más pictórica y onírica. Fue detenido en Francia y deportado dos veces a campos de concentración por las fuerzas de ocupación; después de la Segunda Guerra Mundial produjo escasa obra.

Strzeminski, Wladyslaw

Nace en 1893, en Minsk, Rusia.
Muere en 1952, en Lodz, Polonia.

Pintor, teórico y profesor polaco, Strzeminski se gradúa en 1914 en la Escuela de Ingenieros de San Petersburgo. Es íntimo amigo de Malevich, a quien seguramente conoció durante su estancia en San Petersburgo. Probablemente

estudió arte en el Svomas de Moscú, entre 1918 y 1919, es miembro activo de la sección IZO y de la Oficina Central Rusa de Exposiciones, y entra en 1919 a formar parte del Consejo de las Artes y la Industria del Arte de Moscú. Por entonces su obra, que incluye cuadros constructivistas y relieves compuestos de elementos cotidianos («ready-made»), se expone en el Museo de Cultura Artística de Moscú y Petrogrado. Su obra manifestaba influencias de Malevich, con quien colabora en el grupo Unovis de Vitebsk. Junto con su mujer, la escultora polaca Katarzyna Kobro, dirige posteriormente el Svomas de Semolensk. Se establece en Polonia en 1922, encabezando allí la vanguardia polaca; tiene un papel fundamental en la organización de la «Exposición de Arte Nuevo» en Vilno y en la fundación del grupo de constructivistas polacos Blok (1922) y su revista del mismo nombre, dedicada a la causa del Constructivismo. Colabora también, dos años más tarde, con el grupo Praesens, asociación de arquitectos vanguardistas que postulan la unificación de pintura y arquitectura. En 1927 formula su teoría del Unismo —pintura no objetiva basada en la unificación de todos los componentes pictóricos: textura, color uniforme y composición— y realiza, entre 1928 y 1934, unas doce pinturas unísticas. También crea una serie de pinturas arquitectónicas (de 1926 a 1929), con formas reducidas a elementos geométricos básicos, dispuestos y relacionados entre sí según cálculos geométricos estrictos, con esquemas cromáticos de sólo dos o tres colores. Después de 1929 su obra se centra en sus cuadros unísticos, con superficies monocromas trabajadas con

esmero. Continúa dedicándose activamente a sus escritos teóricos y sus experiencias tipográficas, interesándose por los problemas sociales del arte. Su obra y, sobre todo, sus textos teóricos, fueron determinantes para el desarrollo del arte no objetivo en Polonia. A lo largo de su vida, su obra fue objeto de numerosas exposiciones internacionales y ha sido incluida en fechas más recientes en «Pioneros del Arte Abstracto en Polonia», Galerie Denise René, París, 1958; «Constructivismo Polaco», MoMA, Nueva York, 1976; y «Constructivismo en Polonia 1923-1926», Kettle Yard Gallery, Londres, 1984.

Taeuber-Arp, Sophie

Nace en 1889, en Davos, Suiza.
Muere en 1943, en Zurich.

Cursa inicialmente estudios de artes aplicadas en la Kunstgewerbeschule de Hamburgo, sección de textiles (1908-1910), en la escuela experimental de artes y oficios de W. Debschitz en Munich (1911, 1913) y de nuevo en la Kunstgewerbeschule de Hamburgo (1912). En 1915 conoce a Hans Arp (con quien contrajo matrimonio en 1922), mientras estudiaba en la escuela de baile de Rudolf von Laban en Zurich, y es, junto con Arp, miembro del grupo Dadá de Zurich (1916-1920). Realiza sus primeras composiciones geométricas hacia 1916, y entre 1916 y 1929 enseña a tejer y a bordar en la Kunstgewerbeschule de Zurich. Tanto las pinturas como los diseños textiles que realiza en aquel período muestran su profundo interés en equilibrar y ordenar los elementos verticales y

horizontales, las líneas y los colores, siempre con una fuerte impronta bidimensional. En 1927-1928 colabora con Arp y Theo van Doesburg en la decoración interior del Café de l'Aubette, en Estrasburgo, destruido a principios de los años cuarenta, uno de los pocos interiores abstractos que llegaron a realizarse, recalcando la fusión del arte y la arquitectura. Se traslada con Arp a Meudon, en los alrededores de París, hacia 1929. Es miembro del grupo parisino *Abstraction-Création* (1931-1936), y de la asociación *Allianz* en Zurich (1937), y colabora en la edición de la revista de arte *Plastique* (1937-1939). Su obra se hace menos rígida durante los años treinta, con el círculo y la curva como elementos dominantes, en composiciones que suelen explorar la diagonal, aunque siempre conservando el énfasis en el equilibrio de la ordenación. Regresa a Zurich en 1942 (dos meses antes de morir). Su obra se ha exhibido en una exposición antológica, en el Musée National d'Art Moderne de París, en 1964, y de nuevo en el Museum of Modern Art de Nueva York, en 1981.

Tatlin, Vladimir Evgrafovich

Nace en 1885, en Jarkov.
Muere en 1963, en Moscú.

Pasa su infancia en Jarkov y en 1902 viaja como marino mercante a Bulgaria, África del Norte, Medio Oriente, Grecia y Turquía. Comienza su educación artística hacia 1904, en la escuela de arte de Penza. En 1907 ó 1908, visita a Larionov en Tiraspol y, siguiendo sus consejos, se matricula en 1909 en la Escuela de Pintura, Escultura y Arquitectura de Moscú (de la que es posteriormente expulsado). Se mantiene en estrecho contacto con Larionov y Gontcharova, con los que expone en el segundo Salon Izdebski en Odessa (1910-1911) y más tarde, en su exposición «Cola de Burro» (primavera de 1912); también, a partir de 1911, participa en las exposiciones de la Unión de Juventudes. Durante el invierno de 1911, Tatlin organiza un estudio docente en Moscú, llamado La Torre, frecuentado a veces por Vesnin, Popova y Udaltsova. Diseña asimismo sus primeros decorados de teatro, prosiguiendo con esta actividad de 1912 a 1914. Al separarse en 1912 del grupo de Larionov, empieza a exponer con el grupo afrancesado de la Jota de Diamantes. En 1913, Tatlin viaja a Berlín con un grupo de bailarines rusos y después a París, donde al visitar el estudio de Picasso probablemente tuvo ocasión de ver sus construcciones cubistas. Al volver a Rusia, empieza a elaborar su propio estilo, los relieves pintados en tres dimensiones (1913-1914) y los contra-relieves (1914-1915), y en mayo de 1914, expone por vez primera, en su estudio de Moscú, sus nuevas obras, las «composiciones estático-sintéticas». Mientras trabaja en sus relieves, formula su teoría del «cultivo de los materiales», transcendental para el desarrollo de las concepciones constructivas. Vive en Moscú pero viaja con frecuencia a Petrogrado, donde forma un grupo de jóvenes artistas y críticos como Lev Bruni, Petr Miturich y Nikolai Punin (autor de la primera monografía sobre Tatlin en 1920). La obra de Tatlin es incluida en las principales exposiciones vanguardistas, como «Tranvía V: Primera Exposición

Futurista de Pintura» y «Última Exposición Futurista de Pintura: 0.10» (ambas en Petrogrado, en 1915), «Exposición de Pintura: 1915» (Moscú) y «El Almacén» (Moscú, 1916), organizada esta última por el mismo Tatlin. Participa, junto con Yakulov y Rodchenko, en la decoración del Café Pittoresque, de Moscú. Tras la Revolución, dirige a partir de mediados de 1918 la sección IZO del Narkompros y en enero de 1919, se encarga del Departamento de Pintura del Taller de Arte Libre (Svomas) de Moscú. A partir de mediados de 1919 y hasta 1921, también es profesor en el Estudio para Volúmenes, Materiales y Construcción del Petrosvomas. Por su acendrado compromiso ideológico, le es encargado un proyecto de monumento para el Nuevo Estado, el futuro Monumento a la III Internacional, la famosa «Torre de Tatlin» cuya maqueta se expuso en 1920, en Petrogrado y Moscú. En 1921 es nombrado director del Departamento de escultura de la reestructurada Academia de las Artes, en Petrogrado. En 1922, exhibe sus obras en la exposición de la Asociación de Nuevas Tendencias Artísticas (en Petrogrado), en la «Primera exposición de Arte Ruso» de la Galerie van Diemen de Berlín (1922) y en la «Exposición de Pinturas de Artistas de Petrogrado de todas las Tendencias» (1923). En 1923, empieza a colaborar con el Inkhuk, desempeñando un papel activo en la creación del Ginkhuk de Petrogrado (1924). Su filosofía respecto a la exploración de la naturaleza intrínseca de los materiales y su creencia profunda en la importancia capital del utilitarismo en el arte le llevan a experimentar, en diseños para uniformes de trabajadores y

mobiliario, y a dedicarse activamente, aproximadamente a partir de 1925, a las artes aplicadas. En 1925, participa en la «Exposition Internationale des Arts Décoratifs et Industriels Modernes» en París. De 1925 a 1927, dirige el Departamento de Teatro, Cine y Fotografía en la Escuela de Arte de Kiev, y empieza a dar su curso de «cultivo de los materiales». Regresa a Moscú en 1927, y trabaja en el Vkhytemas de 1930 en adelante, se dedica a su proyecto de máquina voladora «Letatlin», que se expone en 1932, en el Museo de Bellas Artes de Moscú. Durante los años treinta, vuelve a la pintura, trabajando en un estilo figurativo, y continuando, asimismo, con los diseños teatrales.

Torres-García, Joaquín

Nace en 1874 en Montevideo, Uruguay.
Muere en 1949 en Montevideo.

El padre de Torres-García era catalán y en 1891 la familia se traslada a Mataró, cerca de Barcelona. En 1894 Torres-García asiste a los cursos de la Academia de Bellas Artes de Barcelona. Su primera exposición individual, que consta de carteles y dibujos se celebra en 1894 en el Salón de La Vanguardia de la Ciudad Condal. El año siguiente conoce a Julio González y Pablo Picasso, entre otros artistas, y frecuenta el café Els Quatre Gats. En 1904 empieza a ayudar a Antonio Gaudí en la Sagrada Familia y en el diseño de vidrieras. En 1908 se le comisiona para que pinte varios murales en Barcelona y sus alrededores y en el Pabellón Uruguayo de la Exposición Universal de 1910. A su regreso a España, Torres-García

visita París y en 1912 viaja a Italia, poco antes de que el Partido Nacionalista Catalán le encargue una serie de grandes murales para el Salón de Sant Jordi en Barcelona. En 1903 se publica *Notes sobre art*, su primer libro, y desde esta época no deja de escribir. Hasta 1917 trabaja en los murales de Sant Jordi. En 1918 las Galeries Dalmau de Barcelona exponen los cuadros en los que plasma su nuevo estilo, así como los juguetes que ha construido. De esta época data su larga amistad con Joan Miró.
Desde 1920 hasta 1922 Torres-García vive en Nueva York donde su obra es expuesta en el Whitney Studio Club. En 1926 se instala en París y en 1929 conoce a Piet Mondrian. Es en torno a estos años cuando desarrolla su estilo, el Constructivismo Universal. En 1930 funda el grupo *Cercle et Carré* (Círculo y Cuadrado) con Michel Seuphor y publica «Vouloir construire» (Querer construir). En 1934 Torres-García vuelve a Montevideo para exponer sus teorías artísticas. Al año siguiente funda la Asociación de Arte Constructivo, que fomenta el arte moderno en Sudamérica por medio de su difusión y enseñanza. En 1938 acaba su *Monumento Cósmico* en piedra en el Parque Rodó de Montevideo. En 1944 inaugura el Taller Torres-García, publica «Universalismo Constructivo» y obtiene el Gran Premio Nacional de Pintura concedido por el Gobierno Uruguayo. La obra de Torres García ha sido objeto de una importante exposición organizada por The Arts Council de Gran Bretaña y expuesta por la Galería londinense Hayward y posteriormente por la Fundació Joan Miró de Barcelona.
S. H.

Udaltsova, Nadezhda Andreievna

Nace en 1886, en Orel, Rusia.
Muere en 1961 en Moscú.

Comienza su instrucción artística en 1905 en la Escuela de Pintura, Escultura y Arquitectura de Moscú; en 1906, asiste a la escuela privada de Konstantin Yuon y en 1909, estudia el espacio con los discípulos de Simon Hollosy. Pasa el invierno de 1911-1912 en París, donde frecuenta con Popova el estudio La Palette, asistiendo a las clases de Le Fauconnier, Metzinger y de Segonzac. Se familiariza allí con el Cubismo francés, que integra en su propio lenguaje. Le interesa mucho la obra de Picasso, así como la de Poussin, los maestros holandeses y las vidrieras medievales. Al regresar a Moscú en 1913, participa activamente en la vanguardia rusa: trabaja en el estudio de Tatlin, La Torre (1913), con Popova y Alexander Vesnin, entre otros; expone obras con el grupo de la Jota de Diamantes (Moscú, 1914), «Tranvía V: Primera Exposición Futurista de Pintura» (Petrogrado, 1915), «Última Exposición Futurista de Pintura: 0.10» (Petrogrado, 1915), «El Almacén» (Moscú, 1916). En 1916-1917 es miembro del grupo Supremus, formado por Malevich. En 1917 colabora con Yakulov, Rodchenko y Tatlin en la decoración del interior del Café Pittoresque de Moscú. Tras la Revolución, es profesora en 1918 del Svomas de Moscú. Pertenece a la sección IZO del Narkompros y entre 1920 y 1921, al Inkhuk. De 1921 a 1934, da clases en el Vkhutemas/Vkhutein de Moscú. Sus obras son incluidas en la «Primera Exposición de Arte Ruso» en la Galerie van Diemen

de Berlín, en 1922. A finales de los años veinte, volvió a adoptar un estilo pictórico naturalista.

Vantongerloo, Georges

Nace en 1886, Amberes.
Muere en 1965, París.

Estudia en las academias de arte de Bruselas y Amberes. En 1915 conoce a van Doesburg y en 1917 se une al grupo De Stijl; ese mismo año realiza sus primeras esculturas abstractas. Sigue vinculado al grupo De Stijl hasta 1921. De 1919 a 1927, vive en Menton, en el sur de Francia. Entre 1919 y 1924 sus esculturas se centran en la exploración de las relaciones entre masas. En 1924, empieza a crear esculturas y pinturas basadas en las fórmulas matemáticas que rigen la progresión proporcional de las formas rectangulares o los volúmenes cúbicos. Publica también ese año su libro, *L'art et son avenir*, que trataba de la relación entre el arte y la sociedad moderna. Participa en la exposición de 1925 «L'art d'aujourd'hui» en París y en la «Exposición Internacional de Arte Moderno», organizada en 1926 por la Société Anonyme en el Brooklyn Museum. En 1927, Vantongerloo se traslada a París; en 1930 se une al grupo *Cercle et Carré* y en 1931 es uno de los fundadores del grupo *Abstraction Création* (así como su vicepresidente). Su obra deja de ser tan estrictamente rectilínea como en la primera época y empiezan a aparecer curvas en sus pinturas (1937), y vidrio encorvado y tubos de plástico en sus esculturas. Después de 1950, lleva a cabo experimentos con

esculturas de plexiglás, concentrándose en aspectos de color y transparencia de formas en el espacio. Hubo una exposición antológica de su obra en la Malborough New London Gallery de Londres, en 1962.

Vasarely, Victor

Nace en 1908 en Pecs, Hungría.
Vive en Francia.

Cursa inicialmente estudios de medicina en Budapest, pero los deja para ingresar en 1928 en la Bauhaus de Budapest. Estudia allí con Alexander Bortnyik y va iniciándose a las teorías de arte abstracto y las obras de Malevich, Mondrian, Kandinsky y de la Bauhaus de Dessau. En 1930, se establece en París, trabajando como artista de publicidad; allí realizó, en 1931-1932, sus primeras obras ópticas —dibujos geométricos para estampados textiles, que en muchos aspectos prefiguran sus obras posteriores de «Op Art». Entre 1922 y 1938, crea obras figurativas que producían marcados efectos de cinética óptica, por su agresiva estructura. A partir de 1947, las formas naturales que aparecen en sus pinturas se van simplificando en signos geométricos, organizados en composiciones geométricas totalmente abstractas. Su interés por el espacio pictórico y los efectos tridimensionales, producidos por formas bidimensionales, le llevan a experimentos de «trompe l'oeil» e ilusiones ópticas. En 1951 empezó a investigar con las estructuras cuadriculadas y redes de líneas que producen una impresión de movimiento, realzada por los enérgicos contrastes de blanco y

negro y el esquema rítmico. En 1955 publicó su *Yellow Manifest* (Manifiesto amarillo), un tratado de arte cinético.

En los primeros años sesenta, su obra atraviesa una fase de transición, pasando de blanco y negro al color, y de la representación bidimensional a los objetos sólidos en tres dimensiones, como pirámides y columnas, compuestos de unidades de formas geométricas. Ha llevado a cabo numerosos encargos públicos y obras ambientales —murales, pantallas, etc.— en busca siempre de la «unidad plástica de forma y color». Su introducción del concepto de movimiento en el arte puro es consecuencia directa de su teoría, según la cual la técnica moderna ha modificado la noción de obra de arte que, del ejemplar «único», ha pasado a ser un objeto afín a la máquina, reproducido en múltiples copias. El carácter cinético y multidimensional constituyen la finalidad última de su arte.

Vesnin, Alexandr Alexandrovich

Nace en 1883 en Yurevetz, Provincia de Volga, Rusia.
Muere en 1859, Moscú.

Pintor, diseñador y arquitecto constructivista ruso y, a partir de 1923, el principal diseñador de decorados para las producciones de Meyerhold y Tairov, en el Teatro Kamernii de Moscú. Benjamín de los tres hermanos Vesnin, cursa estudios de pintura de 1907 a 1911 en Moscú, siendo discípulo de los pintores impresionistas Tsionglinski y Yuon; también estudia en el Instituto de Ingeniería (graduándose en 1912) y, de 1912 a 1914, trabaja en el estudio de Tatlin, La Torre, donde conoce, entre otros, a Popova y a Udaltsova. Es un elemento activo de la vanguardia, amigo de Kasimir Malevich, y estrecho colaborador de Exter, Tatlin, Popova y Rodchenko. Participa con ellos en la importante exposición «5×5=25» en Moscú, en 1921, con obras como *Estructuras de espacio coloreado mediante líneas de fuerza*. En 1918 empieza a colaborar en proyectos de decoración propagandística, con la decoración de la Plaza Roja de Moscú para la celebración del 1.⁰ de mayo; también participó en la decoración de la misma plaza, en 1921, con ocasión del III Congreso de la Internacional Comunista, para la que propuso un monumento, compuesto de varias tribunas superpuestas. A partir de 1921 Vesnin se encarga de la construcción de colores en el Curso Elemental, así como de las clases de dibujo y de color del Departamento de Ebanistería, en el Vkhutemas de Moscú; también es profesor en el Departamento de Arquitectura. Es miembro del Inkhuk de Moscú y uno de los más fervientes partidarios del principio de Ossip Brik, que postula la participación activa del artista en la producción. En 1922, aboga por la aplicación de los principios construtivistas a la arquitectura y durante los años veinte, diseña varios proyectos arquitectónicos (en colaboración con sus hermanos), como el del Palacio del Trabajo (1923) en Moscú y el presentado al concurso para la construcción de la oficina moscovita de la *Pravda* de Leningrado. Entre 1922 y 1923, realiza sus célebres decorados para *El hombre que fue jueves* en el Teatro Karmenii. En 1925, forma con sus hermanos Leonid y Victor

y con Moisei Ginzburg, el grupo de arquitectos constructivistas OSA (Sociedad de Arquitectura Contemporánea) y en 1926, empieza a publicar la revista *SA* (Arquitectura Contemporánea). En 1928 se une al grupo Octubre, y durante los años treinta, es profesor en el Instituto de Arquitectura de Moscú.

Vordemberge-Gildewart, Friedrich

Nace en 1899, en Osnabrück, Alemania.
Muere en 1962, en Ulm, Alemania Federal.

Estudia en la Escuela de Artes Aplicadas y el Instituto Técnico de Hannover. Empieza a pintar en 1919, trabajando desde sus primeros inicios en un estilo abstracto. Se establece en Hannover, donde entra en contacto con Schwitters y conoce también a Hans Arp y a Theo van Doesburg. En 1924 funda en Hannover el grupo K junto con Hans Nitschke; ese mismo año van Doesburg le invita a unirse al grupo De Stijl. Participa en 1925 en la exposición «L'art d'aujourd'hui» de París y en la «Exposición Internacional de Arte Moderno» que organizó la Société Anonyme en el Brooklyn Museum, en 1926. En 1927 funda, con Nitschke y Carl Buchheister, el grupo Die Abstrakten Hannover (en el marco de la Asociación International de Futuristas, Cubistas y Constructivistas de Berlín). En 1929, celebra su primera exposición individual en la Galerie Povolozky de París, y es miembro de los grupos parisinos *Cercle et Carré* (1930) y *Abstraction-Création* (1931). Se

trasladó a Berlín en 1936; en 1937-1938 trabaja en Suiza y de 1938 a 1954 vive en Amsterdam. A partir de 1954, es profesor en la Hochscule für Neue Gestaltung de Ulm. También practica de modo activo el diseño tipográfico y escribe poesía.
Desde los años veinte, el relieve aparece con frecuencia en su obra, así como elementos lineales y triangulares, que fluyen libremente; en ocasiones, explora la diagonal como mecanismo de composición.

von Wiegand, Charmion

Nace en 1900, Chicago.
Muere en 1983, Nueva York.

Pasa su infancia en San Francisco y Berlín. Al regresar a Estados Unidos, cursa estudios en el Barnard College y la Columbia University, donde empieza por estudiar periodismo, dedicándose luego a la historia del arte y la arqueología. Sólo en los últimos años treinta comenzó a entregarse de lleno a la pintura, habiéndose dedicado anteriormente al periodismo. Es corresponsal en Moscú, de 1929 a 1932, para los diarios del grupo Hearst. En la segunda mitad de los años treinta, publica artículos en la revista *New Masses* (fundado, entre otras personas, por su marido, el novelista Joseph Freeman, quien también fundaría más adelante *Partisan Review*) y editora de *Art Front*. En 1941 hace amistad con Mondrian (que vivía entonces en Nueva York), convirtiéndose en su fiel seguidora y ayudándole asimismo a revisar y a traducir sus ensayos al inglés. En 1943, escribe el primer texto crítico que se publicó sobre Mondrian en los

Estados Unidos. Sus actividades incluyen asimismo la organización de exposiciones como la de «Maestros del Arte Abstracto» en el New Art Circle en 1942 y una serie de exposiciones para la Pinakotheca Gallery de Rose Fried a finales de los años cuarenta. Son características de su obra de madurez los planos llanos, las formas geométricas y la estructura cuadriculada. Pintora paisajista de un estilo de tipo expresionista en sus inicios, se convierte después a la abstracción, inspirada por la obra de Mondrian. En los años cincuenta, su admiración por los collages de Schwitters la lleva a explorar dicho medio; también por esas fechas, empieza a incorporar temas orientales, especialmente de fuentes egipcias, indias y tibetanas.

Xceron, Jean

Nace en 1890 en Isari Likosouras, Grecia.
Muere en 1967 en Nueva York.

A la edad de catorce años, Xceron viaja por los Estados Unidos y entre 1904 y 1910 convive con algunos parientes residentes en las comunidades griegas de Indianápolis, Pittsburgh y Washington, D. C. De 1912 a 1916 Xceron estudia en la Corcoran Art School de Washington D. C. manteniéndose con trabajos eventuales y pintando diseños de mosaicos y sus propios iconos. Las obras de este período, que muestran figuras geométricas distorsionadas y espacios sin profundidad, hacen gala de un indudable conocimiento de la pintura francesa de comienzos del siglo XX, y en especial del Cubismo. En 1920 Xceron se traslada a Nueva York, donde conoce a Joaquín Torres-García, Max Weber y Joseph Stella. De 1921 a 1924 Xceron expone junto con los New York Independent Artists en el Waldorf Astoria. En 1927 el artista se traslada a París, donde su amigo Torres García se había instalado ya el año anterior. Xceron es aceptado inmediatamente en el mundo artístico parisino como crítico de arte; escribe artículos para periódicos americanos sobre artistas como Jean Arp, Henryk Berlewi, Theo van Doesburg, Jean Helion, Mikhail Larionov, Fernand Léger, Piet Mondrian y Torres García. En 1930 participa en la primera esposición del grupo *Cercle et Carré*, y al año siguiente *Cahiers d'Art* patrocina su primera exposición individual en la parisina Galerie de France. Durante sus años en París Xceron se integra en el grupo *Abstraction-Creátion* y procura por todos los medios eliminar de sus cuadros cualquier vestigio de figuración y efectos texturales.

Con ocasión de su exposición individual en la Galeria Garland, Xceron visita Nueva York en 1935, época en la que conoce a James Johnson Sweeney y David Smith. En 1937 regresa a Nueva York, y al año siguiente la Galeria Nierendorf presenta una exposición suya en solitario. De esta etapa data la larga asociación de Xceron con el Guggenheim Museum, en los días en que Hilla Rebay compraba las obras de la exposición de Nierendorf para la colección de la recién fundada institución (que por entonces se denominaba Museo de Arte No-objetivo). Poco después de su llegada a Nueva York Xceron se unió a los *American Abstract Artists*.

En 1941-42 Xceron trabaja para el New York City Federal Art Project y realiza dos murales no objetivos para la *Christian Science Chapel* de la Penitenciaria de la Isla Rikers. Durante los años cuarenta modifica su estilo parisino y hacia 1944 comienza a introducir en sus cuadros audaces brochazos, formas más variadas y efectos de luz. En 1946 completa *Radar*, un óleo de grandes dimensiones encargado por el Museo de Arte de Georgia, adscrito a la Universidad de Georgia, en Atenas. Su trabajo se ha venido incluyendo a lo largo de los años cuarenta y cincuenta en numerosas exposiciones de arte abstracto americano, y en 1965, el Solomon R. Guggernheim Museum le ha dedicado una retrospectiva.

S. H.

BIBLIOGRAFIA ESCOGIDA

Esta Bibliografía recoge las siguientes

fuentes: obras generales y catálogos de

exposiciones. Han sido excluídos los

artículos de revistas y las monografías

sobre artistas, excepto algunas monografías

recientes que son cruciales para entender

el período y que constituyen los estudios

más completos sobre ellos. Los interesados

en los artículos de revistas y en las

monografías pueden consultar las

bibliografías de las obras de Bowlt y

Lodder, Sección 2, y de Bann y Rickey,

Sección 3. Las cinco primeras secciones de

la Bibliografía se corresponden con los

cinco capítulos de este libro; se ha añadido

una sexta sección con un listado de las

revistas más importantes de la época, dado

que proporcionan una visión

excepcionalmente importante del arte y de

la cultura del período.

CLIVE PHILLPOT

1.

Orígenes del arte no objetivo. Cubismo, Futurismo, Cubo-Futurismo: 1910-1914

ABSTRACTION: TOWARDS A NEW ART, PAINTING 1910-20 (Catálogo Exposición). Londres: Tate Gallery, 1980.

Ades, Dawn. PHOTOMONTAGE. Nueva York: Pantheon, 1976.

Agee, William C. SYNCHROMISM AND COLOR PRINCIPLES IN AMERICAN PAINTING, 1910-1930. (Catálogo Exposición). Nueva York: Knoedler & Company, 1965.

Apollonio, Umbro, ed. FUTURIST MANIFESTOS. Nueva York: Viking, 1973. Traducción de FUTURISMO. Milán: Mazzotta, 1970 (2.ª ed., 1976).

Barr, Alfred, H., Jr., CUBISM AND ABSTRACT ART (Catálogo Exposición). Nueva York: Museum of Modern Art, 1936. Reed. Arno, 1966; 1.ª edición en rústica, Museum of Modern Art, 1974.

Breeskin, Adelyn D. ROOTS OF ABSTRACT ART IN AMERICA, 1910-1930. (Catálogo Exposición). Washington: National Collection of Fine Arts, 1965.

Cachin-Nora, Françoise, ed. LE FUTURISME, 1909-1916. (Catálogo Exposición). París: Musée National d'Art Moderne, 1973.

Carrieri, Raffaele. FUTURISM. Milán: Edizioni del Milione, 1963. Traducción de IL FUTURISMO. Milán: Edizioni del Milione, 1961.

COLOR AND FORM 1909-1914: THE ORIGIN AND EVOLUTION OF ABSTRACT PAINTING IN FUTURISM, ORPHISM, RAYONNISM, SYNCHROMISM AND THE BLUE RIDER. (Catálogo Exposición). San Diego: Fine Arts Gallery, 1971.

CONSTRUCTIVISM AND FUTURISM: RUSSIAN AND OTHER. Nueva York: Ex Libris, 1977. (Listado de Libreros con anotaciones detalladas).

Cooper, Douglas. THE CUBIST EPOCH. (Catálogo Exposición). Londres: Phaidon, 1970.

Cooper, Douglas y Gary Tinterow. THE ESSENTIAL CUBISM: BRAQUE, PICASSO AND THEIR FRIENDS, 1907-1920. (Catálogo Exposición). Londres: Tate Gallery, 1983.

Cork, Richard. VORTICISM AND ABSTRACT ART IN THE FIRST MACHINE AGE. Berkeley: University of California Press, 1976, 2 vols.

Daix, Pierre. CUBISTS AND CUBISM. Nueva York: Rizzoli, 1982.

Drudi Gambillo, María, y Teresa Fiori. ARCHIVI DEL FUTURISMO. Roma: De Luca, 1958-1962, 2 vols.

Fry, Edward F. CUBISM. Londres: Thames & Hudson, 1966. Reedición, Nueva York: Oxford University Press, 1978.

Gleizes, Albert, y Jean Metzinger. CUBISM. Londres: T. Fisher Unwin, 1913. Traducción de DU CUBISME. París: Figuière, 1912. Reedición, Sisteron, Francia: Editions Présence, 1980.

Golding, John. CUBISM: A HISTORY AND AN ANALYSIS, 1907-1914. Nueva York: Wittenborn, 1959; 2.ª ed., Nueva York: Harper & Row, 1968.

Gray, Christopher: CUBIST AESTHETIC THEORIES. Baltimore: Johns Hopkins Press, 1953.

Habasque, Guy: CUBISM: BIOGRAPHICAL AND CRITICAL STUDY. Nueva York: Skira, 1959.

d'Harnoncourt, Anne. FUTURISM AND THE INTERNATIONAL AVANT-GARDE (Catálogo Exposición). Filadelfia: Philadelphia Museum of Art, 1980.

Henderson, Linda Dalrymple. THE FOURTH DIMENSION AND NON-EUCLIDEAN GEOMETRY IN MODERN ART. Princeton: Princeton University Press, 1983.

Horner, William Innes. ALFRED STIEGLITZ AND THE AMERICAN AVANT-GARDE. Boston: New York Graphic Society, 1977.

Janis, Harriet, y Rudi Blesh: COLLAGE: PERSONALITIES, CONCEPTS, TECHNIQUES. Filadelfia: Chilton, 1961. Ed. revisada, 1967.

Kahnweiler, Daniel-Henry. THE RISE OF CUBISM. Nueva York: Wittenborn, Schultz, 1949. Traducción de DER WEG ZUM KUBISMUS. Munich: Delphin-Verlag, 1920.

Kandinsky, Wassily. KANDINSKY: COMPLETE WRITINGS ON ART. Lindsay, Kenneth C., and Peter Vergo, eds. Boston: G. K. Hall, 1982. 2 vols.

Levin, Gail. SYNCHROMISM AND AMERICAN COLOR ABSTRACTION, 1910-1925. (Catálogo Exposición). Nueva York: Braziller, en asociación con The Whitney Museum of American Art, 1978.

Lista, Giovanni. FUTURISME: MANIFESTES, PROCLAMATIONS, DOCUMENTS. Lausana: L'Age d'Homme, 1973.

Mercadé, Valentine. LE RENOUVEAU DE L'ART PICTURAL RUSSE, 1863-1914. Lausana: L'Age d'Homme, 1971.

MARINETTI: SELECTED WRITINGS. R. W. Flint, ed. Nueva York: Farrar, Straus & Giroux, 1972.

Markov, Vladimir. RUSSIAN FUTURISM: A HISTORY. Berkeley: University of California Press, 1968.

Martin, Marianne W. FUTURIST ART AND THEORY, 1909-1915. Oxford: Clarendon Press, 1968. Reedición, Nueva York: Hacker, 1978.

Rosenblum, Robert. CUBISM AND TWENTIETH-CENTURY ART. Nueva York: Abrams, 1960. Ed. revisada, 1976.

Seuphor, Michel. L'ART ABSTRAIT: SES ORIGINES, SES PREMIERS MAITRES. (Catálogo Exposición). París: Maeght, 1949. Nueva ed., 1950. Reedición en vol. 1 de su L'ART ABSTRAIT. París: Maeght, 1971.

Spate, Virginia. ORPHISM: THE EVOLUTION OF NON-FIGURATIVE PAINTING IN PARIS, 1910-1914. Oxford: Clarendon Press, 1979.

Taylor, Joshua C. FUTURISM (Catálogo Exposición). Nueva York: Museum of Modern Art, 1961.

Tisdall, Caroline, y Angelo Bozzolla. FUTURISM. Nueva York: Oxford University Press, 1978.

Wees, William C. VORTICISM AND THE ENGLISH AVANT-GARDE. Toronto: University of Toronto Press, 1972.

Wescher, Herta. COLLAGE. Nueva York: Abrams, 1971. Traducción de DIE COLLAGE. Colonia: DuMont Schauberg, 1968.

2.

De la superficie al espacio: Suprematismo, De Stijl, Constructivismo ruso: 1915-1921

ALEXANDER RODTSCHENKO UND WARWARA STEPANOVA (Catálogo Exposición). Duisburgo: Wilhelm-Lehmbruck Museum, 1982.

Andersen, Troels. MALEVICH: CATALOGUE RAISONNÉ OF THE BERLIN EXHIBITION 1927, INCLUDING THE COLLECTION IN THE STEDELIJK MUSEUM AMSTERDAM, WITH A GENERAL INTRODUCTION TO HIS WORK. Amsterdam: Stedelijk Museum, 1970.

Andersen, Troels. MODERNE RUSSISK KUNST, 1910-1930. Copenhague: Borgen, 1967.

ART IN REVOLUTION: SOVIET ART AND DESIGN SINCE 1917 (Catálogo exposición). Londres: Arts Council of Great Britain, Hayward Gallery, 1971.

AVANTGARDE OSTEUROPA, 1910-1930. Berlín: Kunstverein & Akademie der Künste, 1967.

Baljeu, Joost. THEO VAN DOESBURG. Nueva York: Macmillan, 1974.

Barooshian, Vahan D. RUSSIAN CUBO-FUTURISM 1910-1930: A STUDY IN AVANT-GARDISM. La Haya: Mouton, 1974.

Barr, Alfred H., Jr. DE STIJL 1917-1928 (Catálogo exposición). Nueva York: Museum of Modern Art, 1961. Texto adaptado de CUBISM AND ABSTRACT ART. Nueva York: Museum of Modern Art, 1936.

Barron, Stephanie y Maurice Tuchman, eds. THE AVANT-GARDE IN RUSSIA, 1910-1930: NEW PERSPECTIVES (Catálogo Exposición). Los Angeles: Los Angeles County Museum of Art, 1980.

Belloli, Carlo. IL CONTRIBUTO RUSSO ALLE AVANGUARDIE PLASTICHE. Milán: Galleria del Levante, 1964.

Berninger, Herman, y Jean-Albert Cartier. POUGNY: JEAN POUGNY (IWAN PUNI), 1892-1956: CATALOGUE DE L'OEUVRE. Tubinga: Wasmuth, 1972 (incluye reediciones y traducciones de documentos de los comienzos de la vanguardia rusa).

Blotkamp, Carel, DE BEGINJAREN VAN DE STIJL 1917-1922. Utrecht: Reflex, 1982.

Bowlt, John E., ed. RUSSIAN ART OF THE AVANT-GARDE: THEORY AND CRITICISM 1910-1934. Nueva York: Viking, 1976. (Incluye bibliografía razonada.)

CONFIGURATION 1910-1940 AND SEVEN TATLIN RECONSTRUCTIONS (Catálogo exposición). Londres: Annely Juda Fine Art, 1981.

DE STIJL (Catálogo exposición). Amsterdam: Stedelijk Museum, 1951.

Van Doesburg, Theo. PRINCIPLES OF NEO-PLASTIC ART. Greenwich: New York Graphic Society, 1968. Traducido de GRUNDBEGRIFFE DER NEUEN GESTALTENDEN KUNST. Munich: Langen, 1925. (Publicado originalmente en HET TIJDSCHRIFT VOOR WIJSBEGEERTE, 1919).

Elliot, David, ed. ALEXANDER RODCHENKO (Catálogo Exposición). Oxford: Museum of Modern Art, 1979. Reeditado como RODCHENKO AND THE ARTS OF REVOLUTIONARY RUSSIA. Nueva York: Pantheon, 1979.

ERSTE RUSSISCHE KUNSTAUSSTELLUNG (Catálogo Exposición): Berlín: Galerie van Diemen; Internationale Arbeiterhilfe, 1922.

THE FIRST RUSSIAN SHOW: A COMMEMORATION OF THE VAN DIEMEN EXHIBITION, BERLIN, 1922 (Catálogo Exposición). Londres: Annely Juda Fine Art, 1983.

Friedman, Mildred, ed. DE STIJL, 1917-1931: VISIONS OF UTOPIA (Catálogo Exposición). Minneapolis: Walker Art Center; Nueva York: Abbeville, 1982.

Fülop-Miller, René. THE MIND AND FACE OF BOLSHEVISM: AN EXAMINATION OF CULTURAL LIFE IN SOVIET RUSSIA. Londres/Nueva York: Putnams, 1927. Ed. revisada, Nueva York: Harper & Row, 1965.

Gan, Aleksei. KONSTRUKTIVIZM. Tver: Tverskoe Izdatel'stvo, 1922. Reedición, Milán:Edizioni dello Scorpione, 1977.

Gibian, George, y H. W. Tjalsma, eds. RUSSIAN MODERNISM: CULTURE AND THE AVANT-GARDE, 1900-1930. Ithaca, Cornell University Press, 1976.

Gray, Camilla. THE GREAT EXPERIMENT: RUSSIAN ART, 1863-1922. Nueva York: Abrams, 1962. Reeditado como THE RUSSIAN EXPERIMENT IN ART, 1863-1922. Nueva York: Abrams, 1971.

Guerman, Mikhail, ed. ART OF THE OCTOBER REVOLUTION. Nueva York: Abrams, 1979.

Jaffé, Hans L. C., ed. DE STIJL. Nueva York: Abrams, 1970. Traducción de MONDRIAN UND DE STIJL. Colonia: DuMont Schauberg, 1967.

Jaffé, Hans L. C. DE STIJL 1917-1931: THE DUTCH CONTRIBUTION TO MODERN ART. Amsterdam: Meulenhoff, 1956.

Karginov, German: RODCHENKO. Londres: Thames and Hudson, 1979.

KASIMIR MALEVICH ZUM 100. GEBURTSTAG (Catálogo Exposición). Colonia: Galerie Gmurzynska, 1978. (Texto también en inglés.)

DIE KUNSTISMEN IN RUSSLAND/THE ISMS OF ART IN RUSSIA 1907-1930 (Catálogo Exposición). Colonia: Galerie Gmurzynska, 1977.

KUNSTLERINNEN DER RUSSISCHEN AVANTGARDE/RUSSIAN WOMEN-ARTISTS OF THE AVANTGARDE, 1910-1930 (Catálogo Exposición). Colonia: Galerie Gmurzynska, 1979.

LIBERATED COLOUR AND FORM: RUSSIAN NON-OBJECTIVE ART, 1915-1922 (Catálogo Exposición). Edimburgo: Scottish National Gallery of Modern Art, 1978.

Lissitzky-Küppers, Sophie. EL LISSITZKY: LIFE, LETTERS, TEXTS. Londres: Thames and Hudson, 1968. Reedición revisada, 1980. Traducción de EL LISSITZKY: MALER, ARCHITEKT, TYPOGRAF, FOTOGRAF. Dresde: Verlag der Kunst, 1967.

Lodder, Christina. RUSSIAN CONSTRUCTIVISM. New Haven: Yale University Press, 1983. (Incluye detallada «Bibliografía escogida».)

Lozowick, Louis. MODERN RUSSIAN ART. Nueva York: Société Anonyme, 1925.

Malevich, Kasimir. ESSAYS ON ART. Troels Andersen, ed. Copenhague: Borgen, 1968-78. 4 vols. Incluye apéndices, cartas y biografías en cada volumen. Vol. 1: ESSAYS ON ART, 1915-1928. Vol. 2: ESSAYS ON ART, 1928-1933. Vol. 3: THE WORLD AS NON-OBJECTIVITY: UNPUBLISHED WRITINGS: 1922-25. Vol. 4: THE ARTIST, INFINITY, SUPREMATISM: UNPUBLISHED WRITINGS, 1913-1933.

MALEWITSCH-MONDRIAN: KONSTRUKTION ALS KONZEPT, ALEXANDER DORNER GEWIDMET (Catálogo Exposición). Hannover: Kunstverein, 1977. Versión ligeramente distinta publicada con el título MALEWITSCH-MONDRIAN UND IHRE KREISE, AUS DER SAMMLUNG WILHELM HACK (Catálogo Exposición). Colonia: Kölnischer Kunstverein, 1976.

Marcadé, Jean-Claude, y Valentine Marcadé. L'AVANT-GARDE AU FEMININ: MOSCOU-SAINT PETERSBOURG-PARIS 1907-1930 (Catálogo Exposición). París: Artcurial, 1983.

Milner, John. VLADIMIR TATLIN AND THE RUSSIAN AVANT-GARDE. New Haven: Yale University Press, 1983. (Unica monografía en inglés sobre el artista; a veces imprecisa.)

MONDRIAN UND DE STIJL (Catálogo Exposición). Colonia: Galerie Gmurzynska, 1979.

Mondrian, Piet. LE NEO-PLASTICISME. París: Editions de l'Effort Moderne, Léonce Rosenberg, 1920.

Nakov, Andrei B. ABSTRAIT/CONCRET: ART NON-OBJECTIV RUSSE ET POLONAIS. París: Transédition, 1981.

Nakov, Andrei B. RUSSIAN CONSTRUCTIVISM: «LABORATORY PERIOD» (Catálogo Exposición). Londres: Annely Juda Fine Art, 1975.

Nakov, Andrei B. RUSSIAN PIONEERS: AT THE ORIGINS OF NON-OBJECTIVE ART (Catálogo Exposición). Londres: Annely Juda Fine Art, 1976.

Nakov, Andrei B. TATLIN'S DREAM: RUSSIAN SUPREMATIST AND CONSTRUCTIVIST ART. 1910-1923 (Catálogo Exposición). Londres: Fischer Fine Art, 1973.

Nakov, Andrei B. 2 STENBERG 2: THE «LABORATORY» PERIOD (1919-1921) OF RUSSIAN CONSTRUCTIVISM (Catálogo Exposición). París: Galerie Jean Chauvelin, 1975.

THE NON-OBJECTIVE WORLD, 1914-1924 (Catálogo Exposición). Londres: Annely Juda Fine Art, 1970.

PARIS-MOSCOU, 1900-1930 (Catálogo Exposición). París: Centre Georges Pompidou, 1979.

POESIN MASTE GORAS AV ALLA!/POETRY MUST BE MADE BY ALL!/FORANDRA VARLDEN!/TRANSFORM THE WORLD! (Catálogo Exposición). Estocolmo: Moderna Museet, 1969.

Punin, Nikolai. TATLIN (PROTIV KUBISMA). Petrogrado, 1921.

Quilici, Vieri. L'ARCHITETTURA DEL COSTRUTTIVISMO. Bari: Laterza, 1969. Ed. revisada, Roma. Laterza, 1978.

Rathke, Ewald. KONSTRUKTIVE MALEREI. 1915-1930 (Catálogo Exposición). Frankfurt am Main: Frankfurter Kunstverein. También Hanau: Peters, 1967.

Rowell, Margit, y Angelica Zander Rudenstine. ART OF THE AVANT-GARDE IN RUSSIA: SELECTIONS FROM THE GEORGE COSTAKIS COLLECTION (Catálogo Exposición). Nueva York: Solomon R. Guggenheim Museum, 1981.

Rudenstine, Angelica Zandler, ed. RUSSIAN AVANT-GARDE ART: THE GEORGE COSTAKIS COLLECTION. Nueva York: Abrams, 1981.

RUSSIAN ART OF THE REVOLUTION (Catálogo Exposición). Ithaca: Andrew Dickson White Museum of Art, Cornell University, 1971.

RUSSIAN AVANT-GARDE 1908-1922 (Catálogo Exposición). Nueva York: Leonard Hutton Galleries, 1971.

RUSSIAN CONSTRUCTIVISM REVISITED (Catálogo Exposición). Newcastle upon Tyne: Hatton Gallery, University of Newcastle upon Tyne, 1973.

Salmon, André. ART RUSSE MODERNE. París: Editions Laville, 1928.

SIEBEN MOSKAUER KUNSTLER/SEVEN MOSCOW ARTISTS 1910-1930. (Catálogo Exposición). Colonia: Galerie Gmurzynska, 1984.

Steneberg, Eberhard. RUSSISCHE KUNST-BERLIN 1919-1932. Berlín: Mann, 1969.

SUPREMATISME (Catálogo Exposición). París: Galerie Jean Chauvelin, 1977.

THE SUPREMATIST STRAIGHT LINE: MALEVICH, SUETIN, CHASHNIK, LISSITZKY (Catálogo Exposición). Londres: Annely Juda Fine Art, 1977.

Taraboukine, Nikolai. LE DERNIER TABLEAU: ECRITS SUR L'ART ET L'HISTOIRE DE L'ART A L'ÉPOQUE DU CONSTRUCTIVISME RUSSE. París: Editions Champ Libre, 1972.

Umanskij, Konstantin. NEUE KUNST IN RUSSLAND. 1914-1919. Potsdam: Kiepenheuer, 1920.

VLADIMIR TATLIN (Catálogo Exposición). Estocolmo: Moderna Museet, 1968.

VON DER FLACHE ZUM RAUM/FROM SURFACE TO SPACE: RUSSLAND/RUSSIA 1916-24 (Catálogo Exposición). Colonia: Galerie Gmurzynska, 1974.

Weyergraf, Clara. PIET MONDRIAN UND THEO VAN DOESBURG: DEUTUNG VON WERK UND THEORIE. Munich: Fink, 1979.

Williams, Robert C. ARTISTS IN REVOLUTION: PORTRAITS OF THE RUSSIAN AVANT-GARDE, 1905-1925. Bloomington: Indiana University Press, 1977.

Zhadova, Larissa A. MALEVICH. SUPREMATISM AND REVOLUTION IN RUSSIAN ART 1910. Nueva York: Thames & Hudson, 1982. Traducción de: SUCHE UND EXPERIMENT: AUS DER GESCHICHTE DER RUSSISCHEN UND SOWJETISCHEN KUNST ZWISCHEN 1910 UND 1930. Dresde: VEB Verlag der Kunst, 1978.

Zygas, Kestutis Paul. FORM FOLLOWS FORM: SOURCE IMAGERY OF CONSTRUCTIVIST ARCHITECTURE, 1917-1925. Ann Arbor: UMI Research Press, 1981.

3.

Constructivismo Internacional: 1922-1929

Bann, Stephen, ed. THE TRADITION OF CONSTRUCTIVISM. Nueva York: Viking, 1974. (Incluye «Bibliografía escogida por Bernard Karpel».)

Bayer, Herbert, Walter Gropius y Ise Gropius. eds. BAUHAUS 1919-1928 (Catálogo Exposición). Nueva York: Museum of Modern Art, 1938. Reedición, Boston: Branford, 1952; Nueva York, Arno, 1972; Museum of Modern Art, 1975.

Bohan, Ruth L. THE SOCIÉTÉ ANONYME'S BROOKLYN EXHIBITION: KATHERINE DREIER AND MODERNISM IN AMERICA. Ann Arbor: UMI Research Press, 1982.

CONSTRUCTIVISM IN POLAND 1923-1936 (Catálogo Exposición). Cambridge: Kettle's Yard Gallery, 1984.

CONSTRUCTIVISM IN POLAND 1923-36: BLOK, PRAESENS, A. R. (Catálogo Exposición). Essen: Museum Folkwang, 1973.

DADA-CONSTRUCTIVISM: THE JANUS FACE OF THE TWENTIES (Catálogo Exposición). Londres: Annely Juda Fine Art, 1984.

DE STIJL, CERCLE ET CARRÉ: ENTWICKLUNGEN DES KONSTRUKTIVISMUS IN EUROPA AB 1917 (Catálogo Exposición). Colonia: Galerie Gmurzynska, 1974.

Dreier, Katherine S. MODERN ART. Nueva York: Société Anonyme, 1926.

Green, Christopher. LÉGER AND THE AVANT-GARDE. New Haven: Yale University Press, 1976.

Herbert, Robert L., Eleanor S. Apter, y Elise K. Kenney, eds. THE SOCIÉTÉ ANONYME AND THE DREIER BEQUEST AT YALE UNIVERSITY: A CATALOGUE RAISONNÉ. New Haven: Yale University Press, 1984.

AN INTERNATIONAL EXHIBITION OF MODERN ART ASSEMBLED BY THE SOCIÉTÉ ANONYME (Catálogo Exposición). Nueva York: Brooklyn Museum, 1926.

THE INTERNATIONAL EXHIBITION OF MODERN ART ASSEMBLED BY THE SOCIÉTÉ ANONYME (Catálogo Exposición). Nueva York: Anderson Galleries, 1927.

Kassak, Ludwig, y László Moholy-Nagy, eds. BUCH NEUER KUNSTLER. Viena: MA, 1922. Reedición, Budapest: Corvina, 1977.

KONSTRUKTIVE KUNST 1915-45 (Catálogo Exposición). Winterthur-Kunstmuseum, 1981.

KUNST AUS DER REVOLUTION: SOWJETISCHE KUNST WAHREND DER PHASE DER KOLLEKTIVIERUNG UND INDUSTRIALISIERUNG, 1927-1933 (Catálogo Exposición). Berlín: Akademie der Künste, 1977.

«KUNST IN DIE PRODUKTION!» SOWJETISCHE KUNST WAHREND DER PHASE DER KOLLEKTIVIERUNG UND INDUSTRIALISIERUNG, 1927-1933 (Catálogo Exposición). Berlín: Akademie der Künste, 1977.

LÉGER ET L'ESPRIT MODERNE: UNE ALTERNATIVE D'AVANT-GARDE A L'ART NON-OBJECTIF (1918-1931)/LÉGER AND THE MODERN SPIRIT: AN AVANT-GARDE ALTERNATIVE TO NON-OBJECTIVE ART (1918-1931) (Catálogo exposición). París: Musée d'Art Moderne de la Ville de Paris, 1982.

LINE+MOVEMENT (Catálogo Exposición). Londres: Annely Juda Fine Art, 1979.

MACHINE-AGE EXPOSITION (Catálogo Exposición). Nueva York: Little Review, 1927.

NEUMANN, ECKHARD, ED. BAUHAUS AND BAUHAUS PEOPLE. Nueva York: Van Nostrand Reinhold, 1970.

THE NON-OBJECTIVE WORLD, 1924-1939/LA PEINTURE NON-OBJECTIVE, 1924-1939 (Catálogo de una exposición que tuvo lugar en Annely Juda Fine Art, Londres). Milán: Electa, 1971.

Poling, Clark V. BAUHAUS COLOR (Catálogo Exposición). Atlanta: High Museum of Art, 1975.

PRÉCURSEURS DE L'ART ABSTRAIT EN POLOGNE (Catálogo Exposición). París: Galerie Denise René, 1957.

PRÉSENCES POLONAISES: L'ART VIVANT AUTOUR DU MUSÉE DE LÓDŹ: WITKIEWICZ, CONSTRUCTIVISME, LES CONTEMPORAINS (Catálogo Exposición). París: Centre Georges Pompidou, 1983.

Rickey, George. CONSTRUCTIVISM: ORIGINS AND EVOLUTION. Nueva York: Braziller, 1967.

Roters, Eberhard. PAINTERS OF THE BAUHAUS. Nueva York: Praeger, 1969. Traducción de MALER AM BAUHAUS. Berlín: Rembrandt, 1965.

Rotzler, Willy. CONSTRUCTIVE CONCEPTS: A HISTORY OF CONSTRUCTIVE ART FROM CUBISM TO THE PRESENT; COLLECTION McCRORY CORPORATION. Nueva York: Rizzoli, 1977. Traducción de KONSTRUKTIVE KONZEPTE. Zurich: ABC, 1977.

Rowell, Margit. THE PLANAR DIMENSION: EUROPE, 1912-1932 (Catálogo Exposición). Nueva York: Solomon R. Guggenheim Museum, 1979.

SOCIÉTÉ ANONYME (THE FIRST MUSEUM OF MODERN ART 1920-1924): SELECTED PUBLICATIONS. Nueva York: Arno, 1972. 3 vols.

TENDENZEN DER ZWANZIGER JAHRE: EUROPÄISCHE KUNSTAUSSTELLUNG, BERLIN, 1977 (Catálogo Exposición). Berlín: Reimer, 1977.

Troy, Nancy J. THE DE STIJL ENVIRONMENT. Cambridge, MA: MIT Press, 1983.

Turowski, Andrzej. KONSTRUKTYWIZM POLSKI: PRÓBA REKONSTRUKCJI NURTU. 1921-1934. Wroclaw: Zaklad Narodowy im. Ossolinskich, 1981.

VON DER MALEREI ZUM DESIGN: RUSSISCHE KONSTRUKTIVISTISCHE KUNST DER ZWANZIGER JAHRE/FROM PAINTING TO DESIGN: RUSSIAN CONSTRUCTIVIST ART OF THE TWENTIES (Catálogo Exposición). Colonia: Galerie Gmurzynska, 1981.

Whitford, Frank. BAUHAUS. Londres y Nueva York: Thames & Hudson, 1984.

Wijk, Kees van. INTERNATIONALE REVUE 10. Utrecht: Reflex, 1980.

Wingler, Hans M. THE BAUHAUS: WEIMAR, DESSAU, BERLIN, CHICAGO. Cambridge, MA & Londres: MIT Press, 1969. Traducción de DAS BAUHAUS. 2.ª ed., 1968; 3.ª ed., 1976; ed. en rústica, 1984.

Zevi, Bruno. POETICA DELL'ARCHITETTURA NEOPLASTICA. Milán: Tamburini, 1953. 2.ª ed., Turín: Einaudi, 1974.

DIE ZWANZIGER JAHRE IN HANNOVER: BILDENDE KUNST, LITERATUR, THEATER, TANZ, ARCHITEKTUR 1916-1933 (Catálogo Exposición). Hannover: Kunstverein, 1962.

DIE ZWANZIGER JAHRE IN OSTEUROPA/THE 1920s IN EASTERN EUROPE (Catálogo Exposición). Colonia: Galerie Gmurzynska, 1975.

4.

El eje París-Nueva York: 1930-1959.

ABSTRACT AND CONCRETE (Catálogo Exposición). Londres: Lefèvre Gallery, 1936.

ABSTRACTION-CRÉATION, 1931-1936 (Catálogo Exposición). Münster: Westfälisches Landesmuseum für Kunst und Kulturgeschichte y París: Musée d'Art Moderne de la Ville de Paris, 1978.

ABSTRACT PAINTING AND SCULPTURE IN AMERICA, 1927-1944 (Catálogo Exposición). Pittsburgh: Museum of Art, Carnegie Institute, 1983.

Alloway, Lawrence. NINE ABSTRACT ARTISTS: THEIR WORK AND THEORY. Londres: Tiranti, 1954.

Alvard, Julien, ed. TÉMOIGNAGES POUR L'ART ABSTRAIT 1952. París: Editions «Art d'Aujourd-hui», 1952.

AMERICAN ABSTRACT ARTISTS (Catálogo Exposición). Nueva York: Fine Art Galleries, 1938.

American Abstract Artists, eds. AMERICAN ABSTRACT ARTISTS. Nueva York: Ram Press, 1946.

American Abstract Artists, eds. THE WORLD OF ABSTRACT ART. Nueva York: Wittenborn, 1957.

AMERICAN ABSTRACT ARTISTS EXHIBITION (Catálogo Exposición). Nueva York: Squibb Galleries, 1937.

Baljeu, Joost. MONDRIAN OR MIRÓ. Amsterdam: De Beuk, 1958.

BEYOND THE PLANE: AMERICAN CONSTRUCTIONS 1930-1965 (Catálogo Exposición). Trenton: New Jersey State Museum, 1983.

Biederman, Charles. ART AS THE EVOLUTION OF VISUAL KNOWLEDGE. Red Wing, MN: Biederman, 1948.

Biederman, Charles. LETTERS ON THE NEW ART. Red Wing, MN: Art History, 1951.

Biederman, Charles. THE NEW CÉZANNE: FROM MONET TO MONDRIAN. Red Wing, MN: Art History, 1958.

BRITISH CONSTRUCTIVIST ART (Catálogo Exposición). Nueva York: American Federation of Arts, 1962.

CERCLE ET CARRÉ (Catálogo Exposición). París: Galerie 23, 1930.

THE CLASSIC TRADITION IN CONTEMPORARY ART (Catálogo Exposición). Minneapolis: Walker Art Center, 1953.

CONSTRUCTION AND GEOMETRY OF PAINTING: FROM MALEVICH TO «TOMORROW» (Catálogo Exposición). Nueva York: Galerie Chalette, 1960.

CONSTRUCTION: ENGLAND 1950-1960 (Catálogo Exposición). Londres: Drian Galleries, 1961.

CONSTRUCTION ENGLAND (Catálogo Exposición). Londres: Arts Council of Great Britain, 1963.

CONSTRUCTIVE ART (Catálogo Exposición). Londres: London Gallery, 1937.

EQUIPO 57 (Catálogo Exposición). Madrid: Galería Darro, 1960.

FIVE CONTEMPORARY AMERICAN CONCRETIONISTS (Catálogo Exposición). Nueva York: Reinhardt Galleries, 1936.

Gallatin, A. E. MUSEUM OF LIVING ART: A. E. GALLATIN COLLECTION. Nueva York: New York University, 1940. Primera edición, 1936.

GEOMETRIC ABSTRACTION 1926-1942 (Catálogo Exposición). Dallas: Dallas Museum of Fine Arts, 1972.

GEOMETRIC ABSTRACTION IN AMERICA (Catálogo Exposición). Nueva York: Whitney Museum of American Art, 1962.

Gerstner, Karl. KALTE KUNST? ZUM STANDORT DER HEUTIGEN MALEREI. Teufen: Niggli, 1957. Reedición 1963.

JEUNE ART CONSTRUCTIF ALLEMAND (Catálogo Exposición). París: Galerie Denise René, 1958.

KONKRETE KUNST (Catálogo Exposición). Basilea: Kunsthalle, 1944.

KONKRETE KUNST: 50 JAHRE ENTWICKLUNG (Catálogo Exposición). Zurich: Helmhaus, 1960.

KONSTRUKTIVISTEN (Catálogo Exposición). Basilea: Kunsthalle, 1937. Reedición, Redding, CT: Silver Fox Press, 1974.

Lewison, Jeremy. CIRCLE: CONSTRUCTIVE ART IN BRITAIN, 1934-40 (Catálogo Exposición). Cambridge Kettle's Yard Gallery, 1982.

Lion, Stephen C., ed. MASTERS OF ABSTRACT ART (Catálogo Exposición). Nueva York: Helena Rubenstein's New Art Center, 1942.

Martin, J. L., Ben Nicholson, y Naum Gabo, eds. CIRCLE: INTERNATIONAL SURVEY OF CONSTRUCTIVE ART. Nueva York: Weyhe, 1937. Reedición, Nueva York: Praeger, 1971.

Moholy-Nagy, László. THE NEW VISION: FUNDAMENTALS OF DESIGN, PAINTING, SCULPTURE, ARCHITECTURE. Nueva York: Norton, 1938.

Mondrian, Piet. PLASTIC ART AND PURE PLASTIC ART, 1937, AND OTHER ESSAYS, 1941-1943. Nueva York: Wittenborn, Schultz, 1945, 2.ª ed., 1947; 3.ª ed., 1951.

MONDRIAN, DE STIJL, AND THEIR IMPACT (Catálogo Exposición). Nueva York: Marlborough-Gerson Gallery, 1964.

LE MOUVEMENT (Catálogo Exposición). París: Galerie Denise René, 1955.

THE NON-OBJECTIVE WORLD, 1914-1955/DIE GEGENSTANDSLOSE WELT, 1914-1955 (Catálogo Exposición). Londres: Annely Juda Fine Art, 1973.

THE NON-OBJECTIVE WORLD, 1939-1955/DIE GEGENSTANDSLOSE WELT, 1939-1955 (Catálogo Exposición). Londres: Annely Juda Fine Art, 1972.

Perucchi-Petri, Ursula. ZERO, BILDVORSTELLUNGEN EINER EUROPAISCHEN AVANTGARDE, 1958-1964 (Catálogo Exposición). Zurich: Kunsthaus, 1979.

Petersen, Vilhelm Bjerke. KONKRET KONST. Estocolmo: Raben & Sjogren, 1956 (Incluye sumario en inglés: NONOBJECTIVE ART.)

PRINZIP VERTIKAL: EUROPA NACH 1945/VERTICAL PRINCIPLE: EUROPE AFTER 1945 (Catálogo Exposición). Colonia: Galerie Teufel, 1979.

PUNKT, LINIE, FORM, FLACHE, RAUM, FARBE: ZEITPUNKT PARIS 1950-1959 (Catálogo Exposición). Colonia: Galerie Teufel, 1983.

Ritchie, Andrew Carnduff. ABSTRACT PAINTING AND SCULPTURE IN AMERICA (Catálogo Exposición). Nueva York: Museum of Modern Art, 1951. Reedición, Nueva York: Arno, 1969.

Staber, Margit. MASTERS OF EARLY CONSTRUCTIVE ABSTRACT ART (Catálogo Exposición). Nueva York: Galerie Denise René, 1971.

TENTOONSTELLING ABSTRACTE KUNST (Catálogo Exposición). Amsterdam: Stedelijk Museum, 1938. Reedición, Redding, CT: Silver Fox Press, 1974.

Troy, Nancy J. MONDRIAN AND NEO-PLASTICISM IN AMERICA (Catálogo Exposición). New Haven: Yale University Art Gallery, 1979.

Vantongerloo, Georges. PAINTINGS, SCULPTURES, REFLECTIONS. Nueva York: Wittenborn, Scultz, 1948.

5.

Tendencias del reciente arte no figurativo: 1960-1980

Albrecht, Hans Joachim. FARBE ALS SPRACHE: ROBERT DELAUNAY, JOSEF ALBERS, RICHARD PAUL LOHSE. Colonia: DuMont Schauberg, 1974.

Alloway, Lawrence. SYSTEMIC PAINTING (Catálogo Exposición). Nueva York: Solomon R. Guggenheim Museum, 1966.

Baljeu, Joost. ATTEMPT AT A THEORY OF SYNTHESIST PLASTIC EXPRESSION. Londres: Tiranti, 1963.

Bann, Stephen. EXPERIMENTAL PAINTING: CONSTRUCTION, ABSTRACTION, DESTRUCTION, REDUCTION. Nueva York: Universe Books, 1970.

Bann, Stephen. CONSTRUCTIVE CONTEXT: AN EXHIBITION SELECTED FROM THE ARTS COUNCIL COLLECTION BY STEHPEN BANN (Catálogo Exposición). Londres: Arts Council of Great Britain, 1978.

Bann, Stephen, Reg Gadney, Frank Popper, y Philip Steadman. FOUR ESSAYS ON KINETIC ART. St. Albans: Motion Books, 1966.

Barrett, Cyril. OP ART. Nueva York: Viking, 1970.

BASICALLY WHITE (Catálogo Exposición). Londres: Institute of Contemporary Arts, 1974.

Battcock, Gregory, ed. MINIMAL ART: A CRITICAL ANTHOLOGY. Nueva York: Dutton, 1968.

BEWOGEN BEWEGING (Catálogo Exposición). Amsterdam: Stedelijk Museum, 1961.

Brett, Guy. KINETIC ART. Londres: Studio-Vista, 1968.

Burnham, Jack. BEYOND MODERN SCULPTURE: THE EFFECTS OF SCIENCE AND TECHNOLOGY ON THE SCULPTURE OF THIS CENTURY. Nueva York: Braziller, 1968.

Caramel, Luciano. GRAV: GROUPE DE RECHERCHE D'ART VISUEL 1960-1968. Milán: Electa, 1975.

COLOR AND FIELD 1890-1970 (Catálogo Exposición). Buffalo: Albright-Knox Art Gallery, 1970.

CONCRETE EXPRESSIONISM (Catálogo Exposición). Nueva York: Loeb Student Center, New York University, 1965.

CONSTRUCTIVIST TENDENCIES: FROM THE COLLECTION OF MR. AND MRS. GEORGE RICKEY (Catálogo Exposición). Santa Barbara: Art Galleries, University of California, 1970.

EXPERIMENT IN CONSTRUCTIE (Catálogo Exposición). Amsterdam: Stedelijk Museum, 1962.

EXPERIMENT IN FLACHE UND RAUM (Catálogo Exposición). Zurich: Kuntsgewerbemuseum, 1962.

FORMALISTS (Catálogo Exposición). Washington: Washington Gallery of Modern Art, 1963.

FORMEN DER FARBE/SHAPES OF COLOUR (Catálogo Exposición). Berna: Kunsthalle, 1967.

Fuchs, R. H. VARIANTEN: ABSTRAKT-GEOMETRISCHE KUNST IN NEDERLAND. Amsterdam: Nederlandse Kunststichting, 1973.

Goosen, E. C. THE ART OF THE REAL: USA 1948-1968 (Catálogo Exposición). Nueva York: Museum of Modern Art, 1968.

GROUP ZERO (Catálogo Exposición). Filadelfia: Institute of Contemporary Art, University of Pennsylvania, 1964.

Güse, Ernst-Gerhard, ed. RELIEFS: FORMPROBLEME ZWISCHEN MALEREI UND SKULPTUR IM 20 JAHRHUNDERT (Catálogo Exposición). Münster: Westfälisches Landesmuseum für Kunst und Kulturgeschichte, 1980.

HARD-EDGE (Catálogo Exposición). París: Galerie Denise René, 1964.

Hill, Anthoy, ed. DATA: DIRECTION IN ART, THEORY AND AESTHETICS. Londres: Faber, 1968.

DEN INRE OCH DEN YTTRE RYMDEN/THE INNER AND THE OUTER SPACE: AN EXHIBITION DEVOTED TO UNIVERSAL ART (Catálogo Exposición). Estocolmo: Moderna Museet, 1965.

Kepes, Gyorgy, ed. MODULE, PROPORTION, SYMMETRY, RHYTHM. Nueva York: Braziller, 1966.

KINETICS (Catálogo Exposición). Londres: Arts Council of Great Britain, Hayward Gallery, 1970.

KONSTRUKTIVE KUNST: ELEMENTE UND PRINZIPIEN: BIENNALE NURNBERG (Catálogo Exposición). 2 vols. Nuremberg: Institut für Moderne Kunst, 1969.

KONSTRUKTIVISM 1974/KONSTRUKTIIVINEN 1974 (Catálogo Exposición). Estocolmo: Moderna Museet, y Helsinki: Amos Andersons Konstmuseum, 1974.

Kostyniuk, Ron. THE EVOLUTION OF THE CONSTRUCTED RELIEF, 1913-1979. Calgary: Kostyniuk, 1979.

KUNST-LICHT-KUNST (Catálogo Exposición). Eindhoven: Stedelijk Van Abbemuseum, 1966.

Larson, Susan. AMERICAN ABSTRACT ARTISTS: THE LANGUAGE OF ABSTRACTION (Catálogo Exposición). Nueva York: American Abstract Artists, Betty Parsons Gallery, y Marilyn Pearl Gallery, 1979.

LESS IS MORE: THE INFLUENCE OF THE BAUHAUS ON AMERICAN ART (Catálogo Exposición). Coral Gables: Lowe Art Museum, University of Miami, 1974.

LIGHT, MOTION, SPACE (Catálogo Exposición). Minneapolis: Walker Art Center, 1967.

McShine, Kynaston. PRIMARY STRUCTURES: YOUNGER AMERICAN AND BRITISH SCULPTORS (Catálogo Exposición). Nueva York: Jewish Museum, 1966.

Miller, Dorothy C., ed. SIXTEEN AMERICANS. Nueva York: Museum of Modern Art, 1959.

MINIMAL ART (Catálogo Exposición). La Haya: Gemeentemuseum, 1968.

NEW SHAPES OF COLOUR/VORMEN VAN DE KLEUR (Catálogo Exposición). Amsterdam: Stedelijk Museum, 1966.

PIER & OCEAN: CONSTRUCTION IN THE ART OF THE SEVENTIES (Catálogo Exposición). Londres: Arts Council of Great Britain, Hayward Gallery, 1980.

PLUS BY MINUS: TODAY'S HALF-CENTURY (Catálogo Exposición). Buffalo: Albright-Knox Art Gallery, 1968.

Popper, Frank. ORIGINS AND DEVELOPMENT OF KINETIC ART. Greenwich, CT: New York Graphic Society, 1968. Traducción de NAISSANCE DE L'ART CINÉTIQUE. París: Gauthier-Villars, 1967.

POST PAINTERLY ABSTRACTION (Catálogo Exposición). Los Angeles: Los Angeles County Museum of Art, 1964.

RELIEF/CONSRUCTION/RELIEF (Catálogo Exposición). Chicago: Museum of Contemporary Art, 1968.

Riese, Hans-Peter. KONSTRUKTIVE TENDENZEN IN DER BRD. Offenbach: Werkkunstschule, 1970.

A ROMANTIC MINIMALISM (Catálogo Exposición). Filadelfia: Institute of Contemporary Art, University of Pennsylvania, 1967.

Sandler, Irving. CONCEPTS IN CONSTRUCTION 1910-1980 (Catálogo Exposición). Nueva York: Independent Curators Incorporated, 1982.

Seitz, William C. THE RESPONSIVE EYE (Catálogo Exposición). Nueva York: Museum of Modern Art, 1965.

SUL CONCETTO DI SERIE (Catálogo Exposición). Varese: Museo Civico di Villa Mirabello, 1977.

SYSTEEMI-SYSTEM: AN EXHIBITION OF SYNTACTIC ART FROM BRITAIN (Catálogo Exposición). Helsinki: Amos Andersons Konstmuseum, 1969.

SYSTEMS (Catálogo Exposición). Londres: Arts Council of Great Britain, Whitechapel Art Gallery, 1972.

SYSTEMS II (Catálogo Exposición). Londres: Polytechnic of Central London, 1973.

TENDENZEN STRUKTURALER KUNST (Catálogo Exposición). Münster: Westfälischer Kunstverein, 1966.

TOWARD A NEW ABSTRACTION (Catálogo Exposición). Nueva York: Jewish Museum, 1963.

Tuchman, Maurice. AMERICAN SCULPTURE OF THE SIXTIES (Catálogo Exposición). Los Angeles: Los Angeles County Museum of Art, 1967.

UNIT, SERIES, PROGRESSION: AN EXHIBITION OF CONSTRUCTIONS (Catálogo Exposición). Cambridge: Arts Council Gallery, 1967.

UNITARY FORMS: MINIMAL SCULPTURE (Catálogo Exposición). San Francisco: San Francisco Museum of Art, 1970.

Vitt, Walter. VON STRENGEN GESTALTERN: TEXTE, REDEN, INTERVIEWS UND BRIEFE ZUR KONSTRUKTIVEN UND KONKRETEN KUNST. Colonia: Vitt, 1982.

Weintraub, Linda. THE MAXIMAL IMPLICATIONS OF THE MINIMAL LINE (Catálogo Exposición). Annandale-on-Hudson, Nueva York: Edith C. Blum Art Institute, Bard College, 1985.

WEISS AUF WEISS (Catálogo Exposición). Berna: Kunsthalle, 1966.

Wember, Paul. BEWEGTE BEREICHE DER KUNST: KINETIK, OBJECTE, PLASTIK. Krefeld: Scherpe Verlag, 1963.

ZERO/NUL (Catálogo Exposición). La Haya: Gemeentemuseum 1964.

6.

Revistas

ABSTRACTION, CRÉATION, ART NON-FIGURATIF. París: 1932-1936 (Periodicidad anual).

ABSTRAKT/KONKRET: BULLETIN DER GALERIE DES EAUX VIVES. Zurich: 1944.

ART CONCRET. París: 1930 (Sólo se publicó un número).

AXIS. Londres: 1935-1937.

BAUHAUS. Dessau: 1927-1931 (No se publicó en 1930).

BLOK. Varsovia: 1924-1926 (Periodicidad mensual, 1924; irregular, 1925-1926.)

CERCLE ET CARRÉ. París: 1930. (Se publicaron 3 ejemplares, marzo-junio.)

L'ESPRIT NOUVEAU. París: Oct. 1920-enero 1925.

FORM. Cambridge, Inglaterra: Verano 1966-octubre 1969 (Publicación cuatrimestral).

G. Berlín: julio 1923-1926.

LEF. Moscú: 1923-1925 (Reaparece como NOVYI-LEF.)

MA. Budapest: 1916-1919; Viena: 1919-1925.

MÉCANO. Leiden: 1922-1923 (periodicidad irregular). (Texto en holandés, inglés, francés o alemán. Reediciones: Liechtenstein: Quarto, 1979; Amsterdam: Van Gennep, 1982.)

MERZ. Hannover: 1923-1932.

DE NIEUWE STIJL. Amsterdam: 1965. (Textos en inglés; extractos en francés y alemán.)

NOVYI LEF. Moscú: 1927-1928 (Nueva etapa de LEF.)

HET OVERZICHT. Amberes: 1921-1925.

PLASTIQUE. París: 1937-1939.

PRAESENS: AWARTALNIK MODERNISTOW. Varsovia: 1926-1930.

SIGNALS. Londres: 1964-1966.

SPIRALE: INTERNATIONALE ZEITSCHRIFT FUR JUNGE KUNST. Berna: 1953-1964.

DE STIJL. Leiden, Delft: 1917-1932. (No se publicó en Nov.-Dic. 1920, Enero-Feb. 1923, 1929-1931; reedición, Amsterdam: Atheneum and Polaic & van Gennep; La Haya: Bakker, 1968.)

STRUCTURE. Amsterdam: 1958-1964. (Publicado en Amsterdam; editado por Dept. de Arte, Univ. de Saskatchewan.)

THE STRUCTURIST. Saskatoon: 1960-hasta la fecha.

VESHCH/GEGENSTAND/OBJET. Berlín: 1922.

ZERO. Düsseldorf, 1958, 1961. (3 vols. en uno publicado por Otto Piene y Heinz Mack; reedición, MIT Press, 1958-1961.)

INDICE DE ARTISTAS

Los números de las páginas remiten a las láminas excepto el último número que se refiere a la biografía del artista.

CREDITOS FOTOGRAFICOS

La mayoría de los cuadros que se reproducen en las secciones de láminas fueron fotografiados expresamente para esta publicación por Malcolm VARON, Nueva York. Las obras restantes fueron realizadas por:

Geoffrey CLEMENTS, pág. 44
Bevan DAVIES, págs. 132, 178
Carmelo GUADAGNO, págs. 100, 140, 141, 142, 190
David HEALD, págs. 43, 56, 142, 159, 192, 198, 214, 231, 245, 247
Kate KELLER, págs. 40, 54, 103, 107, 110, 114, 250
Robert E. MATES, págs. 55, 147, 150, 186, 212, 230, 234
James MATHEWS, págs. 57, 98, 199, 211, 242, 256
Otto NELSON, págs. 38, 61, 99, 138, 143, 148, 183, 209, 213
Rolf PETERSEN, págs. 229, 235
Nathan RABIN, pág. 144
Soichi SUNAMI, págs. 39, 42, 47, 48, 49, 50, 51, 60, 87, 104, 108, 152
Y los servicios fotográficos del SOLOMON R. GUGGENHEIM MUSEUM, págs. 37, 53, 88, 146, 149, 233, 254 y 255